「家族がハンセン病だった」

家族訴訟の証言

ハンセン病家族訴訟弁護団◉編

六花出版

目次

I　ハンセン病家族訴訟の経過と現状……………7

II

ハンセン病家族訴訟での証言……71

序に代えて

問われているのは、私たちの責任である

今、熊本地裁及び広島高裁松江支部において、「家族訴訟」と呼ばれる裁判が進められている。原告となっているのは、ハンセン病患者の子あるいは兄弟姉妹であるというただそれだけの理由で、差別され、苦難の人生を歩み続けてきた人たちである。

日本のハンセン病隔離政策とその法的根拠となった「らい予防法」を憲法違反であると断罪した二〇〇一（平成一三）年の熊本地裁判決から一七年を経て、これらの「家族訴訟」では、ハンセン病についての偏見が、今なお、日本社会に深く根強く残っており、ハンセン病患者であった人たちやその家族を苦しめ続けていることが明らかにされつつある。

二〇〇一年の熊本地裁判決を受けて、控訴を断念し、謝罪した当時の小泉政権と、衆参両院本会議において謝罪決議を行った国会の対応を圧倒的に支持したはずの日本社会になお、このような差別・偏見が根付いている原因がどこにあるの

か、これを明らかにしようとするのが、この「家族訴訟」である。

その意味で、この訴訟では、家族を差別し、孤立化させ、学校から、地域社会から排除してきた、私たち社会の側の「加害者責任」が問われている。

本書は、この二つの「家族訴訟」の担当弁護士による解説と熊本地裁における原告らの法廷での意見陳述に加えて、広島高裁松江支部において、専門家証人として、画期的な証言をされた、福岡安則教授と藤野豊教授の証言調書などで構成されている。福岡教授の証言は、家族の被害を、社会学の立場から解明したものであり、藤野教授は、無らい県運動をはじめとする日本社会の加害構造を余すところなく明らかにしている。

本書をとおして、ハンセン病問題における、日本社会の一員としての、私たち一人一人の責任が少しでも明らかになることを切に願っている。

徳田靖之

I

ハンセン病家族訴訟の経過と現状

家族訴訟弁護団（2017 年 5 月）

1 ハンセン病家族訴訟

徳田靖之

1 ハンセン病家族訴訟とは

二〇一六（平成二八）年二月および三月の二回にわたって熊本地方裁判所に提訴されたハンセン病家族訴訟は、国の誤った隔離政策によって、ハンセン病患者の家族であるという理由だけで、さまざまな差別を受けたとして、国に対して、謝罪広告と国家賠償法に基づく損害賠償を求める訴訟である。

提訴時点での原告数は五六八名、年齢は三〇歳代から九〇歳代に広がっており、居住地は北海道から沖縄まで全国各地に及んでいる。

訴訟で求められているのは、国に対する謝罪と一人当たり五〇〇万円の損害賠償であり、何よりも謝罪要求に重点が置かれている。

2 家族の被害とは

1 家族をも標的にした隔離政策

日本のハンセン病隔離政策は、ハンセン病と疑われた者（以下、「患者」という）をハンセン病療養所に終生隔離して、その絶滅を図るというものであったと理解されているが、そうした政策が「患者」だけでなく、家族にまで被害を及ぼすことになったのは、国の隔離政策が、その当初から家族をも標的としていたからである。

国は、その隔離政策を開始した一九〇七（明治四〇）年以前から「癩患家」という表現で「患者」だけでなくその家族を含めて隔離政策の対象とみなしてきた。

たとえば、一九〇〇年に内務省によって実施された第一回全国調査では、「患者」の数だけでなく、「らい病の血統家系を有するもの」が徹底的に調査されており、以後の調査によって、「癩患家」の所在は、各都道府県ごとに、その所在地が図示しうる程度に特定されている。

また、一九〇七年に制定された法律「癩予防法ニ関スル件」においては、その第二条に「癩患者アル家又ハ癩病毒ニ汚染シタル家ニ於テ、……消毒其ノ他予防ヲ行ウベシ」と規定し、第三条には「患者ノ同伴者又ハ同居者ニ対シテ」患者と同様な「救護ヲ為スベシ」と定めている。

このような家族をも政策の対象とする考え方は、ハンセン病の発症についての体質遺伝説に由来するものであり、社会の側に歴史的に形成されてきた、ハンセン病は遺伝病であるとの誤った認識とあいまって、家族が差別・偏見にさらされることを導くこととなった(1)。

そのうえで、差別・偏見が家族にまで及ぶことの決定的な要因となったのは、政府が、隔離政策を正当化するために、ハンセン病は恐ろしい伝染病であると徹底的に宣伝するに至ったことであり、こうした偏見の普及に伴って、地域においては「患者」のみならず、家族までもが感染源あるいは「病毒」といった形で、地域から排除や嫌悪の対象とされるに至ったのである。

ところが、政府による隔離の徹底や社会におけるこうした認識の広がりにもかかわらず、わが国における「患者」の療養所への入所は進展しなかった。

家族が「患者」をかくまうあるいは周囲から隠すという形で隔離政策に抵抗したからである。

戦前に一大ブームを巻き起こした小川正子の『小島の春』を激賞した劇作家岸田國士は、国のハンセン病隔離政策が効果を挙げなかった要因として、「患者」を守りぬこうとし、ときには家族の「恥」として世間から隠し通そうとした家族の愛や思惑の強さを指摘して「今日までそういう状態に放置されている原因の最も大きなひとつ」として、「わが家族制度の根深さ、恩愛の束縛の強さ」を挙げている(2)。

こうした状況を打開するために、政府が戦前と戦後二度にわたって推進したのが、「無らい県運動」である。官民一体となって、ハンセン病患者が一人もいないという地域を作り出すという運動であり、「患者」の存在が文字どおり「しらみつぶし」に把握され、住民からの通報が奨励されることになった。

こうした「無らい県運動」は、ハンセン病を根絶するためとの目的の下に、一九三一(昭和六)年に施行された「癩予防法」による「患者」の隔離を効率的に達成するために、国立ハンセン病療養所長島愛生園の光田健輔園長(当時)の主導によって開始されたものであるが、日本国憲法施行後の戦後においても、一九四七年から再開されている。

この戦後の無らい県運動の特徴は、周辺住民からの通報が徹底的に利用されたことである。(3)

こうした運動によって、地域をあげて「患者」およびその家族を地域から排除するという運動が組織されるところとなり、「患者」の収容と家族の離散または地域における「孤立」という状態が全国各地で生じることになった。

こうした周辺住民の行動は、ハンセン病は恐ろしい伝染病であるとの誤った認識に基づく恐怖心と「患者」は治療のために療養所に入った方が幸せだとの認識の下に、組織的に展開されたのであり、このため「患者」やその家族を排除する運動は、激烈かつ執拗なものとなり、さらには、大人だけでなく、子どもたちもが加害者として参加していくことにもなったのである。(4)

ハンセン病家族被害とは、以上のような経過と背景事情の下で、国の隔離政策によってもたらされたものである。

2 家族への隔離政策のかたち

なお、家族をハンセン病隔離政策の標的とする国の政策は、その後も次のような多様な態様で行われている。

第一には、堕胎等の推進である。

国は、優生思想に由来する前述の体質遺伝説に基づいて、ハンセン病患者の子を産ませないという政策を、戦前は非合法下で、戦後は「優生保護法」下において貫徹した。

優生保護法に基づく妊娠中絶手術の数は、厚生（労働）省に届けられただけで九九五件を超えている。母の胎内に生を受けた多くの生命が抹殺されたということである。

そのうえで、中絶手術により、生きて生まれた子らも、その大半は、その場で生命を奪われている。

こうした政策は、ハンセン病患者を根絶するという目的の下に、母体の保護であるとか、養育環境の不備といった理由付けで推進されたのであり、これを主導した光田健輔は、戦後一九五三年の国会証言において、ハンセン病患者の家族の断種の必要性までを説いて、その優生思想をあらわにしている。

第二には、「患者」の子らを「未感染児童」であるとして、療養所に併設された保育施設に収容・隔離したということである。

ハンセン病であるとして親が隔離され、保護者を失った子らは、本来であれば児童福祉法が適用され児童養護施設に入所することになるはずであるが、「患者」の子に対しては、この法律は適用されず「らい予防法」に基づいて、「未感染児童」として隔離され、定期的に感染の有無を検査される対象とされたのである。

こうした対応は、「患者」の子らには「らい菌」が感染しているはずであり、いずれ発症する可能性が高いとして、常時監視下におく目的で推進されたものであり、今回の家族訴訟の原告には、こうした「未感染児童」として収容された経歴の人たちが数多く存在し、その間に定期的に「光田反応[5]」の検査をされ、八〇歳を過ぎた今もなお、自らもいつハンセン病を発症するかわからないとの不安感をトラウマとして抱えている者もいるという状態におかれている。

第三には、常時、監視の対象にしたということである。

配偶者、子をはじめ同居していた家族に対しては、定期的に訪問するなどして、発症の有無等をチェックして監視の対象としてきたのである。

3 家族被害のありよう

以上のような国のハンセン病隔離政策の結果として、家族には、次のような被害が生じることとなった。

第一には、地域や学校において、徹底的な排除・迫害を受けたことである。

家族原告の多くは、学校において誰からも相手にされず、あるいは石やつばを投げられ、さらには登校を妨害されるといった迫害を受け、妻は「実家」へ帰ることを余儀なくされ、娘たちは婚家から離婚されるといった被害を受けるに至ったのである。

一九五〇年の熊本県八代市での親子心中事件や一九五一年に起こった山梨県の一家九人無理心中事件等は、無らい県運動の嵐の中で発生したいたましい事件である。(6)

一九五四年から五五年にかけて、熊本市内で発生した竜田寮事件では、菊池恵楓園入所者の子らの入学が、PTAの猛烈な反対運動により、一年以上にわたって阻止されるという事態まで起こっている。

第二には、こうした激しい差別や迫害を受けた経験あるいはこうした事実を知っているがゆえに、自らがハンセン病患者の家族であるという事実を隠して生きていくということを余儀なくされるということである。

このことは結婚、進学、就職といった人生のあらゆる局面において耐え難い苦難を伴うこととなる。

結婚するに際しても、その事実を隠し、生まれた子らにも隠しとおして生きるという人生は、いつ発覚するかわからないという不安と恐怖を背負い続けていくということであり、多くの家族原告は、「あの世までこの秘密を抱えていく」と口にしている。

それゆえに、この家族訴訟の原告となったことを家族の誰にも話していない者が少なくないのであり、その一日一日は、まさしく「薄氷のうえ」を歩く日々である。

ある八〇代の女性原告の陳述書は、「母や妹がハンセン病療養所に入所していたという事実は、一緒に暮らしている家族の誰にも話していません。そのことを知られることは、私にとっては死よりも恐いことです。どうか秘密は絶対に守るとお約束ください。苦労してたどりついた今のささやかな幸せが台無しになるからです」という訴えから始まっている。

こうした形で、配偶者や子どもたちに対してすら、自らの家族にハンセン病患者がいたという事実を隠して生きるということを余儀なくされるのは、たとえば、二〇一七年に発生した三〇歳代の家族原告を襲った次のような被害が、今なお誰にでも起こりうるからである。

この家族原告は、妻と二人の子に恵まれ、近所に住むハンセン病回復者である母と、誰もが羨むような睦まじい関係だったところ、苦労しながら育ててくれた母の思いに応えて家族訴訟に原告として参加し、思い切ってその事実を妻に打ち明けたところ、数日後に妻が実家に帰るという事態が生じたのである。驚いた母が原告本人とともに妻の実家を訪ねて土下座して詫びたうえで、説得を試みようとしたものの、妻の兄に「帰れ」と一喝され、妻にも子にも会えないままに追い返された挙句、離婚に追い込まれてしまったのである。

このように、家族被害は、隠して生きるということを余儀なくされる被害という深刻極まりない特徴を有している。

第三には、親子、兄弟姉妹あるいは夫婦という関係を築いていくことが阻害され、歪められるという被害である。

こうした被害も実に多様な形で生じることになる。

幼い頃に父あるいは母もしくは両親が隔離されることによって残された子は、親子の情愛をまったく知らないままに育っていかざるをえなくなる。

黒坂愛衣著『ハンセン病家族たちの物語』(世織書房、二〇一七年)には、乳児の時に、家族全員が療養所に入所させられ、育児院で育った原告が九歳の時に療養所を退所した両親と同居することになった経過を振り返って、「親子の感覚がわからなかった」と述懐し、そのことじたいが被害だと気付くに至った過程が刻明に記されている。

また、両親がハンセン病であることを隠すため、親戚等に養育され、その親戚の子として、出生届がなされたという原告も少なくない。こうした子らは、その後に実の両親を知ることになるが、実の両親との間に親密な親子関係を築くことに長年月にわたる努力を強いられることになる。

「事実」を隠して結婚した夫婦の間に生じる溝の深さもこうした被害である。「事実」が知られて離婚に至ることを恐れて、「事実」を隠し続け、夫婦間に子が生まれることによってさらに「事実」を明らかにできなくなるといった形で、秘密をより深く抱え込むことになる。

一方で、「事実」を話して了解のうえで結婚するに至っても、夫婦間に些細ないさかいが生じるたびに「ハンセン病患者の子と結婚してやった」と「恩」に着せられることが重なるという形で亀裂が深まっていき、夫婦としての親密な関係が破綻していくことになる。

何よりも深刻であるのは、自らが差別・偏見にさらされ、辛く苦しい日々を過ごすことになった原因を父や母あるいは兄弟姉妹がハンセン病になったということに求めて、家族である患者を憎んだり、恨んだり、疎ましく感じてしまうということであり、こうしたことをとおして、家族が引き裂かれるに至るという被害である。

前掲の『ハンセン病家族たちの物語』には、父親の入所により、幼い頃から差別・偏見にさらされ、辛い人生を歩まされて来た娘らが「あんたの子どもだけんが、わたし、こういうめにあった」と父を責め、「早く死ね」とまで叫んでしまったという事実が、複数の原告によって明らかにされている。

こうした被害は、他に類例のない家族被害の著しい特徴である。

そのうえで、このことは、裏返しとして、「患者」の側に、自分のせいで家族に対して苦しみを与えてしまったという自責の念が刻み込まれていくことになるため、いっそう、家族としての絆は細くなり、場合によっては、切断されてしまうことになる。

4　ようやく提起された「家族被害」

「らい予防法」が廃止されてから二〇年、熊本地方裁判所が「らい予防法」を憲法違反であると断罪してから一五年という長い年月を経て、こうした家族訴訟が提起されるに至ったのは、次のような事情によるものである。

第一には、ハンセン病に対する偏見が今なお根強く残存しており、家族として被害を受けたと名乗りを挙げることがきわめて困難だったということである。五六八名もの原告のうち、氏名を明らかにしている者が数名にとどまるという事実は、このことを端的に明らかにしている。

第二には、家族に被害をもたらした真の加害者が国（のハンセン病隔離政策）であるということが、見えにくいということである。

差別し、地域や学校から排除する直接の加害者は、近所の住民であり、学校の教師や同級生、場合によっては、親戚なのであって、そうした社会の側を加害者に仕立てあげる仕組みを国が作ったのだという「加害構造」を認識するのに困難を伴うということである。

そして、第三には、私たち弁護団の家族被害についての認識不足に起因する取り組みの遅延という事情である。

熊本地方裁判所の判決確定後、ハンセン病問題の残された課題の解決に忙殺されるという状況の中で、「家族の被害」を解決することこそがハンセン病問題の最終的解決に必要不可欠だという認識を私たちが持ち得なかったことが影響していることは明らかで、その責任は軽くない。

その意味で、この家族訴訟は、私たち弁護団にとっては、再び贖罪としての意味を持っている。(7)

3 家族訴訟の意義

ハンセン病家族訴訟は、以上に概観したような被害の回復を求める訴訟であり、その意義ないし課題として、次の四点を挙げることができる。

第一は、家族被害をもたらした国の責任を明らかにすることである。

国のハンセン病隔離政策が憲法違反であることは、すでに二〇〇一年熊本地裁杉山判決において明らかにされているので、家族訴訟では、こうした隔離政策が「患者」本人だけでなく、その家族にまで被害を及ぼすことになった因果関係が、余すところなく明らかにされなければならない。

こうした因果関係を明らかにするうえで、決定的に重要なことは、すでに述べたところの、国の隔離政策はその当初から「家族」をも標的にしていたという歴史的事実を解明することである。

そのうえで、国が隔離政策を徹底するために「無らい県運動」をはじめとして、住民や教師、宗教者、医師らを利用して、排除の仕組みとしての「加害構造」を作り上げたことが明らかにされる必要がある。

第二の意義は、「家族」を直接に排除し、差別した社会の側の責任を明らかにすることである。

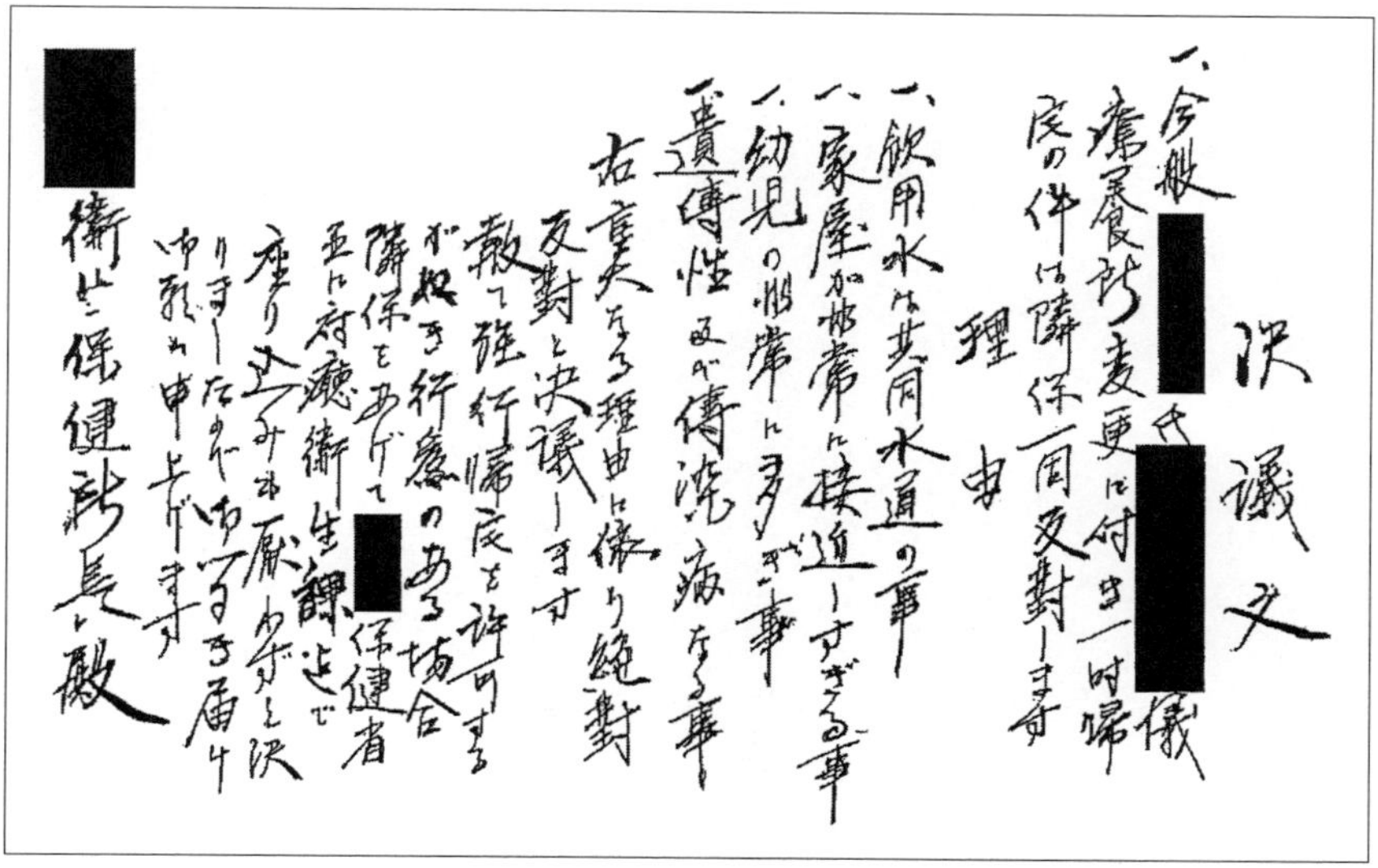
決議文
一、今般[redacted]代[redacted]儀
療養所変更に付き一時帰
省の件は隣保一同反対します
理由
一、飲用水は共同水道の事
一、家屋が非常に接近しすぎる事
一、幼児の非常に多すぎる事
一、遺伝性及び伝染病なる事
右重大なる理由に依り絶対
反対と決議します
敢て強行帰省を許可する
如き行為のある場合
隣保をあげて[redacted]保健所
並に府庁衛生課迄
座り込みも厭わずと決
りましたから右お届け
申し上げます
[redacted]
衛生保健課長殿

「無らい県運動」に象徴されるように「患者」や「家族」を地域や学校から排除したのは、地域住民である。大阪府に残されている資料には、上掲のような隣保班の決議文がある。

ここには、ハンセン病療養所に隔離された「患者」が療養所の事情で一時帰省することに反対し、帰省を強行するなら「隣保をあげて」座り込むとまで書かれている。

こうした形で、「患者」やその家族を排除し差別した社会の側の責任という問題は、二〇〇一年熊本地裁判決では明らかにされていないため、この家族訴訟において、はじめて問われることになる。

つまり、この家族訴訟において被告となっているのは国であるが、実は、私たち社会の側が被告としての責めを問われているという点にこそ、この訴訟の特徴があるということである。

こうした形で社会の側の責任が問われるということは、この訴訟に私たち社会を構成する一人一人が、どのように関与すべきかということが問われることを意味することになる。

単なる支援者としてではなく、自らが、ハンセン病問題にどのようにかかわってきたのか、あるいは、かかわろうとしてきたのか、いや、どのようにかかわろうとしなかったのかということを見つめなおす場として、この訴訟が大きな意味を有するということである。

第三の意義は、訴訟の全経過を通して原告となった「家族」お一人お一人の被害からの解放を図るということである。

家族訴訟では、すべての原告について陳述書を作成することにしている。

自らの人生をひとつひとつ振り返り、場合によっては忘れようと努めてきた過去を掘り起こして、これを文書化するという作業は、他者の想像を超える苦痛を伴うものであるが、その作業を通じて、胸中深く秘めてきた重荷を解放することを可能にもする。

多くの原告たちが、陳述書の作成過程において、これまで誰にも打ち明けることのなかった苦難を語り始めているが、そのあまりの重さ、いたましさに聴きとる側の弁護士らがたじろいでいる。

ある原告は、母親の収容とともに捨て児同然の日々を過ごした時代を語った後に、完成した陳述書を見て「はじめて自分の人生を振り返ることができた。これは子どもたちに残す私の遺言書だ」と涙を流している。

多くの原告らにとって、語り尽くせないその被害の全貌を明らかにしようとする過程それじたいが、被害からの解放につながる——そうした訴訟にならない限り、この家族訴訟は、その意義を失うことになるといって過言ではない。

家族訴訟の第四の意義は、元「患者」本人と家族との絆の回復を図るということである。

私たち弁護団からの短期間の呼びかけに、五〇〇名を超える家族が原告として参加するに至ったのは、入所者や退所者の側からの家族への働きかけがあったからである。

自分のせいで家族を苦しめることになってしまったという思いが、せめて、この家族訴訟に参加して国に謝罪させることで、家族に何がしかの被害回復をもたらしたいとして訴訟参加への働きかけにつながったのである。

東日本に暮らす八〇歳代の女性は、退所者である妹からの訴訟に参加してほしいという強い要請を受けて、「妹がこんなにまで『自分のせいで姉さんを苦しめた』と自分を責めていたとは知らなかった」と涙ながらに訴訟参加に至った動機を明らかにしている。

また、ある原告は、父のせいで地域でも学校でもいじめぬかれたがゆえに、父を恨み、憎んだことすらあるということを述懐したうえで、その父が死ぬまで、幼かった自分の写真を抱きしめるようにして暮らしていたという事実を知って、父がどれほど自分のことを愛おしいと思いながら生きてきたのかを涙ながらに理解するに至っている。

私たち弁護団の願いは、こうした形で、この訴訟に参加することをとおして、親子、兄弟姉妹の絆が回復していくということである。

4 家族訴訟の争点と課題

1 国の主張

家族訴訟において、国は、次のような主張を展開している。

第一には、国のハンセン病隔離政策は、患者本人に向けられたものであり、家族を対象にはしていないという主張である。

第二には、国は隔離政策によって、家族に被害が及ぶなどとは認識していなかったし、そうした被害が及ぶと認識する可能性もなかったという主張である。

第三には、家族に何らかの被害が生じたとしても、それは、隔離政策以前から存在していた社会の側の偏見によるものにすぎず、原告らの主張する竜田寮事件等[8]は、ハンセン病について特別に偏見の強い地域における一部の人間による例外的な事象にすぎず、国の政策に起因するものとはいえないし、国は隔離政策からこのような被害が生じるなどとは予想できなかったという主張である。

第四には、家族被害は、その被害が発生してから三年以上、熊本地方裁判所の判決や判決後の国と原告団との基本合意[9]から三年以上経過しているので、その損害賠償請求権は、時効により消滅しているという主張である。

このような国の主張には、次のような特徴がある。

第一の特徴は、歴史的事実をまったく踏まえていない机上の空論にすぎないということである。

隔離政策は、家族をその対象としていないとの国の主張は「らい予防法」等において、隔離の対象とされているのは「患者」のみであって、家族は対象とされていないという点を唯一の根拠とするものであるが、すでに述べたように、隔離政策が家族をも標的にしてきたこと、政府が推進した「無らい県運動」において、家族が差別され、排除されるに至ったことは、何人も否定しえない歴史的事実であって、いまさらこのような主張を展開する国の姿勢は、二〇〇一年熊本判決直後の「反省」を忘却した文字どおりの暴論としかいいようがない。

二〇一六年四月二五日、最高裁判所は、ハンセン病患者に対する、いわゆる「特別法廷」について、自ら調査した結果を踏まえて、自らのこのような差別的な対応が、ハンセン病患者や家族に対する差別・偏見を助長したことを認めて、患者および家族に対して謝罪している。

「癩患家」として家族単位で、ハンセン病患者の所在を把握し、居住した家全体、患者および家族の使用した布団その他の消毒を実施し、体質遺伝説に基づいて中絶の強制やえい児殺を行ったうえに「未感染児童」として隔離を行い、「無らい県運動」によって地域における家族の居場所を奪った国が、このような主張を平然と行うことに、先の国賠訴訟に参加した一人として、慄然とした思いを感じないわけにはいかない。

第二の特徴は、国の責任を、一部住民の差別感情に転嫁するという姿勢である。

国は、原告らが重視する竜田寮事件について、熊本という、ハンセン病に対する差別・偏見の「特別に」強い地域において、一部の住民が暴力的行為を伴って行った例外的事件であるとの認識を明らかにしている。

このような主張は、「患者」の子らが、地域の小学校に長期間にわたって入学できなかったという事態をもたらした原因（責任）を、自らの隔離政策ではなく、心ない一部の住民の偏見のゆえに転嫁しようとするものである。

このような主張は、竜田寮事件がハンセン病は恐ろしい伝染病であり、患者は隔離されるべきであるとの国の政策を信じ、わが子への感染を恐れた「善意」の母親たちが中心となった事件であったことを無視し、このような通学拒否事件が全国的に発生したことをも看過する無責任極まりないものというほかはない。

第三の特徴は、時効の主張によって、国の責任を回避し、原告らの悲痛な訴えを封殺しようとしているということである。

このような主張は、今においてもなお家族らが秘密を抱えながら、息を潜めて生きることを余儀なくされている現状をまったく顧みることをせず、今回の訴訟に参加するにあたって、原告らがどれほどの逡巡と覚悟とを要したのかということを理解しようともしないものであって、とうてい許されることではない。

そのうえで、原告らは、本件訴訟において、国が家族のこうむった被害を回復するためになすべきことをしてこなかったことを問題にしているのであって、そうした自らの不作為を棚に上げて、時効である等と強弁するのは、文字通り、「盗人猛々しい」といった類の妄言にすぎない。

2 国の主張の根拠

問題は、二〇〇一年熊本判決を経ていながら、国がこのような主張を展開することを可能にしている要因はどこにあるのかという点にある。

私は、そうした要因として、ハンセン病問題の「風化」を痛感している。

二〇〇一年五月の熊本判決から、小泉首相（当時）の控訴断念、さらには、国会における衆参両院本会議の謝罪決議や「ハンセン病補償法」の成立と続いた時期における世論の盛り上がりは、時間の経過とともに冷却化し、ハンセン病問題は、国の責任を断罪したことで結着したとの風潮が国全体に広がっている。

こうした「風化」を国は敏感に感じ取っているがゆえに、このような応訴態度をとるに至っているのである。

このため、この家族訴訟では、国の主張を歴史的な事実を踏まえて、論破していくとともに、改めて、二〇〇一年当時のような支援の輪を築いていくことが切実に求められている。

3 家族訴訟の現在

提訴から一年以上が経過して、「家族訴訟を支援する全国連絡会議」が結成され、署名活動や各地での支援集会の開催が進みつつあるが、二〇〇一年当時とは比べようもないほどに、その規模は小さい。この訴訟が、私たち社会の側の「加害責任」を問うているだけに、こうした現状を何とか打破して、ハンセン病問題の最終的な決着につながる完全勝訴判決を勝ちとりたいと念じている次第である。

●……註

(1)政策を推進した光田健輔らは、ハンセン病を発症しやすい体質は遺伝するとの見解を展開しており、こうした体質遺伝説が、ハンセン病は社会全体に「遺伝する恐ろしい伝染病である」との誤った認識を植え付けることとなったのであり、このために「患者」だけでなく家族とくに子らが差別・偏見にさらされることになったのである。

この体質遺伝説については、「鳥取訴訟」に提出された後掲の藤野意見書二四二〜二四七頁を参照していただきたい。

(2)岸田國士は『文学界』一九三九年二月号に「一村の美果」なる論考を載せ、小川正子の『小島の春』を激賞したうえで、こうした家族制度に対して「暴虐な伝統感情」であると批判し、これに立ち向かう小川正子の心情を、気高く日本的であり、健全で「女性的」であると評価している。

(3)戦後の無らい県運動の推進に貢献した菊池恵楓園の宮崎松記園長は、一九四七年五月に「患者の存在を知った者は、無記名を以て、その所在を保健所又は県市町村の衛生当局に申告投書せしめる」ことの必要性を説いて、住民の通報こそが無らい県運動成功の鍵を握っていることを明らかにしている。

また、厚生省衛生局長は、一九五〇年四月二二日に各都道府県知事に宛て、「昭和二五年度らい予防事業について」との通知を発しているが、その事業要領には、らい患者および容疑者名簿の作成のために「一般住民よりの投書」を求めるよう指示されている。

(4)「患者」の子や兄弟姉妹らが、学校で受けた迫害の数々は、いずれも親などから伝えられたハンセン病は恐ろしい伝染病であるとの誤った認識に基づいて、子どもたちが加えたものである。

その具体的な例については、この訴訟における原告本人の陳述書に明らかにされているが、登校を拒まれ続けて、卒業できなかった者も少なくなく、誰からも遊んでもらえず、殴られ、石を投げられ、掃除の際に同じバケツを使用することを禁じられるといった被害の数々が明らかにされている。

(5)光田反応とは、高圧滅菌した「らい腫」を裁断し、乳鉢ですりつぶして生理食塩水に浮遊させた後、ろ過し採取した少数の「らい菌」を皮内注射して、四週間後に反応をみるというもので、ハンセン病の病型分類、患者の予後判定に用いられる(『ハンセン病医学――基礎と臨床』東海大学出版会、一九九七年、五九頁)。

(6)この山梨県一家心中事件については、伊波敏男『夏椿、そして』(NHK出版、一九九八年)を参照していただきたい。

(7)一九九八年七月に提起された「らい予防法」違憲国賠訴訟は、人権を守るべき立場にありながら、長い年月にわたって、国のハンセン病隔離政策に対して、何ら取り組みをしてこなかった弁護士としての責任を償う訴訟として提起されたものである。

この点については、弁護団の編集にかかる『開かれた扉』(講談社、二〇〇三年)および拙稿「ハンセン病国賠訴訟と法律家の責任」(『法律時報』二〇〇一年八月号)を参照していただきたい。

(8)竜田寮事件に関しては、多くの文献があるが『全患協運動史』(一光社、一九七七年)、藤野豊『いのちの近代史』(かもがわ出版、二〇〇一年)を参照していただきたい。

(9)二〇〇二年一月二八日、原告団と国(厚生労働大臣)とは、ハンセン病患者が死亡している場合の相続人に対し、謝罪、一時金の支払等の項目について、基本合意書を締結している。

国は、この基本合意の成立によって、家族被害についても消滅時効が進行するに至ったと主張しているものである。

2 鳥取非入所者遺族国賠訴訟

神谷誠人

1 鳥取非入所者遺族国賠訴訟の意義

二〇一〇（平成二二）年五月、非入所者だった女性の子どもである鳥取県在住の男性（以下「原告」）が、亡き母の非入所者としての被害に基づく損害賠償請求権の相続分及び非入所者の子として自ら受けた被害に基づく損害賠償を求め、国及び鳥取県を被告として、鳥取地方裁判所に、国家賠償請求訴訟を提起した（以下「鳥取非入所者遺族国賠事件」）。

「非入所者」[1]という言葉に聞き慣れない人も多いと思われるが、日本のハンセン病隔離政策下において、全国のハンセン病患者の割合からすればごく僅かではあるが、療養所に収容されず社会内で生活をしたハンセン病患者・元患者がいる。非入所者の場合、療養所に収容されないがゆえに、社会のハンセン病への偏見差別や恐怖心にさらされ続けるとともに、ハンセン病医療を療養所に限定する隔離政策下においては、まともな医療・福祉すら受けることができなかった。そして、非入所者とともに暮らす家族は、本人と同様に偏見差別の渦中に置かれるとともに、医療的・福祉的制度の欠陥を自助努力で補いながら、苦しい生活を送ることを余儀なくされてきた。

らい予防法の違憲性と厚生省の隔離政策転換義務違反を認めた、二〇〇一年五月一一日の熊本地裁判決（熊本地裁）を得た「らい」予防法違憲国家賠償請求・西日本訴訟、そして並行的に進められていた東日本訴訟（東京地裁）及び瀬戸内訴訟（岡山地裁）のいずれの訴訟も、原告は、ハンセン病療養所に在園中であるか、あるいは入所歴を持つ者（退所者）であった。

政府は、熊本地裁判決に対する控訴を断念し、同年六月には訴訟に参加していない療養所入所者・退所者に対しても、右熊本地裁判決と同一水準の補償金を支給する「ハンセン病療養所入所者等に対する補償金の支給に関する法律」（補償法）を制定し、また同年七月二三日、厚生労働大臣（厚労省）と全国らい予防法違憲国賠訴訟原告団協議会（全原協）との間で、熊本地裁判決の対象外の原告にも、裁判上の和解によって賠償請求等を支払う旨の基本合意（二〇〇一年基本合意）が締結された。

しかし、国（厚労省）は、療養所への「隔離責任」しか認めないとの立場をとり続けたことから、非入所者は二〇〇一年基本合意の賠償等一時金支給対象者から除外された。

一方、ハンセン病患者・元患者の家族については、一九九六年の予防法廃止に際して、菅直人厚生大臣（当時）が「（らい予防法の）見直しが遅れたこと、また、旧来の疾病像を反映したらい予防法が現に存在し続けたことが、結果としてハンセン病患者、その家族の方々の尊厳を傷つけ、多くの苦しみを与えてきたこと、さらにかつて感染防止の観点から優生手術を受けた患者の方々が多大なる身体的・精神的苦痛を受けたことは、まことに遺憾とするところであり、行政としても陳謝の念と深い反省の意を表する」[2]と述べているが、その後、家族に対する施策が講じられることは一切なかった。

法理論上は、熊本地裁判決前に亡くなった入所者・退所者も、国に対する損害賠償請求権を取得しており、その遺族は、相続法理によって法定相続分に応じた損害賠償請求権を承継しているはずであった。しかし、国（厚生省）は、熊本地裁判決対象原告以外の者に対する損害賠償義務を正面から認めることはなく、むしろ「家族は、患者本人を療養所に追いやった加害者であり、喘う相続人は認めない」という立場をとり続けた。このような国（厚労省）の姿勢のため、非入所者（提訴時に生存していた非入所者）と、提訴前に死亡した入所者・退所者の遺族（遺族原告）の賠償一時金に関する交渉は難航を極めた。

二〇〇一年基本合意締結後も、西日本訴訟では、非入所者被害に関する審理が続けられた結果、熊本地裁は、同年一二月七日、非入所者も熊本地裁判決が認定する「偏見差別を受ける地位におかれた被害」を被るとともに、適切な医療を受ける機会を奪われる等の隔離政策による被害を被ってきたこと、ならびに提訴前に死亡した入退所者の遺族も相続法理により損害賠償請求権を承継している旨の所見を表明した。

全原協、全国ハンセン病療養所入所者協議会（全療協）及び全国弁護団連絡会（全弁連）の三者からなる統一交渉団は、この熊本地裁所見を基に、国に対する激しい要請行動と交渉を展開した結果、ようやく、二〇〇二年一月二八日、国（厚労大臣）と全原協との間で、非入所者本人（提訴時に生存している非入所者）と遺族原告の賠償等一時金に関する基本合意（二〇〇二年基本合意）が締結されるに至った。

しかしながら、国（厚労省）の頑なな姿勢は、二〇〇二年基本合意においても、すでに死亡している非入所者の遺族及び家族の固有被害については、被害救済の対象外とした。

鳥取非入所者遺族国賠訴訟は、このような賠償等一時金に関する解決枠組みから除外されて死亡した非入所者と、病歴者と同様に被害を受けた家族固有の被害の回復を求めるという意義を持ち、次の三つの点で、それまでのハンセン病問題に関する訴訟とは異なる特徴を有する訴訟である。

その一つ目は、すでに死亡した非入所者の被害に対する賠償を相続法理に基づいて求めているという点であり、二つ目は、病歴者の家族が、隔離政策による家族固有の被害に対する賠償を求めているという点であり、三つ目は、国だけでなく、「無らい県」運動を展開し偏見差別を助長した鳥取県（地方自治体）にも加害責任があるとして、国に加え鳥取県も被告としたという点である。

2 原告の境遇と提訴に至る経緯

1 母親の発病と家族の混乱、大阪への逃避

原告は、一九四五（昭和二〇）年、鳥取県中北部の農村の農家に五男二女[3]の末っ子として生まれた。一九五一年、父親が癌で亡くなり、当時大阪で働いていた長男が鳥取に呼び戻され、家業の農業を引き継ぎ、母親とともに家計を支えていた。

原告の母親は、一九四六年頃には、両手に神経麻痺があり、熱さを感じないために火傷をしやすく、両手に水疱がよくできていたことから、この時期にはすでにハンセン病を発病していたと考えられる[4]。しかし、近所の医者では病気が特定できないまま経過し、拘縮と感覚麻痺が生じた手指で、農作業をするため、手指に小さな傷を作り、そこから入ったばい菌で化膿することを繰り返していた。原告は「そういったやけどを負っといて百姓するんだけぇ、田植えしたり田の草取りだって、こうやって稲の間を駆けずりまわってね、だったけ、だから、それだからな、進行がものすごい早かった。だから、その辺からもう包帯だらけになっ

てしまったんですよ」と述懐している。(5)

一九五六年頃には、近隣でハンセン病であるとの噂が広がった。長男の妻は二歳の子どもを置いて家を出てしまい（最終的には調停離婚）、また結婚したばかりの二女も入籍前に離婚させられて、母親と長男の住む家に帰らされ、毎日毎日泣いていた。(6)

近隣での噂が広まる中、一九五九年、母親は鳥取赤十字病院で検査を受けた結果、「ハンセン病」との診断を受けた。

この診断以降、近隣からの苦情はいっそう激しくなり、地元保健所の保健師が、入所勧奨のために、頻繁に原告の家を訪れるようになった。原告は、学校から帰ると、母親と保健師が玄関先で話し込んでいる姿を毎日のようにみかけた。

原告が通う中学校でも、母親の病気が問題となり、原告は、保護者や友人から「背中に、がぁっと来るような視線」(7)で見られ、仲の良かった友人も原告を避けるようになった。

母親がハンセン病と診断されたことで、原告の家族や親族は混乱した。長男夫婦（長男は離婚後再婚してぃた）は、幼い子どもがいたことから、「ばあちゃんは、ばばっちぃやから」といって母親の病気を怖がり、妻子を連れて家を出て行ってしまった。

その後、連日のように親族会議が行われ、長男が去った後の家を誰に引き継がせ、また母親の処遇をどうするかで紛糾した。中学生の原告も親族会議に同席させられた。

その間にも、保健師による入所勧奨が続いており、親族会議を取り仕切っていた叔父に対しても、保健所長から「早いとこ、島に連れて行っちゃえ」との圧力がかかっていた。(8)

結局、原告の家族・親せきは、自宅から療養所に直接収容されて近隣にハンセン病が知れ渡ることを避けるため、母親を大阪にいったん転居させたうえで、大阪の病院での診察を経由して、療養所（当時は長島愛生園が想定されていた）に入所させることとした。[9] 母親は、「みんなに迷惑をかけたらいかん」という思いから、親族会議の結論に同意した。

一九五九年四月、母親は田畑を親族に廉価で処分して、大阪に転居した。

2 大阪での生活

母親の元から離れていく兄姉たち

大阪に移住した母親は、二男と三男、四男に付き添われ、阪大皮膚科別館（大阪皮膚病研究会らい部門が大阪大学病院附属施設として設置した研究機関）を受診した。医師は、母親をハンセン病と診断したが、療養所入所の必要なしと判断し、予防法が定める知事への届出を行わず、母親は阪大皮膚科別館に通いながら在宅治療を継続することとなった。[10]

この二男の一言で、母親の在宅患者としての大阪での生活が始まった。そして、当時中学二年生だった原告も、一九五九年五月、大阪に移住し、叔母の家で母親と暮らしはじめた。

七月、母親が、鳥取の土地を売ったお金で、大阪市西淀川区出来島に小さな家を購入し、そこで母親、原告、四男が生活を始めた。その後、鳥取で再婚していた二女が再度離婚して、母親を頼って来たが、結局、原告が中学校を卒業するまでに、二女も四男も家を出てしまい、原告は、母親と二人だけの生活を送ることになった。[11]

近隣からの嫌がらせ、排除

原告が母親と二人で暮らした大阪市西淀川区出来島は、大阪湾に注ぐ淀川によって運ばれた土砂が堆積して形成された洲であり、南は淀川、北は神崎川（河口付近は中島川）に囲まれた場所である。出来島は、府県連合立らい療養所・外島保養院[12]があった中島町の隣町である。[13]このため、住民のハンセン病患者への偏見、警戒心は強かった。

顔面神経麻痺や手指にボロ衣や包帯を巻いた容姿から、母親はハンセン病患者と認識され、近隣住民によるいやがらせ（陰湿な排除行動）を受けた。母親は「ずっとうちにいるだけ。出られんから[14]」と、阪大皮膚科別館に通院するとき以外は、ほとんど家に閉じこもった生活を送っていた。

阪大皮膚科別館での在宅治療――一般医療からの排除

母親が受診した阪大皮膚科別館は、医療機関ではなく研究機関であり、阪大病院の一般医療施設から離れた裏門の脇に目立たないように建てられた建物の中にあった。[15]

母親は、通院とＤＤＳ（ハンセン病治療薬）を中心とした投薬治療により、その症状は一九六〇年四月以降安定していった。[16]

しかし、隔離政策下では、療養所外におけるハンセン病の治療及び治療薬は保険診療適用外とされ、医薬品代は患者自身が負担しなければならなかった。母親は、大阪での九年間に、阪大皮膚科別館に三〇〇回も通院しているが[17]、この間の薬代や、神経痛を抑えるために医師から指示されたビタミン剤の購入費は、すべて母親と原告が負担しなければならなかった。

仕事に就くことができなかった母親は、鳥取を出る時に田畑を処分して得た預金を取り崩して生活費と医療費を捻出していたが、原告が中学校を卒業する頃には預金は底をつきかけていた。母親は原告に通帳を見せ、「この金が底をついたら、淀川に身を投げるしかない」と、たびたび泣いていた。

このような母親の姿を見ていた原告は、中学校を卒業すると同時に就職し、生活と母親の医療費を支えようとした。ただ、原告がもらう月給は十分ではなく、母親と原告の暮らしに、医療費の負担が重くのしかかっていた。たまりかねた原告は、阪大病院の受付に、医師から指示されたアリナミン代だけでも国民健康保険を利用することはできないかと相談したこともあったが、「裏の病院〔阪大皮膚科別館〕の薬はここは利用できんようになっとる」とにべもなく断られている。[18]

母親と原告の苦しみは、医療費の負担だけではなかった。母親は、ハンセン病の合併症である虹彩炎を患っており、目が「真っ赤になって」いた。しかし、虹彩炎だけでなくそれ以外の病気、風邪、発熱、歯痛といった一般的な病気でも、阪大皮膚科別館の医師は阪大病院で受け入れることも、他の受け入れ先を紹介することもなかった。[19]

在宅患者としての母親は、全ての医療現場から排除されていたのである。

母親が通院できる病院を求めて、郷里・鳥取へ戻る

一九六六、七年頃になると、母親の虹彩炎はますます悪化し、年齢も六〇歳を迎えようとしていたことから「いろんなところが壊れるようになってくる時期[20]」であった。しかし、母親を受け入れる病院は見つからなかった。

一九六七年末、原告と母親は、出来島の家を処分し、郷里・鳥取に戻った。

3 郷里・鳥取での生活

病院探しの苦労

原告は、郷里・鳥取に戻れば、母親を受け入れてくれる病院があるだろうと期待していたが、鳥取においても、医療現場における偏見差別は根強く、病院探しに苦労しなければならなかった。

母親は、町民の健康診断で、診察医から「おまえは、手の腐れだな」といわれ、二度とその病院には行かなくなった。(21)

最も苦労したのは歯医者であった。近くには三軒の歯科医院があったが、母親は「変なことを言われた」といって、どの歯科医にも行こうとせず、(22)結局、遠く離れた歯医者で受診していた。原告自身も、近隣の歯科医で、健康保険証から原告が母親の子であることがわかると、露骨に診察を嫌がられ、二度とその歯科医を受診することはなかった。(23)

母親は虹彩炎の治療も必要だったが、病院での差別的対応を経験していたため、病院に行くことじたいを嫌がり、二年もの間病院に行かなかった。皮肉なことに母親は、国民健康保険を使わなかったことで、「優良家族」として町から表彰された。(24)原告は、「眼が潰れたら私の責任だ」と思い、遠い親戚が開業している医院（眼科・耳鼻科・小児科）を頼り、嫌がる母親の「背中を押すようにして」通院させた。(25)そこは、家から離れた地域であったが、原告にはそこしか頼れる病院はなかったのである。

就職、結婚――母親のために人生の選択肢を断念する

原告は、鳥取に戻ってすぐに、地元の運送会社に本工（正社員）の運転手として勤めたが、本工の給料では、「自分が食べていくのが精一杯」で、母親との生活を支えることが困難であった。このため、原告は、本工を続けることをあきらめ、関西等に「出稼ぎ」に出て、出張手当、旅費手当等がつくため正社員より給料のいい派遣あるいは契約の溶接工や運転手として働いた。原告は、県外での仕事で得た収入から毎月母親に仕送りをし、また、時折帰郷して、母親の様子を見ていた。(26)

また、原告に、二度ほど縁談が持ち上がったが、いずれも母親が理由で破談となった。母親の存在によって、結婚そのものをあきらめたのである。(27)

母親の病気を隠しながら生きる

非入所者として生きる母親と、その母親とともに生きる原告は、偏見差別から身を守るために、母親の病気を隠し続けなければならなかった。

一九七四年二月、阪大皮膚科別館の診療記録には、母親の病気に関し、「病名　多発性神経炎　後遺症神経麻痺　細菌検査にて皮膚に抗酸菌を認めず」との証明書を発行した旨記録されている。(28) 原告は「これからも病院にかからないかんだでな。……だからごく一部の病状を病名として記載」した診断書を根拠にハンセン病を隠し、医療、生活のあらゆる場面で偏見差別を受ける母親を守ろうとしていた。(29)

一九八〇年五月、面接のために自宅を訪問した保健師に対して、母親は「自分はらいではなかった」証明書を保健師に見せようとしたが見つからなかった。母親は、「どこにも自分の体には病的変化もない」「体を見てくれ」といって、保健師の前で「裸になり背中を見せ」て、必死にハンセン病ではないことを示そうとしたこともあった。(30)

高齢者施設における母親の偏見差別被害

原告は、母親の社会での生活を支えるために、鳥取と県外の行き来を繰り返す生活を送っていたが、一九八五年、母親が脳血栓で倒れ入院し、その後、鳥取県の高齢者施設に入所した。

母親は、同寮者から、手指が曲って手が使えなくなるという意味の鳥取の方言「マンゴー」という蔑称（ハンセン病患者を指す隠語）で呼ばれ、いじめられた。母親の口の両側が神経麻痺を起こしていることからも、ハンセン病患者と認識され、嫌われたようである。このため、他の入寮者とは別に食事を摂らされ、入浴も一番最後に回されていた。(31)

原告は、県外の仕事から鳥取に戻るたびに、母親を高齢者施設から帰宅させ、数日母親と過ごした後、また母親を施設に戻すということを繰り返していたが、施設に戻るときになると、母親は「もう行かん、もう行かん」といって涙を流して嫌がった。[32]

高齢者施設における母親の被害は、同寮者からの「いじめ」や差別的待遇だけではなかった。母親は、ハンセン病の後遺症である知覚麻痺から、たびたび手指や足指に傷を作り、それが化膿するということを繰り返していた。施設側の母親の病気に対する無知や、施設側があえてハンセン病歴者であることを無視していたことによって、母親は、後遺症に対する適切な対応を受けることができなかった。施設側が知覚麻痺に応じた予防やケアをまったく行っていなかったため、切断寸前まで傷が悪化したこともあった。[33]

4 母親の「病気」を理解しようとしない兄たちと行政

県外と鳥取との行き来を繰り返す生活の中で、高齢者施設での「いじめ」や差別待遇を泣きながら訴える母親の姿に、原告は精神的に追い詰められていった。

原告は、偏見差別に満ちた社会で生活するより、療養所に入った方が母親にとって幸せだ、という思いを強くしていった。そして原告には、母親の状況を放置している兄たちを許すことができなくなっていた。

原告は、一九九一年三月、二男を連れて、地元保健所の「遺伝相談」に申し込み、母親がハンセン病らしき病気に罹患し、兄たちが家と母親を捨てて出て行き、きょうだい関係が悪くなったこと、兄たちはハンセン病を遺伝病と考えて嫌っていること、兄たちが母親の面倒をみるのか、そうでなければ療養所に入れるのか決めてほしいことなどを訴えた。しかし、原告の相談に応じた保健師は、ハンセン病偏見差別の中で生きる原告や母親の苦悩をまともに理解しようとはせず、「（ハンセン病は）遺伝的なものとして扱わない。体質的にはどの病気にもいえる。今になって昔の事を言い争って苦しむより今後の幸せを考えて話し合い（すること)」という、通り一遍の対応しかしなかった。[34]

原告は、保健師が母親のハンセン病を信じていないと感じ、約一週間後、今度は母親を伴い、二男とともに地元保健所の精神保健相談に行った。原告としては、母親の後遺障害を見せれば、保健師も母親がハンセン病であることを理解し、偏見差別の中で生きる母親や自分の苦悩を理解してくれるはずだという思いだった。[35] しかし、この時の保健師の対応も、「本人が元気で生活(八四歳現在も)している現在、兄弟で過去のことをとやかく争うのはおかしい。これからに向けて兄弟間が助け合うよう話し合うこと」「(原告は)疲れ気味と思うので先ず休養しながら働く事。場合によっては精神安定剤など必要[36]」といった、母親のハンセン病によって苦悩する原告をまったく理解しない対応に終始した。

一九九四年二月、母親が死亡した。偏見差別の中で苦しみながら死んでいった母親の姿を目の当たりにしてきた原告には、母親に在宅治療を続けさせていた自責の念を強くする一方、母親にとって療養所に入った方が幸せだった、という考えにとらわれるようになった。

原告は母親に対する深い後悔と自責の念から、しだいに精神的安定を欠き、母親が不幸のまま亡くなったのは、ハンセン病であったことを認めず、療養所に入所させなかった兄たちや行政(地元保健所)の対応に問題があったからだとの怒りの感情を強くしていった。

そして、原告は、母親の死亡以降、兄たちへの反抗や地元保健所への抗議と説明を求める言動を繰り返すようになった。

地元保健所は、原告への対応に苦慮し、一九九六年四月、らい予防法廃止とともに鳥取県庁に設置されたハンセン病に関する相談窓口を原告に教えた。

原告は、鳥取県に、ハンセン病であった母親を療養所に入所させるべきだったのではないか、と対応の適否を問い、説明を求めたが、同県は「母親を在宅患者として把握していない」「大阪府に聞いた方がいい」といって、原告の訴えを正面からとりあげようとしなかった。

母親がハンセン病であったことを理解しようとしない地元保健所、鳥取県の姿勢から、原告は、自ら母親の病気を示す資料を集めなければならないと考え、大阪府に繰り返し照会と資料請求を行い、ようやく入手できたのは、一九九七年九月になってのことであった。しかし、それでも鳥取県担当職員や地元保健所は、阪大皮膚科別館の診療記録や「診断書」にハンセン病と書かれていないことを理由に、原告の母親がハンセン病であったという訴えを信用しようとしなかった。原告は、母親のハンセン病を「証明」するために、厚生省や大阪府に予防法下におけるハンセン病患者の取扱いや阪大皮膚科別館がハンセン病外来診療をしていたことに関する資料請求と照会を行った。その結果、二〇〇〇年八月末になって、大阪大学附属病院の専門医が大阪府に、一九六五年二月二四日付けで母親をハンセン病患者として届けていることが判明した。[37]

鳥取県担当職員は、この時点で初めて原告の話が真実であることを認識した。しかし鳥取県担当職員は、「〇〇（原告、調書では本名）の言うとおり、〇〇（原告）の母親がハンセン病にかかっていたことがわかりましたが、既に母親はなくなっているし、届出が大阪府にされているので、県としては、いくら〇〇（原告）に言われても何もすることができません[38]」という態度に終始した。このような「過去の話でどうしようもない」という姿勢は、地元保健所においても同様であった。

5　刑事事件、そして国賠訴訟提起に至る経緯

「孤立しつくされた」精神状態で起こした殺人未遂事件

原告が、鳥取県に繰り返し訴えていたことは、「県は、ハンセン病であった母親を療養所に入れてくれな

かった」「兄たちは自分にだけ母親の面倒をみさせ、自費で治療しなければならなかった母親の負担は、すべて自分の負担になった」というものであった。

このような原告の訴えに対し、鳥取県担当職員は、「○○（原告）の言っていることが全て本当のこととは言えませんし、家族自身が望んでいたことなので、県が対応すべき問題ではありません」[39]という対応をとり続けた。鳥取県担当職員の「家族自身が望んでいたこと」とは、同職員が二男からの事情聴取をした際、二男が「母親のハンセン病に関することに関し、家族会議が開かれ、当時ハンセン病に対する偏見があったことから、ハンセン病にかかっていることを知られたくないという結論で、療養所への隔離を拒み、一般の人と同じ生活を送らせようとしていた」と話したことを意味している。[40]

鳥取県担当職員は、繰り返し訴える原告に対し、「何度も『金が目的か。金なら訴訟を起こせばいいだろう』と言ってやりました。しかし、○○（原告）は、『金じゃない』と否定し、また同じ話をするものですから、何が目的かさっぱりわかりませんでした」[41]と、原告の訴えの背景にある、ハンセン病に対する偏見差別問題やその中で塗炭の苦しみを受けてきた母親や原告の心情を理解しようとする姿勢はいっさい見せなかった。それどころか、鳥取県担当職員と地元保健所は、原告を「クレーマー」とみなし、地元保健所が「なだめ役」、鳥取県担当職員が「怒り役」と役割を分担したうえで、「怒り役」に回った鳥取県担当職員は、「電話がかかってきても、長くなったら『同じ話ばかりで切るぞ』と言って、一方的に電話を切ってやったり、面接に来ても、『何回来ても同じ話なら聞いてもしょうがない』とか、『訴訟で決着をつければいい』と言ってやりました」[42]という態度を取った。

一九九一年に地元保健所の精神衛生相談に相談して以来、「母親がハンセン病だった」ことを鳥取県に理解させるまで、実に九年もの年月を要していた。そのうえさらに、鳥取県担当職員から「家族自身が望んだことで、県が対応すべき問題ではない」との態度をとり続けられたことから、原告の精神的不安定さはいっそう嵩じていった。

二〇〇三年七月二四日、原告が鳥取県担当職員を訪ねたところ、同職員は「適当にあしらって帰らせようと思い」、「適当に話を聞いてやった後、『今会議があって疲れとるけ、帰ろうや』と言って、立ち上がり[43]」、その場を立ち去ろうとしたことから、原告は立腹し、同職員の後を追って、所持していた腰ナタで担当者の後頭部を切りつけ、傷害を負わせる事件を起こした。

原告の事件は、「わしも、もう、どうなってもいいと思って、やったんやからな」「話し相手もおらん。自分が孤立しつくされておったから。つねに、ずうっとね[44]」と、誰からも理解されずに孤立し、追い込まれた精神状態の中で起こした事件であった。

刑事事件の経過

被害者（鳥取県担当職員）のけがは、加療二週間の頭皮切・挫創であったが、原告は、二〇〇三年八月、殺人未遂事件として、鳥取地方裁判所に起訴された。

鳥取地裁における第一審では、鳥取県弁護士会所属の弁護士が国選弁護人に選任されたが、原告の起こした刑事事件の根底、背景にあるハンセン病に対する偏見差別問題は、正面から取り上げられることはなく、一回の公判で終結した。二〇〇三年一〇月一〇日、鳥取地裁は、原告に、殺人未遂の罪を認定し、懲役四年の実刑判決を宣告した。

原告は控訴し、広島高裁松江支部で控訴審の審理が行われた。控訴審では、「らい」予防法違憲国賠・瀬戸内訴訟弁護団の二名の弁護士が私選弁護人として、原告の弁護を担当した。控訴審では、原告には「殺人の故意はなかった」として殺人未遂罪の成立を争うとともに、非入所者の母親を支えて生きてきた原告の苦悩と、無らい県運動で隔離政策の一端を担うとともに、原告の苦悩に正面から対応してこなかった鳥取県にも非があるとして量刑不当を主張した。また、刑事事件後、原告のことを知った鳥取県内外の支援者が中心となり、八四〇〇筆もの減刑嘆願書が集められ、裁判所に提出された。二〇〇四年七月二六日、広島高裁松江支部は、一審判決の刑を減刑したものの、殺人に関する「未必の故意[45]」を認定し、原告に懲役三年の実刑判決を宣告した。控訴審判決は、減刑の理由の一つとして、「ハンセン病に罹患した母親を抱え、青年期に一人で母親の面倒をみるなど、ひとかたならぬ苦労を強いられた被告人の境遇には同情すべき点がある」としている。

原告は、控訴審判決に服し、二〇〇六年九月、三年の刑期を終え、出所した。

鳥取非入所者遺族国賠訴訟提起に至る経緯

しかし、原告にとっての「ハンセン病問題」は終わっていなかった。「『らい予防法』が廃止になっても、全く癒されておらない人たちがかなりおるということは事実。わしもそうであるようにね。ほんとに、じゃぁ、癒されたかっていうたら、わしは、癒されておらんと思うんです。療養所に入所しておる人は、まだいいけども、〔社会に〕残された人というのは、偏見と差別の風雨の中におるだけぇね。それで自殺した人もおればね、気が狂った人もおる。そちらの被害のほうが、わしは、何十倍も大きいと思ってます[46]」と、偏見差別の中で、非入所者として社会で生きてきた母親、そして病歴者の家族として生きてきた自分の被害は回復されていないとの思いを強く抱いていた。

ただ、原告の目に加害者として映っていたのは、母親を見捨てた兄姉たちであったり、母親を在宅治療とし医薬品代を自己負担させてきた阪大皮膚科別館であったり、母親に対して差別的対応をしてきた高齢者施設の施設職員や同寮者であったり、ハンセン病に対する偏見差別の中で苦悩する原告の話をまともに取り上げなかった鳥取県や地元保健所であったため、訴状の内容を固めるまで、かなりの時間を費やした。

最終的な訴状は、二つの損害賠償請求で構成された。一つは、母親が非入所者として隔離政策の下で受けてきた被害、すなわち、偏見差別によって、生まれ育った鳥取を追われ、家族が崩壊し、また高齢者施設において差別を受けた被害と、本病のみならず合併症さえも十分な治療を受けられなかった被害を被ったことに対する損害賠償請求権を相続人である原告が相続したという構成であり、もう一つは、非入所者の家族として原告自身が被った偏見差別に基づく家族崩壊や差別体験被害と、国や鳥取県から必要な支援を受けることができなかった被害に基づく原告固有の損害賠償請求という構成である。

そして、原告は、非入所者遺族という意味でも、家族自身の被害という意味でも、また国のみならず鳥取県も被告としたという意味でも、いずれも全国で初めての訴訟を、二〇一〇年四月一六日、鳥取地裁に提起した。

3　一審で明らかにされた家族の被害

鳥取地裁での第一審は、二〇一〇年七月九日の第一回口頭弁論期日から二〇一五年二月二七日の最終口頭弁論期日（結審）までに、合計二六回の口頭弁論が開かれた。

この間、原告側は一八通の準備書面と九七点の書証（甲号証）を提出するとともに、和泉眞藏氏（元療養所医師、京大皮膚科特研医師）及び新田良子氏（病歴者家族・れんげ草の会会員）の証人尋問を行った。また、原告が提出した書証の中には、証人申請したが、残念ながら採用されなかった内田博文氏（神戸学院大学法科大学院教授）の二通の意見書（甲第六七号証・甲第九二号証）が含まれている。

ここでは、和泉眞藏氏、新田良子氏の各証言と内田博文氏の意見書によって明らかにされた、家族の被害を中心にまとめてみたい。

1 家族にまで及ぶ偏見差別

「潜在的感染者」としての偏見差別

日本のハンセン病患者隔離政策は、ハンセン病は容易に感染する恐ろしい感染症であると喧伝し、すべての患者を療養所に隔離し、その子孫も含め患者を絶滅することを目的とした「終生絶対隔離・患者絶滅政策」であった。患者の家族は、患者予備軍・潜在的感染者とされ、家全体や家族の所持品まで消毒の対象とされた。とくに患者の子に対しては、「家族内感染」「幼児感染」が強調され、「未感染児童」と呼び、療養所内に付設された「保育所」に隔離し、健康管理・発病監視を行っていた。

このような国側の対応から、病歴者の子や家族が、周囲から「感染者」あるいは、今は発病しなくとも将来発病する「潜在的感染者」とみなされ、差別の対象となり、地域社会、社会関係、姻族関係から排除されることは、いわば自明の理であった。

原告の場合も、母親のハンセン病の噂が広がるや、二女は離婚を強制され、長男の配偶者も離婚して家を出てしまった。原告自身も、友達が遠ざかる、冷たい視線を浴びせられる、飲食店で食器にゴキブリを入れられる、玄関先に動物の死骸を投げ込まれるといった差別や嫌がらせを受けてきた。母親の処遇をめぐって開かれた「親族会議」に、父方祖母の本家筋の人物（母親の叔父）が参加し、中心的役割を担ったのも、偏見差別が家族のみならず、血縁者にまで及んでいたことを示しているといえる。原告は「父の妹であり、うちのおふくろの従姉妹。その家がいちばん被害にあったなぁ。いろんなかたちで、うちのおふくろの話が出て、縁談も破談になった。ようやく結婚して、子どもも一人おったということやねんけれども、まだ、相当に若かった、昭和四〇年代にな、首吊って死んだと。……その妹も、何回も何回も、うちのおふくろの話が出て、破談になって、わしが墓参りに行ったときに、大泣きをしておった現場も見てますしな」[47]と親類縁者にまで及ぶ偏見差別の恐ろしさを語っている。

新田は、菊池恵楓園の保育所に入所していた病歴者の家族という立場で証言台に立ち、自ら受けた差別被害を証言で明らかにした。小学校入学時、子どもたちから小石がいっぱい投げつけられたこと、長島愛生園の准看護学校で学んでいたときには、教務の先生から「あの子はね、入所者の子供やってよ。こんな子をこういうところに出すなんてね」「二十歳ぐらいになったら自殺するよ」と陰でささやかれていたこと、就職した病院の先輩看護師からは「いやぁ、あんたはうつっちょるわ」といわれたなど、「入所者の子」というだけで、ハンセン病に感染しており、いつかは発病するという偏見の目で見られ、差別されてきたのである。[48]

家族同士の葛藤、憎悪、そして離散

家族の中にハンセン病患者が出ると、家族は動揺し、混乱する。患者・回復者本人のみならず、その親族にまで及ぶ偏見差別から逃れるため、あらゆる手段を講じようとする。

原告一家の「親族会議」の状況は、まさにハンセン病患者を抱えた家族の苦悩と葛藤を示すものであった。母親がハンセン病であることを否定するために、さらに別の病院で検査を受けさせるべきとする意見と、早期に療養所へ入所させるべきだとの意見が激しく対立し、激論が繰り返された。その結果、長男は、再婚した妻と子どもを連れて家を出て行ってしまった。そして、「親族会議」の結果、母親をいったん大阪に移転させて、大阪の病院で検査を受けさせ、そこから療養所に入所させることとなったのである。いずれも、自らの身に降りかかる偏見差別を払いのけるための、家族としての苦渋の選択であったといえる。

目の前で繰り広げられる「親族会議」での肉親のいがみ合い、そして次々と母親の元から去っていく兄たちの姿は、一三、四歳の少年であった原告の心に深い傷跡を残し、兄たちへの恨み、憎悪へと変容していった。

このような原告に対し、四男は「母のハンセン病という病気のために、犠牲になったのは○○（原告の本名）だけではありません。二女の△△（二女本名）は、二度も母の病気のために離縁にされていますし、私も今まで独身で過ごしてきました。他の兄弟も人には言えないような、差別や偏見を受けたと思います。それを自分一人が被害者のような顔をして」[49]と他のきょうだいも被害者であると訴えて、原告への反感をあらわにしている。また、原告は、「家族の古い写真はあったけど、いつの日か家に置いとったのを、家に入って□□（三男本名）が持って帰って、うちのおふくろのところのやつだけ顔をこすって消しよった」[50]と、三男が母親に憎しみに近い感情を抱いていたことを語っている。

家族を襲う偏見差別の中で、原告の家族は、母親の病気を必死になって隠そうとしていた。母親は、自宅を訪れた保健師に、裸になってまで自分のハンセン病を隠そうとしている。二男は、「（阪大病院の）診察結果を母等に確認してみましたが、『らいの菌はないという診察だった』と聞いていました。だから私は、母の病気はらい病ではないと思っていました」[51]と警察で供述し、また四男は警察に対しては母親がハンセン病であったことを認めながらも、本件訴訟の被告側代理人に対して「最近までずっと母は『らい病』ではないと思っていました」[52]とハンセン病を否定している。原告自身も、他人の前では、母親のハンセン病を否定する態度を取っていた時期もあった。

原告一家は、家族の間でも、母親の病気を共有できず、偏見差別の苦しみを語り合い、分かち合うことで、互いに支え合うことすらできなかった。

ハンセン病に対する偏見差別は、家族間に物理的な距離を作るだけでなく、心理的な距離と対立を引き起こし、原告一家の家族関係を歪め、破壊したのである。

2 非入所者としての母を支える苦労

地域医療、福祉からの差別、排除

非入所者（在宅患者）としての道を選んだ母親、そしてその母親に寄り添い生きてきた原告、その二人の前に大きく立ちはだかったのは、「在宅医療制度の欠如」であった。

和泉は、京都大学附属病院皮膚科特別研究室（京大皮膚科特研）での外来治療の経験に基づき、次のように証言した。

和泉は、まず、母親が一九四六年に発症後、鳥取において、診断がなかなかつかず、後遺障害を重くしていったことについて、「日本の絶対隔離政策の下では、ハンセン病患者も隔離されましたけれども、ハンセン病医療が一般医療から隔離されたということがあるので、患者を診たり、治療したりする経験が一般病院ではなかった……。そのために非常に典型的に病気が進んでからでないと診断することができなくなったので、これは明らかに隔離政策の責任です[53]」と、絶対隔離政策を批判した。

そして、母親と原告が、阪大皮膚科別館の外来治療における薬代の負担に苦しんできた理由についても、和泉は、「ハンセン病という診断をして治療をするというのは、いろんな意味で難しかった……。……基本的には国の政策は健康保険で治す一般的な病気から全く切り離されていた[54]」ことから、阪大皮膚科別館では、保険診療によってハンセン病治療を行うことができず、在宅患者の自己負担とする隔離政策の本質的問題を明らかにしている。京大皮膚科特研では、「入所していないという理由だけで経済的負担が生じるという不平等は、あってはならない」という理念と、患者の秘密保護という観点から、ハンセン病との診断は避け、「皮膚抗酸菌症」「多発性神経炎」等の症状に重点をおいた診断病名として、可能な限り健康保険による治療・

投薬を行っていたが、ハンセン病治療薬の場合は、その方法もとれなかったため、病院・医師の負担となる研究費から出していた。しかし、阪大皮膚科別館は、正式な医療機関ではなかったことから、他の診断名によっても、そもそも保険治療を行うことができなかったことを、和泉は証言において指摘している(55)。

さらに和泉は、阪大皮膚科別館で投与されていた「アリナミン」あるいは「強ミノC」に関しては、「神経にも作用するといいますが、ハンセン病によって起きる神経炎に対して……必須の薬だとは考えていませんでした」「ビタミン剤としては非常に高価なもの」であったため、このような薬が多量にあるいは長期にわたって投与されていたことは「患者ないしは家族の経済的負担は大きかった」と、在宅治療による母親と原告の経済的負担が大きかったことを裏付ける証言をしている(56)。

また、医療現場に根強く存在した偏見差別によって、非入所者（在宅患者）にとっては、ハンセン病治療だけでなく、合併症や他の疾病の治療を一般医療機関で受けることも困難であった。母親は、大阪では眼科、歯科の治療をしてくれる病院が見つからず、鳥取に戻った後も差別的対応をされたことから、病院に行くことじたいも嫌がり、原告は母親を病院に行かせることにも苦労を重ねていた。

和泉も他の疾病で入院している一般病院から偏見差別によって退院させられるケースが存在することを明らかにした。

和泉は、隔離政策の下での在宅医療制度の欠陥及び医療現場における偏見差別による非入所者や家族の被害を次のように法廷で訴えた。

「国の施設としての療養所外での診療というのは全く考慮に入っていませんでしたので、非常に家族も困ったし、患者さんも困ったし、直接言うと私たち療養所外診療をやっていける者にとっても非常に苦労があったと思います。ただ一つだけ付け加えておきたいのは、無らい県運動ですね。……どういうことかというと、社会で暮らせない、社会で暮らすことを禁じられている、そういう国策の下で、患者を抱えながら生きたということになりますので、この苦労とか被害は決して患者だけではなくて、家族にも直接及んだと思います。はっきり言ってしまうと、国策に反して存在が許されない人を守りながら生きた。これは全て無らい県運動を中心にして展開された日本のハンセン病隔離政策、絶対隔離、絶滅政策の中で起きてきたことなので、この原告の場合もふくめて、受けた被害については賠償の責任とか、そういう法的責任を問われるべき過失だったと思っています(57)」

二者択一の選択を余儀なくなされる

原告は、生活と母親の治療費を支えるため、中学を卒業するとすぐに働きはじめた。そして、本工（正社員）の給料よりも、日当、出張手当、食事代が支給される短期雇用、派遣雇用を選び、安定した職業に就くことをあきらめたのである。

また、非入所者としての母親とともに生きる以上、母親の存在を打ち明けなければならず、そのときに相手から拒絶されることへの恐怖から、結婚さえもあきらめた。

原告は、母親を捨てて生きるのか、母親に寄り添って生きるのかという厳しい二者択一の選択を強いられたうえで、母親に寄り添って生きる道を選択し、その結果、就職・結婚といった自分の幸せをあきらめなければならなかったのである。

このような二者択一の人生を余儀なくされたのは原告だけではない。

本件訴訟で証言台に立った新田は、職場や姑には、両親が療養所にいることを隠していたため、いつも嘘をついて両親に会いに行っていた。父親の危篤の知らせを聞いて療養所に駆けつけた時のことを、こう証言している(58)。

「(父親は)私の顔をじっと見て、『帰れ、帰れ』と言いました」

「私もうそを言うのにももう疲れ果ててたので、だから『父ちゃん、もういいがな』と言いました。それは『死んでもいいがな』っていう意味でした」

「私は医療従事者でありながら、私が父を殺したっていう気持ちになって、ずっとあとは自分を責めて生きてきました」

そして新田は、「私にはまだ母が残ってるんだ、また父と同じように、母にこんな思いをさせたくない、どうしても離婚しなきゃならないと強く思いました」[59]と、残された母との絆を保つために、秘密を抱えた結婚生活と決別することを決意したのである。新田もまた、ハンセン病患者の家族として、残酷な二者択一の人生を歩まされてきた被害者の一人であった。

3 「徹底した孤立」という被害

「自分が孤立しつくされておった」[60]

原告は刑事事件を起こした時の心理状態をこう語っている。

原告が中学三年生のとき、鳥取から大阪へ逃げてくるときに廉価で売却した土地のお金も、医療費と生活費で食いつぶされようとしていた。にもかかわらず、原告の兄姉は、誰一人として、母親と原告に手を差し伸べようとはしなかった(できなかった)。また、行政に援助を求めることもできなかった。母親が死を考えなければならないほど、母親と原告は、孤立と絶望の中にいたのである。

そして、鳥取に戻り、高齢者施設に入所した母親が、ハンセン病の後遺障害で曲がった手指を理由にいじめられる姿を見た原告は、行政の指導があれば、療養所に入所できるかもしれない、兄姉たちが母親を引き取って高齢者施設から出ることができるかもしれないと考え、地元保健所に訴えた。しかし、保健所も、兄たちも、原告の訴えを受け止めるどころか、母親のハンセン病も否定し、母親と原告の苦悩を理解しようともしなかった。療養所ではなく社会で生活していたために、逆に母親を偏見差別にさらしてしまった慙愧の念とともに、「誰にも理解されない」苦悩と孤立感が、原告を追い詰めていったのである。

内田は、本件訴訟における意見書(61)において、母親と原告の孤立状態は、国の隔離政策が作り上げた孤立であると、鋭く指摘した。

内田は、国が、ハンセン病治療をハンセン病療養所に限定し、ハンセン病治療薬を健康保険診療適用外としたことにより、療養所に入所せず「残留者」として生きる苦渋の選択をした非入所者は、本病の適切かつ十分な治療、一般医療及び自治体による支援といった「公助」を自ら断たざるをえず、また、地域住民からの「共助」を求めることも不可能に近い状況にあったと述べている。

しかし、自己及び家族の生活を支える唯一の方法であった「自助」は、「職場および住所などを転々とせざるを得ない、本病のみならず余病に罹患しても医師にかかることができない、助けを求めることができない、助けを求める知人、友人もいない、そして自治体等にアクセスすることなどもできなかった」状況における「自助」であったため、「極めて不安定で日々、薄氷を踏むようなもの」であり、それゆえに、家庭崩壊も、稀ではなかったとする。

そして、非入所者の子としての原告は、家庭崩壊の憂き目を味わうとともに、非入所者のきわめて不安定かつ脆弱な「自助」を補うために、「『公助』『共助』の代替を務めるという役割が子弟に押し付けられ」てきたことを指摘する。その結果、非入所者の子は、憲法及び子どもの権利条約(62)が保障する「生きる権利」「守られる権利」「育つ権利」「参加する権利」を柱とする「子どもの権利」や、様々な情報の中で自らの人生を決定するという幸福追求権もしくは自己決定権を侵害されてきたと論じている。

内田意見書は、非入所者の子としての原告の孤立は、国の隔離政策によって引き起こされた被害であることを法的側面からも明らかにするものであった。

4 鳥取地裁一審判決の内容と批判

1 はじめに

「原告の請求をいずれも棄却する。訴訟費用は原告の負担とする。以上」

二〇一五年九月九日午後一時一〇分、鳥取地裁における一審判決の言い渡しは、わずか一〇秒で終わった。主文のみを読み上げ、そそくさと退廷していく大島雅弘裁判長ら三名の裁判官。「捨てゼリフ」ともいえるような、判決言い渡しであった。

鳥取地裁一審判決（鳥取地裁判決）の結論と理由を簡単に整理する。

ア　原告の家族固有の被害に基づく国に対する損害賠償請求に関する判断
厚生大臣には、隔離政策によって、社会のハンセン病患者の子に対する偏見及び差別を助長し、かつ一九六〇年以降、一九九六年のらい予防法廃止まで、ハンセン病患者の子に対する社会内の偏見・差別を除去するための相当な措置を採るべき義務を怠った違法、過失がある。

また、患者の子は、「地域社会において偏見・差別を受けることを避けるため、患者の子であることを隠しながら生活を送ることを強いられることによる、生活上の不利益」を受けていたことは一般的に認められるが、自らが「ハンセン病患者の子であることを認識していること」が前提である。

原告については、「平成九年に実母の診療録が開示されるまでは、実母がハンセン病に罹患していたと認識していなかった」ので、原告が「ハンセン病患者の子であることを隠しながら生活する不利益を被ってきたとは認められない」ので、請求を棄却する。

イ　母親の損害賠償請求の相続分に関する判断

非入所者との関係においても、国会議員のらい予防法の隔離規定を廃止しなかった立法不作為責任及び厚生大臣が隔離政策を抜本的に転換し、社会内の偏見・差別を除去するための相当な措置を採らなかった違法、過失があり、国は非入所者である母親に対しても損害賠償責任を負い、母親の損害賠償請求権は相続の対象となる請求権である。

二〇〇二年基本合意によれば、非入所者の相続人も非入所者であった被相続人の損害賠償請求権を相続したことが明らかであり、原告は、二〇〇二年一月二八日頃、二〇〇二年基本合意が取り交わされたことを認識し、その時点で、母親の国に対する損害賠償請求権が成立したことを認識したというべきである。本件提訴は、それから三年以上経過した後にされたから、消滅時効が完成しているので請求を棄却する。

ウ　鳥取県の責任に関する判断

鳥取県は国の機関委任事務に基づき、らい予防事業を実施してきたものであり、制度上、厚生大臣の方針に従って活動すべき拘束下にあったことから、鳥取県が独自に国賠法上の責任を負うことはない、また、本件は国会議員及び厚生大臣の加害責任を問う事案であり、鳥取県が国会議員及び厚生大臣の費用を負担することはありえないから費用負担者としての責任も負わないので、鳥取県に対する賠償請求権を棄却する。

2 鳥取地裁判決の総論──厚生大臣の家族に対する責任等を認める

鳥取地裁判決の結論は、原告としてはとうてい容認できないものであったが、しかし、その総論部分においては、わずかながら、確かな光明を見いだせる判示があった。

一つは、非入所者との関係においても、らい予防法の違憲性（立法不作為責任）及び隔離政策の違憲性・違法性を認め、国は、非入所者に対しても国家賠償責任を負うことを明確に認めたという点である。

鳥取地裁判決は、らい予防法の隔離規定は「居住・移転の制限にとどまらず、憲法一三条に含意されるところの、人格権の直接的な制約」に及ぶものであり、「すべてのハンセン病患者との関係で、伝染予防のための隔離の必要不可欠性が全く失われ」た「遅くとも昭和三五（一九六〇）年には、……その違憲性は明白であった」との二〇〇一年熊本地裁判決の判旨を踏襲したうえで、非入所者との関係においても、隔離規定は、「『ハンセン病であるという診断を受けながら、『伝染させるおそれがない』と判断される未治療の患者はほとんど存在しない、という事態を生じさ」せ、「患者の意思に反して強制的に療養所に収容される可能性までをも留保していた」のであるから、「非入所者の居住・移転の自由さらには人格権をも蹂躙する潜在的危険性をそのうちに含む」ものであったとして、違憲であると断じた。

二〇〇一年一二月熊本地裁所見及びハンセン病問題の解決の促進に関する法律は、国の非入所者に対する法的責任を前提としていると理解しうるものではあったが、判決によって「国家賠償責任」として、しかも、国会の立法不作為責任まで判決で認めた意義は大きい。

もう一つは、一般論ではあるものの、隔離政策によるハンセン病患者の家族の偏見差別被害とこれに対する厚生大臣の国家賠償責任を肯定したという点である。

鳥取地裁判決は、国が「ハンセン病が強烈な伝染力を持つ恐ろしい病気であるとの誤った情報を与え続けた」うえ、療養所において「断種を実質的に強制」し、「優生保護法にらい条項を設け」るなどして、ハンセン病の「家庭内感染を強調」するとともに、療養所内に「保育所」を設置し、「未感染児童」という差別的な呼称を定着させた等によって、旧来の遺伝病的疾病観に由来する偏見差別とは異なる、「ハンセン病患者の子はハンセン病の潜在的な感染者」であるという、「新たな偏見・差別の基礎を提供」したとして、国が社会のハンセン病患者の子に対する偏見差別を作出助長したと認定した。そして、このようなハンセン病患者の子に対する偏見差別は、竜田寮黒髪小学校事件や、多くの心中事件が示すように、「強固なものであった」と判示している。

そして、鳥取地裁判決は、このような国が作出・助長したハンセン病患者の子の偏見差別被害の存在を前提として、すべてのハンセン病患者について隔離の必要性が失われていた一九六〇年以降、厚生大臣は、「新たにハンセン病患者を収容することを止めるとともに、すべての入所者に対し、自由に退所できることを明らかにするなどの相当な措置を採った上で、ハンセン病患者の子が一般社会で生活しても公衆衛生上問題とならないことを社会一般に認識可能な形で明らかにする」などして、隔離政策を抜本的に転換し、ハンセン病患者の子に対する「恐ろしい伝染病であるハンセン病の潜在的な感染者である」との社会内の偏見・差別を除去する義務を怠ったとして、厚生大臣の職務行為に違法性及び過失があると判断した。

鳥取地裁判決は、その総論部分においては、二〇〇一年熊本地裁判決が認めた国の法的責任とハンセン病患者・元患者の「隔離被害」と「偏見差別を受ける地位におかれた被害」の枠組みを維持しつつ、このうち「偏見差別被害」をさらに展開し、非入所者及びハンセン病患者の子の「偏見差別被害」の存在と、これに対する国の法的責任を肯定した点は、画期的な判決と評価することができる。

3 鳥取地裁判決の各論――無らい県運動、差別被害に対する無知・無理解

前述したように、鳥取地裁判決の総論部分は、画期的な内容を持つものであったが、偏見差別被害の把握や本件における具体的な差別被害の認定に関する各論は、きわめて問題のある判断であった。さながら、総論部分と各論部分とは、別の人格を持った裁判官が書いたのではないかと思わせるほど、総論における基本的視点と、各論における基本的視点には大きな乖離があった。

鳥取地裁判決の各論部分の問題点は、大きく言えば、二つある。

一つ目は、偏見差別被害を、「秘密による不利益」に限定したうえで、原告本人に「母親がハンセン病患者である」との認識が必要であるとした点である。

二つ目は、母親の損害賠償請求権について、二〇〇二年基本合意書の締結とその認識を消滅時効の起算点とした点である。

偏見差別被害の矮小化と「自覚・認識」を要求した誤り

鳥取地裁判決は、二女の離婚は、母親のハンセン病発病が原因であるとしたものの、長男の離婚や家を出たこと、原告が鳥取の中学校で偏見の目で見られ友人が遠ざかっていったことについては、母親や原告の性格的、人格的問題であると片付け、また、母親や原告が大阪において近隣や飲食店で嫌がらせを受けたこと、母親が高齢者施設で入寮者からいじめられ、差別的待遇を受けたこと等については、ハンセン病かどうかは医師ですら診断がつかないので周囲の者は母親をハンセン病患者とは認識していなかったとして、ハンセン病に対する偏見差別との関連性は認められないとした。すなわち、鳥取地裁判決は、母親や原告の身に起こった偏見差別被害とハンセン病偏見差別との関連性を否定したうえで、偏見差別被害は「ハンセン病を隠す

こと（秘密）による不利益」であると矮小化したのである。

そして、鳥取地裁判決は、偏見差別被害を「秘密」に限定することで、「秘密」を持つには「ハンセン病患者であるという認識」が必要だという論理を導いている。

ところが、鳥取地裁判決は、原告の「認識」に関しては、母親や原告が地元保健所の保健師に対してハンセン病であることを否定していたこと、二男の刑事事件供述調書や被告らによる四男の陳述書に「ハンセン病だとは認識していなかった」との記載があることを以て、原告は「平成九年に実母の診療録が開示されるまでは、実母がハンセン病に罹患していたと認識していなかった」として、原告には「秘密による不利益」という被害はなかったと認定したのである。

この鳥取地裁判決の判断における重大な欠陥の一つは、無らい県運動は、ハンセン病患者の特徴的な後遺障害を目印として、住民に患者の発見、通報役を担わせていたという歴史的事実をまったく看過しているという点である。母親は、ハンセン病の診断の有無にかかわらず、手指の後遺障害によって周囲からハンセン病患者と認識され、このため、さまざまな差別事象が母親と原告の身に起こったのである。そして、このことは、仮に母親や原告が、「ハンセン病であるとの認識」を有していなかったとしても、周囲から「ハンセン病患者」と認識されれば、当然起こっていた差別事象なのである。

したがって、さまざまな差別事象とハンセン病偏見差別との関連性を否定したうえで、偏見差別被害を「秘密」に限定し、さらに「認識」を要するとした鳥取地裁の裁判官は、無らい県運動の仕組みと実態、そして無らい県運動によって社会に植え付けられたハンセン病患者像とそれに対する偏見差別の実相をまったく理解していないものといわざるをえない。

また、重大な欠陥の二つ目は、偏見差別による被害の中核を「秘密」としながら、母親、原告、二男及び四男の「ハンセン病を否定する言動」をその「秘密」の一環として理解しようとしなかった、という点である。二男及び四男は、それぞれの供述において、「ハンセン病と診断されれば、本人だけでなく家族も厳しい偏見と差別にさらされる」ことは認めており、このことからすれば、二男及び四男が、自らあるいは家族が偏見差別にさらされることを避けるために、母親のハンセン病を否定していたと考えられる。そして、母親も原告も、同様の心理から、ハンセン病を否定する言動をとっていたと考えるのが自然であろう。鳥取地裁の裁判官が、ハンセン病差別による被害の深刻さと偏見差別を受ける者の恐怖心からくる「秘密」の意味を十分理解していたならば、母親、原告、二男及び四男の「ハンセン病を否定する」言動が、まさにハンセン病を認識していたからこその「否定」であり、「秘密」そのものであると認識できたはずである。

鳥取地裁判決は、偏見差別被害に対する理解が不十分であったがために、「被害」を以て「被害」を否定するという自己撞着の誤りを犯したのである。

二〇〇二年基本合意を起算点として、消滅時効の成立を認めた誤り

鳥取地裁判決の判断は、二〇〇二年基本合意を、非入所者の損害賠償請求権を認めたものであり、またその賠償請求権が相続法理によって遺族にも承継される趣旨とする合意であるとの解釈に立ったものであるが、この解釈は、二〇〇二年基本合意書においては、非入所者遺族についていっさい触れられていない事実をことさら無視したものであった。

すでに述べたように、二〇〇二年基本合意の締結に至るまで、国（厚労省）は、非入所者の偏見差別を受けた被害を争い、また、入所歴のある者に支払われる金員は、あくまでも国の不法行為に基づかない損失補償であり、一身専属性のものであって相続法理の適用はないとの立場を取り続けていた。二〇〇二年基本合意は、そのようなかたくなな姿勢をとり続けた国（厚労省）との激しい交渉の末に締結されたものであった

ため、非入所者に支払われる一時金の性質は必ずしも明確にされたものではなかった。鳥取地裁判決の二〇〇二年基本合意の解釈は、このような基本合意締結の経緯をまったく理解しないものであった。

さらに、偏見差別に脅えながら、身を潜めるようにして暮らしている非入所者やその家族は、「ハンセン病」という言葉に接しただけでも、目を覆い、耳を塞いできた。このような非入所者の遺族が、基本合意の情報に触れることは容易ではなく、仮に同基本合意を見たとしても、そこに書かれていない「非入所者遺族」にも和解一時金を請求する権利があるとの考えに至ることは困難といえよう。

そして、何よりも、厳しい偏見差別の中で、自ら非入所者遺族であると名乗り出ることは、大変な勇気と決意を要するものである。国が、非入所者遺族が行動できない状況を作り、それを放置しながら、被害者が行動を起こさなかった不利益を被害者に負わせることは背理であり、とうてい許されるものではない。

二〇〇二年基本合意を消滅時効の起算点とし、消滅時効の成立を認めた鳥取地裁判決には、深刻なハンセン病偏見差別の中で生きる病歴者やその家族の被害実態や心情に対する理解がまったく欠如しているとの厳しい批判がなされるべきであろう。

5　広島高裁松江支部・控訴審における立証活動

1　控訴審の課題

鳥取地裁判決に対して、原告は、ただちに控訴し、控訴審は、広島高裁松江支部に係属した。(63)

控訴審における課題は、原告の請求棄却を導いた裁判所の重大な欠陥、すなわち、絶対隔離・絶滅政策と無らい県運動の本質と実態、そしてハンセン病に対する偏見差別被害の構造と深刻さに対する司法の無知・無理解を克服することにあった。

このため原告側は、ハンセン病問題に関する多数の著書を執筆し、またハンセン病問題検証会議の委員を務めた近現代史研究者である藤野豊敬和学園大学教授、ハンセン病問題のみならず、在日韓国・朝鮮人差別問題、部落差別問題等の社会的マイノリティ当事者からの聞き取り調査を主体とした研究を行い、検証会議における検討会委員を務めた社会学者である福岡安則埼玉大学名誉教授、そして、らい予防法違憲国家賠償請求・西日本弁護団の共同代表でもあり、控訴審から原告の代理人として加わった徳田靖之弁護士の三名を証人として申請した。

広島高裁松江支部・栂村明剛裁判長は、原告側が申請した三名の証人すべてを採用した。裁判実務上、民事控訴審において証人が採用されることじたい稀であり、そのうえ歴史研究者、社会学者、原告（控訴人）の代理人弁護士という三名もの専門家の証人尋問が実施されたことは異例中の異例といえる。

2 家族を標的とした絶対隔離・絶滅政策の実態——藤野豊証言

藤野証言の目的は、日本のハンセン病絶対隔離・絶滅政策と無らい県運動は、患者のみならず、その家族をも標的とするものであったことを法廷で明らかにするところにあった。

藤野は、国が戦前戦後を通じて絶対隔離政策を進めていくうえで、ハンセン病患者の家族を、患者予備軍として調査、監視の対象とし、生殖管理をしてきた事実を明らかにした。

藤野は、日本における絶対隔離・患者撲滅政策は、優生思想に立脚した「患者を生涯隔離して断種、堕胎し、子孫を絶つことで、ハンセン病に対する免疫の弱い体質の家系を撲滅すること」を究極の目的とした政策であったと断じている。

そして、藤野は、国が優生思想を背景とした絶対隔離を進めていくための世論形成と、患者やその家族が隔離に応じるような状況を醸成するために、無らい県運動を展開していった事実を、史料を基に具体的かつ生々しく証言した。（詳細は第Ⅱ部4章・5章を参照）

3　社会的差別としての「ハンセン病家族差別」の実態――福岡安則証言

福岡証言の目的は、一五年間で三五〇名を超える入所者、退所者、非入所者、家族からの聞き取り事例を調査し対比検討した結果を踏まえ、社会的差別としてのハンセン病に対する偏見差別の実相を明らかにし、偏見差別被害を「秘密」に矮小化し、かつ「認識」を被害の不可欠な要件とした鳥取地裁判決の誤りを正すところにあった。

福岡は、社会的差別とは「社会的マイノリティのカテゴリーに帰属することを理由とした、マジョリティによる『遠ざけ』（忌避、排除）、『見下し』（侮蔑、賤視）の意識、態度、表現、行為、そして、その帰結としての社会的格差のある生活実態」と定義し、個人的な好き嫌いとは異なり、ある「社会的マイノリティというカテゴリー」に帰属するという理由だけで、一度も会ったことのない場合でも差別が成立するという現象であると説明する。

福岡は、多くの聞き取り事例から、家族が婚姻差別、就学差別、就職差別等の生活の基盤となる場面でのさまざまなかつ深刻な差別被害を被っていることを明らかにした。

ハンセン病家族被害の特徴として、家族は対社会的な場面のみならず、人が安心の場とすべき家族間・親族間にも歪み、破壊が及んでいる点を指摘し、厳しい偏見差別の中で、家族は、肉親である病歴者に寄り添うのか、自分を守るのか、といった究極の二者択一を迫られてきたとも証言している。

福岡は、多数の事例から得た知見に基づいて、鳥取地裁判決の「差別被害」に対する無理解を徹底的に批判したのである。

さらに、福岡は、原告の兄姉らも同じ被害者であること、及び原告が刑事事件を起こしたこともまた、社会や家族から孤立し、精神的に追い詰められていた原告の被害であるとし、それを理解してこなかった原告代理人を含む原審における法曹関係者を厳しく批判した。

多数のマイノリティ当事者と向き合い、生の声を聞くことで積み上げられた福岡のハンセン病差別被害に関する証言は、具体的で説得的であり、裁判所にハンセン病差別被害の構造と深刻さを理解させるには十分であった。国は反対尋問を放棄して、福岡証言は終了した。（詳細は第Ⅱ部第2章・第3章参照）

4 消滅時効援用の欺瞞性と司法の責任の断罪——徳田靖之証言

徳田証言の目的は、同証人が西日本弁護団の共同代表として訴訟活動、政府交渉の先頭に立ってきた経験を踏まえて、二〇〇二年基本合意を消滅時効の起算点とする国（厚労省）の主張の欺瞞性を暴くとともに、ハンセン病問題における司法の責任を明らかにするところにあった。

徳田は、国が、非入所者に関する和解合意に応じようとしなかった理由を次のように証言している。

「入所歴のない原告の被害というのがどういうものであるのか国には分からない、ましてやその入所歴のない原告の方々にどのような共通損害があるのか国には分からない。したがって、入所歴のない原告に対して、国が何らかの賠償責任があるとは思えないというのが一貫した国の主張でした」(64)

また、遺族原告に対する国の姿勢に関しては、

「（厚労省の担当者から）言われたのは、相続人にもいろんな人がおりますよと。むしろ私たちの認識ではハンセン病の患者さんだった人の家族はつながりを絶ち、家に帰ってくることを拒み、あるいは遺骨を先祖代々のお墓に納めることも拒否する。言ってみると、加害者であったという人も多いのではないですかと、そういう人たちにこの隔離政策の被害による賠償金なり、補償金を支払うという意味がどこにあるんですか(65)」

と、国（厚労省）は、家族を隔離政策の被害者とは認めないという見方を示す一方で、入所者・退所者に支払われる一時金は、損害賠償請求に基づく賠償金ではなく、特別法としての補償法に基づく一身専属的な補償であるとの認識でいたことを証言した。

このため、熊本地裁においては、非入所者の被害に関する立証が行われた結果、二〇〇一年一二月七日、熊本地裁は、非入所者については隔離政策による被害者であるとし、遺族原告については相続法理により賠償請求権を相続したとする和解所見を出したが、それでもなお、当時の坂口厚労大臣は「何ゆえに国が遺族原告や入所歴のない方々に対して賠償責任に任じなければならないのか理解ができない」等として和解のテーブルにつくことさえも拒否し続けた。

原告団、全療協、弁護団は、一二月の寒い時期に、「毎日のように街頭に立ち、厚生労働省前で抗議し、国会議員宿舎を一軒一軒回っていくというような行動」を続けた結果、一二月二六日、ようやく坂口厚労大臣は、和解の席に着くことを表明したが、それには「遺族については遺骨の引き取り、それから入所歴のない原告についてはハンセン病の治療を受ける機会が失われたことについてのみ責任を認める(66)」という理不尽な条件が付けられていた。しかし、「原告も肉体的、精神的な疲労も極度に達して」おり、徳田自身も「空港で倒れて救急車で運ばれて入院する(67)」という状況であったため、原告団、全療協、弁護団は、遺骨の引き取り条件を努力条項に変更させただけで、基本的には厚労省側の条件を呑んだ形での、二〇〇二年基本合意を締結せざるをえなかった苦しい胸中を徳田は証言している。

このように、国の非入所者や遺族原告に対する一時金支払いの法的性質について、それが損害賠償請求権に基づくものであるのか、補償金としての一身専属的性質であるのかが明確にされないまま、二〇〇二年基本合意が締結された。そのため、非入所者遺族については、二〇〇二年基本合意には明記されていないのである。

徳田は、「今日になって、国は遺族原告に相続法理は適用されないと争ったことはないと言われているんですけど、だったら第一次和解所見から、私たちがあれだけ苦労したのは何だったというんですかということです。国が相続法理の適用を認めなかったから、我々は認めさせるためにそれこそ私自身が入院せざるをえないというほどに必死になってやってきたんです[68]」と国の二〇〇二年基本合意締結を消滅時効の起算点とする主張に怒りを隠しきれず、その欺瞞性を厳しく批判した。

さらに、国の姿勢のみならず、鳥取地裁の姿勢に対しても、徳田は、ハンセン病隔離政策の被害者の損害賠償請求権に短期消滅時効を適用すること自体が許しがたい」と判決を厳しく批判した。徳田の挙げる理由は二つある。その一つは、「そうした差別、偏見を受け続けたという人たちが自らハンセン病である、あるいはハンセン病であった人たちの家族であるということを公に名乗り出て、裁判所に打って出るということがどれほど困難であるのか、……短期消滅時効を認めるというのはこの隔離政策の被害の何たるかを全く知らないという、そういうことでしかありえないと私は思います」と厳しい偏見差別の渦中における自らの権利行使の困難さを訴えた。そしてもう一つは、「自分をこんな目に遭わせた加害者というのが自分の周囲の近所の人であったり、あるいは行政の担当者であったり、本来は自分がこんなふうな被害を受けているのは国の隔離政策の根本に原因があるんだということは物すごく距離があって見えないんですよ。だから、被害に遭われた方が自分の被害は国の責任で、国に加害者としての責任を問わなければいけないという、そういう認識に達することが物凄く困難なんです。そういうハンセン病隔離政策の被害の特徴を踏まえると、何が短期消滅時効かというのが私の正直な感想です」と、ハンセン病差別の被害者が加害者が国であると認識することの困難さを強調した。

徳田は、自身の理解不足、認識不足だった時期の体験と反省も込めて、右のような証言を行っており、それは、短期消滅時効に対する国及び裁判所の姿勢に対する批判を通じて、ハンセン病問題に対し加害者的立場にありながら、第三者的立場を取り続けてきた司法の姿勢そのものを厳しく批判する証言であった。

6　おわりに――鳥取訴訟が切り拓いたもの

本稿執筆時点（二〇一八年二月）では、鳥取訴訟は控訴審審理中であり、広島高裁松江支部の判決結果には予断を許さない状況にある。

ただ、たった一人の原告が起こした訴訟が、切り拓いてきたものは、決して小さくはない。

一つは、熊本地裁における家族集団訴訟の提起である。鳥取地裁判決が、その総論において、家族の差別被害の存在と、その被害に対して国（厚生大臣）が法的責任を負う可能性があることを認めたことは、今まで身を潜めるようにして生きてきた家族を勇気づけ、五六八名もの家族が原告となって、自らの被害回復を求める訴訟を提起する一つの契機となった。

また、もう一つは、非入所者遺族に関する東京地裁での和解成立である。それまで国は、非入所者遺族との和解について、かたくなに拒否をしていたが、鳥取訴訟において、国は、短期消滅時効を主張する関係上、非入所者も国賠法上の損害賠償請求権を取得し、その遺族は相続法理によって損害賠償請求権を承継することを認めざるを得なくなった。

その結果、二〇一五年三月二九日、亡くなった三名の非入所者の相続人五名が、国に損害賠償請求を求める訴訟を東京地裁に提起し、全員について、二〇〇二年基本合意における基準で和解が成立している。

鳥取訴訟は、非入所者の家族という、広く世間一般に知られている「療養所入所者の隔離被害」としてのハンセン病問題という本流から、やや外れた類型の当事者による、しかもたった一人が起こした訴訟である。

しかし、この事件を追及すれば追及するほど、ハンセン病問題の本質は、優生思想に根ざした偏見と差別であり、その差別意識に基づく社会的弱者の地域社会、人間関係からの排除であることが鮮明になるとともに、現在もなお、その差別意識の存在を直視しないまま上滑りな啓発活動が続けられ、真の偏見差別の解消には至っていないことに気づかされる。

鳥取訴訟において勝訴を勝ち取ることによって、さらにハンセン病問題の解決、真のハンセン病偏見差別の解消につなげていくことが、我々原告訴訟代理人弁護士としての責務であろう。

●註

(1)二〇〇九年四月施行「ハンセン病問題の解決の促進に関する法律」では、「廃止法により予防法が廃止されるまでの間に、ハンセン病を発病した後も相当期間日本国内に住所を有したことがあり、かつ、国立ハンセン病療養所等に入所したことがない者であって、現に国立ハンセン病療養所等に入所しておらず、かつ、日本国内に住所を有するもののうち、厚生労働大臣が定める者」(第八条)と定義されている。

(2)第一三六回国会　平成八年三月二五日衆議院厚生委員会議録他

(3)長男は一九二九年生まれ(一六歳年上)、二男は一九三一年生まれ(一四歳年上)、三男は一九三三年生まれ(一二歳年上)、二女は一九三七年生まれ(八歳年上)、四男は一九四三年生まれ(二歳年上)である。なお長女は一九三五年に生まれたが二歳の時に夭逝しており、また二男は満六歳の時に他家の養子となっている。
（4）大阪大学微生物研究所らい部門による診療記録（甲第四二号証の二、母親の診療記録）及び平成二六年一〇月二九日第二四回口頭弁論・和泉眞藏証言調書（和泉証言）
（5）本訴訟・平成二六年一一月五日第二五回口頭弁論・原告本人尋問調書（原告本人調書）三頁
（6）福岡ら聞き取り、本訴訟・原告陳述録取書二頁（甲第三一号証・「原告陳述録取書」）、刑事事件における四男の司法警察員面前供述調書（本訴訟甲第一五七号証として提出、四男刑事事件調書）
（7）原告本人調書一三頁
（8）福岡ら聞き取り三九頁
（9）福岡ら聞き取り四〇頁、原告本人尋問調書八頁
（10）母親の診療記録
（11）原告供述録取書七・八頁
（12）一九〇九年四月に、大阪、京都、兵庫、滋賀、奈良、和歌山、三重、岐阜、石川、富山、福井、鳥取の近畿・北陸二府一〇県によって開設。一九三四年九月の室戸台風直撃の時には、高波によって入所者・職員含め一八七名が亡くなっている。大阪府民の反対によって大阪府内での再建を阻まれ、一九三八年、岡山県の長島に府県立療養所光明園として再興され、一九四一年に厚生省に移管、現在、国立療養所邑久光明園となっている。
（13）ＪＲ出来島駅から神崎川（中島川）に沿って河口へ三キロメートル行ったところに、外島保養院記念碑（跡地）がある。原告が出来島に住んでいた当時、外島保養院の煙突がまだ残っており、原告の家から煙突までは五〇〇メートルほどの距離であったという（福岡ら聞き取り四三頁）
（14）福岡ら聞き取り四七頁
（15）原告供述録取書一一頁
（16）（17）母親の診療記録
（18）原告本人尋問調書二二頁
（19）原告本人尋問調書八〇頁
（20）原告本人尋問調書二三頁
（21）福岡ら聞き取り四七頁

(22)原告本人尋問調書二七頁
(23)原告追加陳述録取書四頁
(24)原告陳述録取書一五頁
(25)原告本人尋問調書二六頁、原告供述録取書一六頁
(26)福岡ら聞き取り四八頁
(27)福岡ら聞き取り四四頁、原告追加陳述録取書五頁、四男刑事供述調書
(28)母親の診療記録
(29)原告本人尋問調書六二頁
(30)一九八〇（昭和五五）年六月一六日受付「精神衛生相談票」における同年七月一二日の記録。本訴訟では甲第七八号証として提出
(31)原告本人尋問調書七四・七五頁、福岡ら聞き取り五〇頁
(32)原告本人尋問調書三三頁
(33)鳥取県立高齢者施設における入所（一九八四年一月一日）から転寮退所（一九九三年三月一八日）までの入寮者台帳本件訴訟において被告（国・鳥取県）が乙第一三号証の一として提出
(34)一九九一年九月一八日受付「遺伝相談申込票」。本訴訟において被告（国・鳥取県）が乙第二号証の一として提出
(35)原告本人尋問調書七三頁
(36)一九九一年九月二六日受付「遺伝相談申込票」。本訴訟において被告（国・鳥取県）が乙第二号証の二として提出
(37)昭和四〇年二月二四日付大阪府知事宛「御届」。病名「結核様癩」・発病年月日「昭和四〇年」と記載されている。本訴訟では、甲第八号証として提出
(38)原告の刑事被告事件における司法警察職員作成の平成一五年七月三一日付鳥取県職員（被害者）供述調書。本訴訟において被告（国・鳥取県）が乙一九号証として提出。刑事被害者供述調書
(39)〜(43)刑事被害者供述調書
(44)福岡ら聞き取り五五頁
(45)積極的に殺す意図はなかったが、被害者が「死んでしまうかもしれない」ことを認識しながら及んだ犯行という意味。
(46)福岡ら聞き取り五七頁

(47)福岡ら聞き取り五六頁
(48)新田良子証言調書（二〇一四年一〇月二九日第二四回口頭弁論期日）。なお新田は、宮里良子というペンネームで著書『生まれてはならない子として』を発行しており、そこでも詳細な被差別体験を綴っている。
(49)四男刑事供述調書
(50)原告本人尋問調書七六頁
(51)二男刑事供述調書。このように二男は母親がハンセン病であるとは認識していなかったような供述をする一方で、「私自身は、菅直人さんが厚生大臣当時謝罪されたことで、ハンセン病に関する問題は決着がついたと思っています」と母親がハンセン病であったことを前提とする供述もしている。
(52)被告国・鳥取県代理人が四男から聞き取って作成した二〇一二年五月九日付陳述書。本件訴訟において被告側が乙第一一号証として提出
(53)本件訴訟第二四回口頭弁論・和泉眞藏証言調書五頁
(54)和泉証言調書五、六頁
(55)和泉証言調書五〜八頁
(56)和泉証言調書一三頁
(57)和泉証言調書一八、一九頁
(58)(59)新田証言調書一二頁
(60)福岡ら聞き取り五五頁
(61)内田博文・意見書（甲第六七号証の一として提出）
(62)一九八九年一一月、国連総会採択
(63)広島高等裁判所松江支部平成二七年（ネ）第七七号
(64)広島高裁松江支部平成二九年五月二九日第五回口頭弁論・徳田靖之証言調書（徳田証言調書）九頁
(65)徳田証言調書九頁
(66)徳田証言調書一七頁
(67)徳田証言調書一八頁
(68)徳田証言調書三八頁

II

ハンセン病家族訴訟での証言

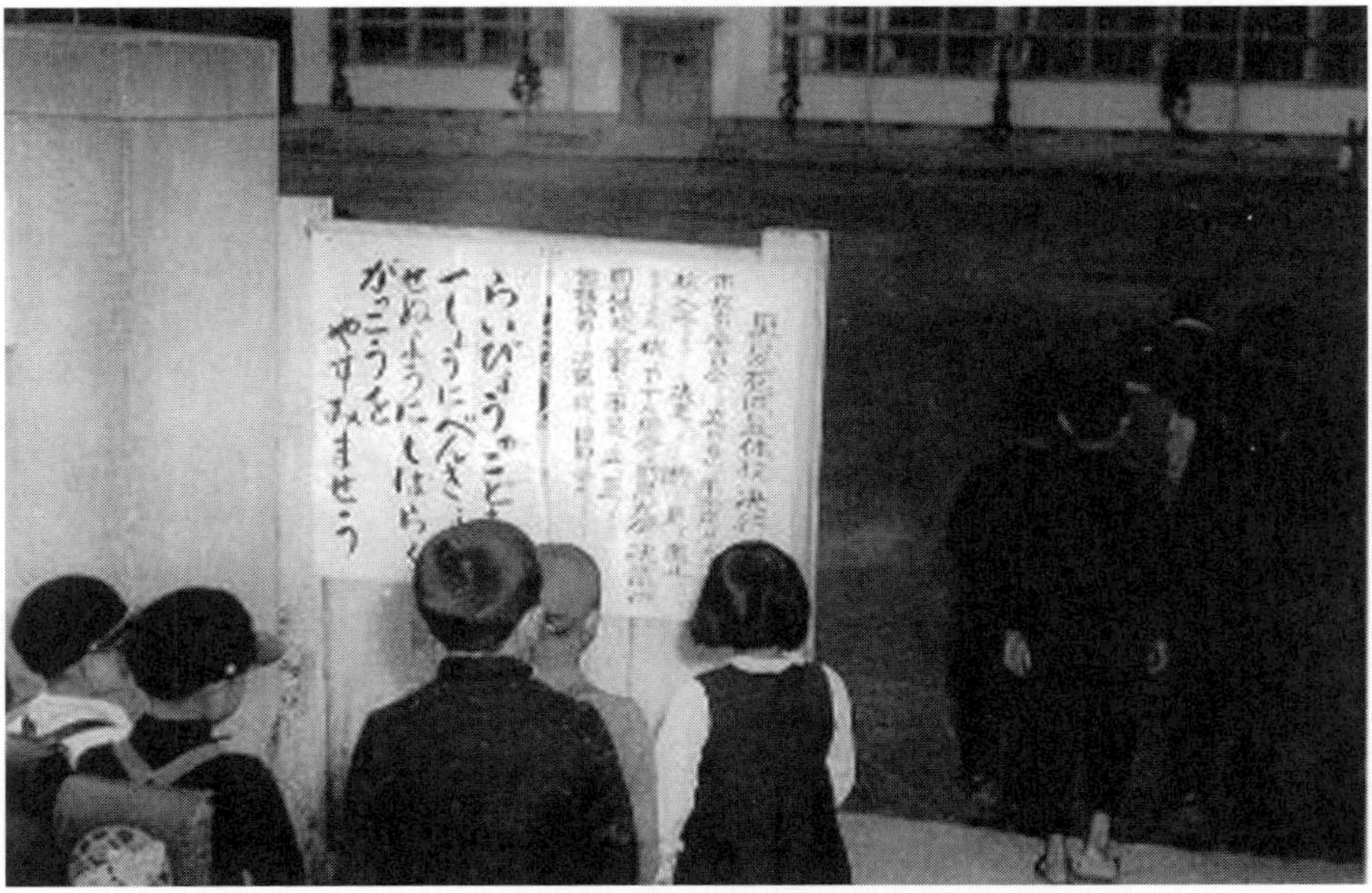

竜田寮事件（1954 年 4 月。黒髪小学校前に貼り出された同盟休校を呼びかける貼り紙）

1 熊本訴訟　原告意見陳述書

原告番号1番

原告団のひとりであります林力です。福岡市在住九二歳です。私の父本名林廣蔵、園名山中捨五郎の体調に変調が起きたのは、わたくしが子どもの頃ですのではっきり分からないのですけれども、小学校の中学年頃でなかったかと思います。手足が痺れる、ちょっとした創《きず》がなかなか治らない、汗腺が侵されるのか夏は異常な暑さに対する苦しみを感じるというようなことが子ども心に残っております。指の関節が内側に湾曲し、火傷をして感覚が鈍って傷口がなかなか治らないという状況が子ども心に残っております。

父が家を出ましたのは、わたくしが小学校六年生の夏休みの終わり頃でございました。父がどこにいくのか定かには子どもですから言われていないのですけれども、どこか遠いところにいってしまうのだという気持ちがありました。わたくしは悲しくてトイレの中に蹲って泣いておりました。

父は玄関口で、「いくぞ、いくぞ、力、見送らないのか」と何回か声をかけましたが、私は便所の中で泣きながら見送りませんでした。これは終生の痛恨事でございます。

しばらく経って出てみると、父の姿は小さくなって、暑いのに中折れ帽子をかぶっていました。おそらく抜けかけた眉毛を隠すためだと思われます。傷めた右足を引きずりながら、ワイシャツのカフスボタンをとめないで、自分で手が不自由で操作できないこともあったと思いますけれども、手の歪みを隠すということもあったと思います。小さな風呂敷包みを持って、足を引きずりながら遠くに消えていきました。

一九三七年の八月末のことでありまして、敬愛園の記録を見ますと収容の日付は同年の九月三日となっております。

数日後、鹿児島県始良郡鹿屋星塚町か村かおぼえていませんけれど、敬愛園から手紙がきました。「ここは星の綺麗なところである。博多にいるときには身体の異常から人々につらい思いをされたけれども、ここには同病の人がたくさんおって気兼ねなく暮らせる。どうぞ安心してくれ」というのが初信であったと思います。

その手紙の前後に、母方の叔父に連れられて九州大学医学部附属病院の皮膚科に連れて行かれました。最後まで残された記憶があります。全身裸にされて、大勢の医師や看護師に取り巻かれまして、針先で全身を刺していく。全部反応いたしました。叔父に「大丈夫です。この子はかかっていない」といわれました。私の家に帰るときに、今福岡県庁のある東公園を子どもながらにスキップしながら帰った憶えがあります。

しばらくして父から手紙が来ました。敬愛園と書いてありました。

で、そのことがございましてから、私はひたすらに父を隠してきました。父のことを話題にされるのが一番いやでありました。それは嘘を言わなければならない。それで終わればいいですが、物好きな人が、いつ頃、どこでどんな病気、それを聞かれるのがたまらなかった覚えがございます。

そういう父から私はとにかく逃亡をいたしました。逃げる、逃げる、隠す、隠す、そして遺伝だと信じ込んでおりました。不治の病とも信じ込んでおりました。それは当時の社会意識がそういうものであったと思います。そして父親も母親も熱心な浄土真宗の信者で、私を僧侶にするといってお寺に連れて行っていたので、宿業なんてものが小学六年生で頭に入っておりました。父親を持つことを私の宿業だと思い定めていました。

戦後になって、兵隊から帰ってきて、アメリカ軍の命令で復員兵は教員に復帰することができなくて、少年教護院というところに籍を置きました。非行少年や虞犯少年が収容されているところです。日当たりのいい縁側でひとりひとりと対話をしているとき、一人の少年が、「あんたは俺達の父ちゃんや母ちゃんのことを聞くばってん、あんたの父ちゃんや母ちゃんはどうなっとうと」と巻き返してきました。それは一番つらいところ、隠し、隠し、触るまい、触るまいとしていたことでした。野辺の遠くに遠ざかった父親を、二〇歳になっても訪れたことがない。その少年の言葉に突き動かされて初めて父を訪ねていった。当時はここにいるどなたも想像できない。当時の国鉄の列車に乗ることは大変なことだった、切符が手に入らない、蒸気機関車の車体にまで人がしがみつき、石炭を載せたところまでも人が乗り込む状態。駐留軍の通訳の伝手で似非通訳の証明書をもって切符を手に入れ、鹿屋にまいった。

博多から夜行列車で七時間、船で、垂水に、船で渡ります。そこから滅多に来ない列車にのって鹿屋のひとつ手前の大隅野里駅で降りる。なぜ一つ手前で降りるかというと、鹿屋の駅でおりるともしかすると人にあうかもしれない。大隅野里という小さな駅であれば誰に会う心配もない。そこで降りて四km以上ある夜道を歩いて、敬愛園にまいった。今のような通信機器も発達していないので、父はやってくることを知らなかった。当時は面会所というところがございました。今のように園外の人間はずかずかと入ることを許されなかった。許可証をもって面会所で待っている。余人は入ってはならない。

そこへ父が慌てふためいてやってきました。福岡におるときに小さな釘を踏んだ創が治らないで、いつの間にか切断されておりました。当時はとにかく切る、切る、切る、患部を切るということで、当時は患部を失った人がたくさんおられました。

そんな父を私は隠し隠し続けてきました。

一九五六年の福岡市長選挙で、差別宣伝によって、同和地区出身の候補者が大方の予想を裏切って惨敗することをきっかけに、同和教育運動を提起し、取り組むようになり、必然的に、同和地区で部落解放運動をしている人と出会いました。

そして水平社宣言を読みました。「エタである事を誇り得る日が来たのだ」、差別されている人がその言葉を逆手にとって、世の中に呼びかけた文章です。なぜお前は父を隠す。軽い伝染病にしか過ぎない。国が隔離をすることによって、世間では特別な恐ろしい病気であるように思ってしまう。というような思いの中から、「解放を問われつづけて」（一九七四年）という本の中で、父親がらい患者であったことを宣言いたしました。

もう四〇年経ちます。

一九〇七年の癩予防ニ関スル件は、要するに隔離法でございました。この存在の故にらいに対する恐怖を増幅させたことも事実、当事者を別世界に閉じこめただけでなく、私たち家族にひたすらに隠蔽と逃亡を要求しました。

今ようやく多くの方々、弁護士のお力でこうしてようやく家族に光があたろうとしております。

私たちは、ここに出ることのなかった同じ様な立場の人も同じように黙ってこの裁判を見守っていると信じています。

どうぞよき裁きをしていただきますようにお願いします。

原告番号6番

私は、昭和一八年一二月一二日、北海道に生まれました。

私が物心ついた頃から、父は病気がちで寝たり起きたりでした。生活は母が主に働いていたように思います。

私が八歳の時、突然保健所の人たちが何人かドドッと家にやって来て、父を連れて行ってしまいました。その後は、家の中が真っ白になるまで消毒されました。当時の私には何が起きたのかわけがわかりませんでした。ただ、家の中が真っ白に消毒されたことが、強い映像になって私の記憶に残りました。その印象が強すぎて、私は父と別れるときに交わした言葉や、その時の父の様子などをよく思い出すことができません。父がその時、青森にある松丘保養園という療養所に連れて行かれたのだということは、後からわかりました。

それからというもの、近所の人からは白い目で見られるようになり、母はそれまで勤めていた所をクビになりました。生活のために港で海産物を買い付け、それを自分で加工して行商で売り歩くようになりました。行商は大変で、収入も少なくなり、母は私によく、「死のう、死のう」と言いました。でも私は、死ぬということはとても恐ろしく感じていたので、その度に「いやだ」と言いました。学校では、「病気がうつる」と仲間はずれにされ、何かにつけいじめられ、学校に行くのがいやになりました。母の海産物の加工の手伝いをして学校に行かない日もありました。

年に何度か、母と一緒に、青森の療養所の父に会いに行きました。父は私には触れようとしませんでした。父なりに私に病気をうつしてはいけないと思っていたのだと思います。今なら父の気持ちがわかりますが、当時の私は頭を撫でてもくれないことを寂しく思ったものでした。

療養所に行くと、大人の入所者の人たちに可愛がられました。お菓子をくれたり、抱っこしてくれたり。療養所の子どもたちとも遊びました。私より大きい子たちばかりで、優しくしてもらいました。療養所には学校もあって、そこでは、誰も私を「うつる」などと言っていじめることはありませんから、私はここの学校に行きたいと、心から思いました。

私も大きくなってくるにつれて、ハンセン病のことや差別のことが、だんだんわかってきました。父が療養所にいるということは、誰にも言えない秘密になっていきました。

一七歳の時に結婚しました。貧しかったし、早く安定して暮らしたかったのです。夫だけには最初から父のことを話しました。最初はわかってくれたと思っていましたが、だんだん、酒を飲んで暴力を振るうようになりました。そんな時は、「病気の父親がいるのを嫁にもらってやった」、というような言い方をされました。二人の子どもがいたので、子どものためにと夫の仕打ちに耐えました。

そういうことが重なると、だんだん私も、「父のせいで私が苦労する」という気持ちになり、父が悪いわけでもないのに、父のことを恨むようになっていきました。面会に行っても、言い争いをしたり、辛く当たったりしました。父も辛かったろうと思います。

父は、二〇〇一年の冬、熊本での国賠訴訟の判決を聞くこともなく亡くなりました。私たち家族を苦しめた強制隔離政策が間違っていた、という判決を、父にも聞かせてあげたかったと思います。

その後、私は、ハンセン病家族の会の「れんげ草の会」に入って活動するようになりました。ここだけは、父のことを隠さずに、自由に話し合える場所でした。「れんげ草の会」は唯一私の心のよりどころでした。けれど、私はずっと思っていました。父のように病気だった人たちには、国は謝ってくれたのに、さんざん苦労して生きてきた私たちには、どうして謝ってくれないのだろう。私や母の苦労は、このまま、なかったことになってしまうのだろうか。

去年私たちは、「ハンセン病家族たちの物語」という本を作りました。いよいよ出版というときに、私は本名で名乗ることを決意しました。もう隠したくない。堂々と生きていたい。そして父の無念さも語り続けていきたい。「れんげ草の会」の仲間たちの存在が私に勇気をくれました。

去年の秋、弁護士さんから電話をもらい、「家族の裁判をすることになったら裁判をしますか」と尋ねられました。私はすぐに「する」と言いました。長い間、願ってきた裁判が実現することになるのだと思い、私は改めて頑張ろうと、強く決意しました。

私たち家族は、みんな長い間、ハンセン病になった家族のことをまわりに隠して生きてきました。自分の大切な家族のことを、恥じなければならなかったり、いなかったものとしなければならなかったり、そのために、病気になったその大切な家族とのつながりを断（た）ったり、家族らしく心を通わせることができなかったりしました。私は、前から思っていたことだったので、すぐに裁判を決意しました。けれど、おどろいたのは、五六八人もの人がこの裁判を決意したことでした。みんなも、長い間苦しい思いを隠して生きたきたのだなあと感じました。

私ももう七〇歳を超えて、人生残り少なくなりました。このまま、黙ったまま死にたくありません。これは、この裁判に立ち上がったみんなの思いだと思います。

裁判官の皆様、どうか私たちの被害に耳を傾けてください。私たちが、この社会の中で、胸を張って生きていけるようにしてください。よろしくお願いいたします。

以上

原告番号7番

本日、裁判所に、私を含む第一次訴訟の原告五九名全員の陳述書を提出しました。

私は、この陳述書の提出にあたり、原告の一人として、裁判所に、そして被告国の代理人に、ぜひとも胸に刻んでおいて頂きたいことを、訴えたいと思います。

前回の期日で被告国から提出された第一準備書面を読みました。

私たち原告・家族が「社会において一般的に偏見や差別を受けていたとは認められない」とか、「偏見差別を受ける地位におかれた結果、損害が生じたという主張が、一般的・抽象的なものにとどまる」などと書かれ、国は、私たち家族の「被害」を完全に否定しています。

昨年一〇月の第一回期日、昨年末の第二回期日では、この法廷で、私たち原告の代表が二名ずつ、自らがどのような偏見差別を受け、苦しんできたかを、涙ながらに訴えました。

国の代理人は、いったい、私たち原告の意見陳述をまともに聞いていたのでしょうか？

「近所の人からは白い目で見られるようになり、母はそれまで勤めていた所をクビになりました」（原告番号6番）

「男の子から石を投げられたことは覚えています。」（原告番号9番）

「顔をみるたび……いやだねぇ、と疎まれ、……どこに行っても差別の目を感じていました」（原告番号188番）

このようなひどい偏見差別を受け続けてきたことを、これだけ具体的に訴えているのに、被害がないとか、抽象的だとか、どうして言えるのでしょうか。

一般市民は、なぜこのように、患者当事者を差別するにとどまらず、家族まで差別したのか。それは、家族をハンセン病患者と同一視したことにあります。感染力が強いと信じ込まされた一般市民は、家族がいつでもハンセン病患者となりうると疑わなかったからです。

このような被告国の、家族の被害を直視しない姿勢がある限り、私たちはこの法廷で、被害を訴え続けるほかありません。

今回提出した五九通の陳述書は、一人ひとりの原告が、人生を通じての、「家族」としての苦しみや被害を語ったものです。

多くの方が、今回の陳述書の作成作業で、これまで誰にも語ってこなかった「秘密」を初めて打ち明けた、と涙ながらに言われています。

けれども、何十年もの間、心の奥に秘め、隠し続けてきた秘密を、被害を、人前で語るという作業は、決して簡単なものではありません。

私たち家族は、自分のおかれた境遇を受け入れ、その中で生きてこざるを得ませんでした。

そういう中で、自分自身の受けてきた「被害」に気づいてこなかった、もしくは今も気づいていない、ということもあると思います。

私自身、自分が「被害を受けた」という感覚がありませんでした。

でも、私は、一歳で親が療養所に収容されたために、家族と引き離され、八年間、親の顔も知らず、家族を知らないままで過ごさざるを得なかった。そのこと自体が被害だと言えます。

今回、裁判に参加するにあたって、私は資料を掘り起こし、療養所に収容された家族の歴史を解き明かそうとしてきました。その中で、隠されてきた事実がいくつも明らかになってきました。そして、あらためて自分のこれまでの人生をふりかえるとともに、私にとって「家族」とはどういうものだったのか、考え続けてきました。

大阪府に開示請求して手に入れた「患者台帳」には、私が生まれてまもなくの頃から、府の職員が母に入所勧奨を繰り返していたこと、両親が子ども達を守るために入所を拒んでいたこと、しかし近隣住民に聞き込みまでして執拗な入所勧奨を受けた結果、ついに母が入所を決断せざるをえなくなったことが綴られていました。

幼くして家族と引き離されたことにより、私は、母親、父親というものがどのような存在なのか理解できず、本当の意味での親子としての関係が最後まで築けなかったように思います。隔離政策によって、あるべき「家族」の関係性が根本から奪われてしまったのだ、と思っています。

このたび、陳述書は完成しました。

でも、私自身、まだどこか語り尽くせていない、という思いがあります。

自分の心の奥にある思いをどう表現したらよいのか。伝えきれていないのではないか、というもどかしさを感じています。

被害を語るというのは、本当に難しいことだと実感しています。

一方で、陳述書に語ることができた内容も、一人ひとりの原告が、身を裂かれるような思いで語っているものです。

長い間、自分の胸の内だけに秘めてきた辛い体験や事実は、そんなに簡単に語れるものではありません。

私にとっては、親が収容された時の隠された衝撃の事実がありました。

母は、園内で他の男性と暮らしていました。父は母を見舞いに来た時、その男性と遭遇し、思い余ってその男性を刺したのです。男性は一命をとりとめたものの、父は殺人未遂の罪で警察に留置され、その後の裁判で懲役三年、執行猶予四年の判決をうけました。この事実を、父と母は私に語ることはできませんでした。

母親は八〇歳で、父親は九一歳で亡くなりましたが、どちらもマンションの七階から飛び降りて亡くなりました。それは、この息子に心を打ち明けて語れなかった心の苦しさから逃れるため自死を選んだのではないかと思えて仕方がありません。

母が亡くなった二〇〇三年一月、自宅にいた私は警察からの電話で病院へかけつけ、母の遺体を見たとき、涙がでませんでした。

こんな人生の終わり方があるのかと、本当は号泣しなければならないところですが、死ぬ間際までこの母を「他人」としか見れていない自分に直面した瞬間でした。

本当に語っていいのだろうか。

親自身が亡くなるまで私にひた隠しにし続けた事実を、私がこうやって語ることは、親の思いを裏切ることになるのではないか。

姉たちや、子どもや孫にも迷惑をかけるのではないだろうか。

ものすごい葛藤があります。

でも、声を上げられず、語ることができずに苦しんでいる多くの家族がいる中で、家族の被害をわかってもらうには、自分が語らねばならない。

そんな思いで語っています。

裁判長、裁判官の皆さん。そして被告国の代理人の皆さん。

今回、提出した五九通の陳述書。

それぞれの原告がどんな思いで言葉を紡ぎ、語っているのか、想像して下さい。

語ることができたのはごく一部かもしれません。自分自身でも気づかないままに受けている被害もある。

「家族の被害」とひとことで言っても、そう簡単に理解できるものではないと思います。

そんなことにも思いを致しながら、一人ひとりの原告・家族が語る人生の被害に、どうか真剣に耳を傾け、向き合って頂きたい。

心からそう願っています。


親が、家族がハンセン病だった。

そのことを語れなかった心の苦しさ、そして今も言えない、今も怯えているという現実は、原告みんなに共通しているものだと思います。

秘密をかかえて生きるということは、本当にしんどいことです。

私自身も、親がハンセン病だったという事実をひた隠しにして、生きてきました。

れんげ草の会に参加し、ここ数年、ようやく少しずつ、ハンセン病の家族として語る機会をもつようになりました。

とはいえ、ハンセン病の話や親の話をするなんてとんでもない、と思い、隠し続けてきた私は、一昨年五月にできあがった私たち家族の本「ハンセン病家族たちの物語」でも、本名は出しませんでした。

この本を読む中で、第一回期日で意見陳述をされた林力さんの「恥でないものを恥とするとき、本当の恥になる」という言葉に出会いました。心にグサリと突き刺さりました。

ハンセン病のこと、親のことをひた隠しにするのには、もちろん、知られたらどうなるかわからない、親族や子ども達にも影響を与えてしまうのではないか、という大きな不安があります。

でも同時に、親のことを「恥ずかしい」「恥だ」と思ってしまっていた自分に気づかされました。

家族はみんな、そのような思いを持たされているのではないでしょうか。

ただの病気のはずなのに、どうしてそのような思いを持たなければならないのでしょうか。

どうして親のことをひた隠しにし、ばれたらどうなるか、と不安に苦しみ続けなければならないのでしょうか。

この不安、そして「恥」という気持ちをぬぐい去るためには、裁判長が、私たち家族が被ってきた被害を認め、国に「謝罪せよ」と命じて頂くしかありません。

最後に。被告国は、「時効」という主張もしています。

つい最近、ある三〇代前半の若い原告が、今回裁判を起こしたことがきっかけで、母親がハンセン病だったことを奥さんに知られ、離婚に至ってしまったことを聞きました。

何が「時効」なんですか。社会には今も、現実に、このようなハンセン病に対する偏見差別が渦巻いているんですよ。

国の代理人は、自らがおかしたハンセン病隔離政策の過ち、このような偏見差別を社会に根付かせていることの罪深さを、真剣に顧みて頂きたい。

そして、裁判所には、私たち原告・家族が語ろうとする被害をしっかりと聞き、受け止め、深く理解して頂けるよう、心から願っています。

以上

二〇一七（平成二九）年三月三日

原告番号９番

奄美大島から来た奥晴海と申します。

私は、昭和二一年に筑豊の炭鉱住宅で生まれました。鹿児島の星塚敬愛園から脱走してきた母が、父と結婚して産まれたのが、私です。

昭和二五年一二月二六日、病気が再発した母は、恵楓園に強制収容され、ハブに咬まれた足が不自由だった父も、病気と決めつけられて、収容されました。

私は、未感染児童保育所であった龍田寮に預けられました。

けれど、小学校二年生の一学期、黒髪小学校事件が起きました。

龍田寮の子ども達が、外の学校に通学することに反対する父兄たちが、

「らい病の子どもと、いっしょに勉強せぬよう」

という、大きな張り紙を、校門の前に、かかげたそうです。

当時の記憶は、ほとんどありませんが、男の子から石を投げられたことは覚えています。

この事件のためでしょう、私は、二年生の夏休みに、父に連れられて奄美大島に渡り、母の妹にあたる叔母に預けられました。

奄美に来て、母の母、つまり私の祖母も、ハンセン病で、奄美和光園に入所していることを知りました。

母方の祖父は、自分の妻と娘の病気を嫌い、「猫いらずでも飲んで、死んでしまえばいい」というような人でした。

私が預けられた叔母は、ひとりで幼い子ふたりを育てていました。

家は掘っ建て小屋そのもので、電気も水道もなく、台風のたびに屋根が吹っ飛び、空が見えるようなところでした。

私は、預けられるとすぐに、家の仕事をさせられました。

病気を嫌う叔父（おじ）の家がすぐ近くにあり、その敷地内の井戸から、毎朝、水を汲んでバケツで運びました。

学校が終わると、真っ直ぐに家に帰り、幼い「いとこ」の面倒をみたり、夕食の支度をしたり、大人と変わらないくらいの家事労働をさせられました。

友だちと遊ぶこともなく、学校生活を楽しいと感じたこともありません。

それでも、学校にいるときだけは、家の仕事を忘れることができました。

学校が終わって、家に帰るのは、本当にいやでした。

海沿いの小さな集落で、小学校の同学年は私を含めて九名、年に一回、保健所の職員が私の様子を見に来るたび、学校から呼び出されていました。

周りの人は、みんな、祖母や母のことを知っていました。

何かにつけて、奄美の言葉で「病人のこども」という意味の「ガシュンチューヌクワンキャーヌ」と呼ばれていました。

叔母の家は貧しくて、めったに米は食べられません。

叔母は、家のことは一切しないので、私が全部やらなければなりませんでした。

米の代わりに、赤いソテツの実を真ん中から割って、乾燥させたり、水につけたりして、アクを抜き、うすでついて、粉にして、炊きました。

連日の労働で疲れ切って、釜の前で眠り込んでしまい、こげつかせて、叔母から火吹棒で叩かれたことが何度もあります。

叔母は、しばらく家を空けて、帰ってこなかったこともありました。

小学生の私と、もっと幼いいとこ達との三人で、そのかん、どうやって暮らしていけたのか、今考えると不思議なほどです。

四年生のとき、父が亡くなりました。

そのことを知って、どう思ったのか、覚えていません。

小学校四年生の通知表には、一二月に忌引きで休んだことが書かれています。

恵楓園で行われた葬儀に参列することはできませんでした。

晴海という名前は、故郷である奄美の晴れた海のことを思って、父がつけてくれた名前です。

私は、父親っ子だったと聞いていますが、幼くして奄美に捨てられ、それきり一度もあったことのない父に、なつかしみも親しさも、持ちようがありません。親の死を、自分のこととして、悲しむことさえできなかったのではないでしょうか。

無念でなりません。


父が亡くなった後、母は、和光園に移ってきました。

それからは、夏休みになると、和光園で過ごすようになりました。

朝早くに叔母の家を出て、舟に乗って名瀬の港まで三時間、それから山越えをして、ハブが棲息する獣道をかきわけ、人さらいにあわないだろうかとおびえながら、和光園の火葬場近くに降りる裏道を通って、母のもとに通いました。

半日がかりです。


私は、遺族提訴の意見陳述や、追悼式の挨拶では、和光園には「母恋しさゆえに」かよった、と述べて来ました。

けれど、本日は、それが真実に反するものであったことを、告白しなければなりません。

本当は、母のぬくもりを求めるというより、つらい島の生活から離れ、安心して三度の食事にありつくことができたからでした。

私は、母に対して、子が、おのずと親を慕う、温かい気持ちを、どうしても、持つことができませんでした。

母には顔に後遺症がありました。龍田寮では、両親との面会の時、私は、母に対して、「そばによるな」と、言っていたそうです。

母と写った写真が残っていますが、身体を硬くして、一定の距離を保っています。

龍田寮では、園長から、火傷のあとを、針で刺されて、とても痛い思いをしたことがあります。毎月身体検査を受けていた記憶もあります。

そして、通り道で石を投げられ、奄美に帰ってからは祖父に嫌われ、病人の子とさげすまれ、保健所の人から呼び出される……。

そんな経験を繰り返すうちに、母は、こわい病気、そばによるとうつってしまう病気だという印象が、根強く植え付けられてしまったのではないでしょうか。

長い休みの間、和光園の母のもとで過ごし、夜は一緒の布団で眠りながら、私には、どうしても「二〇センチの壁」が超えられませんでした。

布団の中でも、必ず母との間に、二〇センチの距離をつくりました。

たった一人の娘に、そんな態度をとられた母は、どんな思いがしたことでしょうか。

中学を卒業すると、紬織りの仕事に就きました。他の選択肢はありませんでした。

そんな中、妻子のある人と付き合うようになり、その人に連れられて鹿児島市に移り住みました。この、息がつまるような田舎から、連れ出してくれる人であれば誰でもいいという気持ちでした。一年ほど、その人と生活しましたが、子どもを身ごもり、長男が生まれた後、別れて、子どもを連れて奄美に帰りました。

家庭のある人の子を産んだことについて、周りは非難ごうごうでしたが、祖母と母は、待望の男の子だと言って、心から喜んでくれました。

私は、息子に対して、私自身が親がいない寂しさ、苦しさを、誰よりも知っているのに、父親のいない子にしてしまったという後悔の思いがありました。

そんなことも、こんな病気の親の子に生まれた以上、運命（さだめ）だと諦めていました。

でも、この子には、絶対に父親のいない寂しさを感じさせたくないと、息子との時間をたくさんとるよう、努めてきました。

子どもを育ててみると、私が親から引き離された四歳から一〇歳までが、子どもの成長にとって、そして親子のかけがえのない絆をつくるために、どんなに大切な時間であったか、よく分かります。

その時期に、親と過ごすことのできなかった私が、母に優しい気持ちを持つことができなかったのは、あたりまえではないでしょうか。

幼い頃から、息子を連れて和光園を訪ねていたので、息子は、祖母とも母とも何の屈託もなく接することができました。

私のかかえているようなわだかまりはなく、本当に優しい子に育ってくれたのを、とても感謝しています。

私は、息子が一七歳になったとき、勧められて、今の夫と結婚しました。

夫は、本当に理解があって、母にも、祖母にも、優しくしてくれました。息子にとってもいい父親になってくれました。

母から、「父ちゃんによく似た、気持ちが穏やかな人を選ぶもんだね」と言われました。

私は、母の最期の日々を、和光園に泊まり込んで一緒に過ごし、看取りました。

でも、ついに、母との間に、本当に親子らしい、遠慮のない関係を持つことはできませんでした。

だからこそ、母は、私の顔を見るたびに、

「いつまで通わすかねー。自分が早く死んだらこなくてよくなるのにねー」

「一番最後まで通わせてごめんねー」

と口癖のように言っていたのだと思います。

息子は、母に会うたびに、

「あんたの母ちゃんは私を嫌っていたよ」

と聞かされていたそうです。


遺族提訴をきっかけに、患者だった人の家族が集う「れんげ草の会」ができました。

「れんげ草」は、奄美にはないのに、いつも私の心にあった花、私にとって、龍田寮そのものです。

苦しい少女時代、優しい保母さんたちに囲まれて、そこよりもずっと都会で、あたたかく、食べ物もふんだんにある、あの場所に帰りたい、連れて帰ってほしい、といつもあこがれていた世界の象徴でした。

れんげ草の会では、ほんとうに心許せる友に出会うことができ、その絆を強めてきました。

一方で、国が、「追悼の日」を定めて、亡くなった犠牲者に謝罪すると聞いたとき、最も苦労してきて、祖母や母の遺骨を引き取った私たち家族のもとに来て頭を下げないのは「なぜなのか」と思いました。療養所の中で生まれることのできなかった胎児に謝罪したときも、胎児には謝ることができるのに、生きて苦労している私たちに頭を下げることが、どうしてできないのか、という気持ちでいっぱいになりました。今一度、そのことを国に問いたくて、私は原告になりました。今度こそ、自分たちの過ちが、いかに私たち家族を苦しめたのか、その事実に、しかと向き合って、心から謝罪してほしい。

そして、私たちが長年背負い続けてきた、この重い荷物を軽くしてもらいたいと思います。

原告番号25番

一　私は、いわゆる「未感染児童」として、岡山にあるハンセン病療養所・長島愛生園の保育所に収容されていました。

昭和二二年、父が愛生園に収容される際に、一〇歳だった私と三人の妹達も一緒に収容されたのです。大阪駅のホームで大々的に消毒されたことなど一連の強烈な体験のせいか、その後、愛生園に到着するまでの記憶や、到着後の記憶は、すっぽり頭から抜け落ちています。

ただ、その後の保育所での生活や、そこで起きた出来事については、しっかりと脳裏に刻み込まれています。

この裁判で、国は、私たち家族に対する偏見差別の責任を認めようとせず、保育所の問題についても、収容された私達本人の体験や実態とは全く異なる主張をしています。

私は、自らの体験に基づき、国の主張の誤りを正したいと思います。

二　まず、国が、保育所の設置目的について、「一定の期間の発病観察を行うことを目的としたものではない」としている点についてです。

このような主張について、私は大きな憤りを感じます。

私の右腕には、肉をえぐり取ったようなグロテスクな注射痕が残っています。左右の腕に、合計一〇カ所もの注射痕が刻まれています。

当時、この注射を接種された際には、腕に深さ一㎝ほどもの円筒形の孔ができました。何ヶ月もジクジクして治らず、痛みに苦しみました。

この間、いろいろと文献を調べてみた結果、この注射は、「光田反応」と呼ばれる注射で、発病していないかを確認するとともに、発病を「予防する」ためとして実験的に行われていた注射だったことが分かりました。

当時、愛生園の園長だった光田健輔医師は、次のように述べています。

「保育児童の監護の主目的は保健監理であって、殊に栄養改善ならびに光田氏反応接種によるらい発病防止であ」り、「数年の観察」を要する。

また、愛生園の保育所年報にも、以下のような記載があります。

「収容児童はその両親のうちいずれか又は近親者にらい患者があって、あらゆる疾病に対し抵抗力の弱い幼少期にらいに接触したのであるから、らい発病に関しては絶えず綿密な観察の下におかねばならない。」

「らい発病の早期発見をなすため、毎月定例検診を行う。」

「らいの予防措置及び補助診断として毎年三月、九月、光田氏反応接種を行う。」

光田反応の注射が「発病の予防」になるなど、当時の国際的な知見からもかけ離れていたのではないでしょうか。私たちは、親からも社会からも隔離された密室で、いわば人体実験をされていたのではないでしょうか。

私たち保育所の児童は「未感染児童」と呼ばれ、このような扱いを受けていました。まさに「発病観察」の対象だったのです。

三　また、被告国は、児童を保育所に入所させていたのは、「入所者の児童が入所者と容易に面会できるようにするため」だった、とも主張しています。

これも、実態とは全くかけ離れた主張です。

さきほどの愛生園の保育所年報には、「らいの予防措置」の項目の続きに、

「らいの父母との私的交通の禁止、並びに物品の授受については厳重な衛生的監理を行うよう留意する」

とあります。

そして実際にも、当時の愛生園は、患者地帯（「菌がある」という意味で「有菌地帯」とも呼ばれていました）と、職員地帯（無菌地帯）とが厳格に区別されていました。保育所の児童が親の暮らす患者地帯に入ることは許されておらず、隠れて患者地帯に入った子どもは、見つかるとひどく叱られ、夕食を与えられないなどの罰がありました。

私自身は、大人達の目を盗んで、父の部屋までこっそり会いに行ったこともありましたが、そんな勇気などなく、親とふれあえない仲間が大半だったと思います。

月一回程度だけ定められた親との面会日も、金網越しでの、ごく短時間のもので、触れあうことは一切許されませんでした。

私たちは、発病しないかどうかを監視するために、保育所に収容・隔離されていたのです。「親と自由に会えるように収容してやった」かのような国の主張には、心底、腹立ちを覚えます。

四　次に、保育所の存在が、子らに対する偏見差別を助長したことを否定し、熊本でおきた「竜田寮児童通学拒否事件」が、極めて例外的・個別的な事案であったかのように述べる国の主張について、です。

ハンセン病療養所の保育所出身だということが分かれば、たちまち差別され、排除されてしまう。そのことは、私たち当事者にとってはいわば「公知の事実」でした。

私は、昭和二五年四月、小学六年生にあがるのを機に、愛生園の保育所から大阪にある養護施設に移されましたが、その理由として聞かされたのは、まさに「愛生園の保育所を出たことが知られれば就職等に支障があるため」ということでした。

また、昭和二〇年代半ばに当時の愛生園の担当課長が記した「長島愛生園における保育児童とその社会復帰」という文献をみると、保育所出身児童の受入れ先を確保することがいかに困難であったか、いかに厳しい偏見差別が存在したかが、如実に記されています。

「(昭和六年の) 開所以来、一九年間の経緯を総合するに、保育児童の社会復帰の障害となるものは、一言にしていえば、らいに対する社会的嫌悪感の問題につきる」とあります。

各府県に、私たち保育所児童の受け入れを求めても、発病のおそれがあるとか、予算がないとか、いろいろな理由をつけて受け入れを拒否される例が後を絶たなかったというのです。

私を受け入れてくれた大阪の養護施設にも、それ以降、あらたに保育所の仲間が入ってくることはありませんでした。

愛生園の場合、このように一般の養護施設がなかなか受け入れてくれない中で、岡山に「楓蔭会」、大阪に「白鳥寮」という施設を自ら設けて、ここに保育所の児童を転出させ、そこから社会復帰させるという措置をとらざるをえなかったのです。

私の妹の一人も、白鳥寮に移されています。

国は、白鳥寮についても、その収容人数だけをみて、「こういう施設がなければ社会生活に適応しえないほどの偏見差別があったとは認められない」などと主張しているようですが、まったく現実を見ない主張です。

私が中学生の頃、施設の園長先生から父親が会いたがっていると聞かされて、愛生園を訪ねたことがありました。行ってみたところ、実際には、発病していないか検査を受けさせるため、園長先生が依頼していたということが分かりました。理解があると思っていた園長先生さえも、私をそのように見ていることがわかり、大変なショックを受けました。

私たち、保育所に収容された児童が、保育所に収容されていたがゆえに、いわば「発病予備軍」として恐れられ、偏見差別の対象となっていたことは明らかではありませんか。

五　私の父は、昭和五六年一二月、愛生園で亡くなりました。七一歳でした。私は、大人になって結婚してからも、父と手紙のやりとりを重ね、何度か自宅にも招きました。
父との心の絆は、とても強いものがあったと自負しております。

しかし、幼い頃に長島愛生園の保育所に収容され、その際に人間扱いされず、物のように扱われ、大々的な消毒をされたことは、私にとってあまりに衝撃的な出来事でした。その後の記憶が長期間にわたって飛んでいるのも、その際受けた計り知れない恐怖心があったせいだと思います。そして保育所での生活を余儀なくされる中で、私自身の心の奥底に、ハンセン病に対する恐怖心と「偏見」が、強く、強く、植え付けられてしまいました。

私は、小学六年生で保育所を出た後、父が愛生園にいること、自分が愛生園の保育所にいたことを、ひた隠しにする人生を歩んできました。

結婚してから父を自宅に招いたとき、父の使った食器を家族のものと一緒に洗うことができない自分がいました。正直なところ、今でもできないと思います。

それだけ深く、この病気に対する偏見を、植え付けられてしまっているのです。

父の一番の理解者であるべき自分が、このようにハンセン病に対する偏見を持ち続けてきたこと、十分な親孝行ができなかったことについて、私は、強い自責の念に駆られ続けてきました。

ハンセン病は、まったく恐ろしい病気ではない。

隔離したり、消毒したりする必要など、全くなかったんだ。

どうして国は、私に、そのような正しい知識を教えてくれなかったのでしょうか。

どうして国は、私の心の中に、最も愛すべき父親を嫌悪せざるをえないような誤った認識を、植え付け続けたのですか。

六　私たち家族は、国の誤った隔離政策により、人生を通じての苦しみを余儀なくされてきました。

国に対し、正面からその責任を認めて謝罪するよう、強く求めます。

そして、裁判所におかれては、国の政策によって私たち家族がいかに苦しめられてきたか、その実態をみつめ、正しい判決を下されますよう、心よりお願いいたします。

以上

原告番号188番

沖縄県の宮古島から来ました、奥平光子といいます。

私は、昭和三三年八月四日、父・○○○○と、母・□□の長女として、沖縄の離島にあるハンセン病療養所、××園の中で生まれました。

××園では子どもを育てられなかったので、私は一歳になった頃、父方のおばあに預けられました。

小さな島なので、周囲の人はみんな、親の病気のことを知っていました。

幼い私は、近所のにいにい達から石を投げられたり、「ンギークヌファ～」、(地元の方言で、忌み嫌う者に対する見下した言い方、顔つきで「このガキがー」という感じです)といわれ、遠ざけられました。

周囲の大人達からも、顔をみるたび、ンギー、いやだねぇ、と疎まれ、雑貨屋にお使いに行った時も、「あんたには売らん」と言われました。

隣の家のおばあは、なんともいえない、汚いものをみるような嫌な目で、私を無言でジトーッと、にらみつけました。

どこにいっても、差別の目を感じていました。

人がどういう目でみているかと思うと、気持ちが小さくなり、いつもオドオドして、人の顔色をうかがっていました。

家の中でも、私は厄介者でした。

叔父は、酒を飲んで酔っ払っては、私を大声で怒鳴りつけました。

風邪を引いて高い熱を出し、吐きそうになっても、庭の方を指さして「あっち行って吐け」と言われました。

悲しくて、苦しくて、「かあちゃーん」と泣きながら吐きました。

言葉にはできないような、辛いことがたくさんありました。

小学校低学年の頃、一緒に暮らしていた叔父からひどく怒鳴られ、こわくて逃げ出し、両親の暮らす××園まで、一時間以上もかかる道のりを、一人歩いていったこともありました。

私にとっては××園だけが、誰に差別されることもなく、人の目を気にすることもなく、心穏やかに過ごせる場所でした。

小学三年生の頃、両親が××園から出てきて、やっと家族三人で暮らせるようになりました。

でも、幼い頃に引き離され、一緒に暮らすことができなかったことの影響は、とても大きなものでした。

幼い頃からどこにいっても差別され、偏見の目でみられてきた中で、私は自己肯定感を持つことができずにいました。

親への甘え方がわからず、甘えるふりはできても、本当の意味で甘えることはできませんでした。

そして、周囲からの差別は続きました。

小学校では、××園の職員の娘が同じクラスになり、陰湿ないじめにあいました。

仲良くなった子がいても、親のことを知られると、急に冷たくなり、離れていきました。

どれほどいじめられても、悲しいことがあっても、両親には絶対に話せませんでした。大好きな両親を、悲しませたくなかったからです。

両親の前でも本音が言えず、心にいつもバリアを張り巡らせているような状態でした。

中学生の頃、初めてといえるほど心を許し、何でも語り合っていた、大好きだった友達が、ある日突然、冷たい態度に変わりました。

何か悪いことした？ときいても、首を横にふるだけでした。

やっぱり、まわりの大人から、親のことを言われたのです。

「ごめんね、みっちゃん。」と、彼女も離れていきました。

夜、部屋で一人になるたびに、涙がポロポロ流れました。


両親がハンセン病だった。

ただそれだけのために、どうしてこんな差別を受け、辛い思いをしないといけないんだろう。

「クンキャヌファ」、地元の方言で「ハンセン病の子」という意味です。

そういう目で見られることが嫌でたまりませんでした。

どうしてこんな家に生まれてきてしまったのだろう。そう思ったことも、数知れません。

でも、私は、両親からたっぷりと愛情を注いでもらうことができ、そのことで救われました。

父は、私がまだ小学生の頃から、私を一人の人間として対等に扱い、いろいろな話をしてくれました。

一五年前の国賠訴訟のとき、父は、××園の原告団の中心となって闘い、勝利判決後も、啓発のための活動を続けています。

差別と闘い、たくましくも優しく、しなやかに生きてきた父のことを、私は心から尊敬しています。

宮古島は、小さな島です。

どこに行っても、どうしても両親の病気のことを知っている人がいて、そういう人とも付き合わざるを得ません。

この差別が渦巻く島で、父は、どんな人ともあきらめずに積極的に関わってきました。私自身も、そのように教えられてきました。

私は幼い頃から、誰に対しても、自分をいじめる子達に対してさえ、つとめて陽気に明るくふるまいました。

大人になってからも、かつて私や親を差別した人や、差別感情を持っている人にも、何もなかったように明るく接し、付き合ってきました。

今でも、島には根強く差別が残っています。

正直いって、ひどい仕打ちを受けた人や、差別感情を持っている人と付き合っていくのは、心にとっても負担がかかることです。

でも、狭い島の中では、それ以外に生きる道はありません。

これからも私は、差別と向き合いながら、生きていきます。

私はこれまで、自分がこのような差別を受けながら生きてきたということを、他人にも、両親にも、打ち明けることはありませんでした。

いつも、どこでも、表面的には明るく陽気に振る舞い、屈辱感や深い悲しみは、心の中に押し込めてきました。

これまで、父の活動をある意味遠くからみていたのも、できれば関わりたくない。避けて通りたい。そんな気持ちでした。

でも今回、家族の裁判に原告として加わった今、私は、自分自身が受けてきた被害をあらためて振り返り、はじめて、この心の奥に秘めてきた思いをさらけ出す決意をしました。

実は、母は、私を妊娠していることが分かり、××園の職員に堕胎させるための注射をうたれたのですが、その注射が失敗したおかげで、私は生まれることができました。

生まれることすらできなかった子ども達もたくさんいます。

自分ひとりの問題じゃない。声をあげられなかった人達の分も訴えなければならない。そう思っています。クンキャの子どもだから、と卑下してきた自分もいましたが、本当は親のせいでも自分のせいでもない。国が隔離政策をとり、優生政策をとったせいで、私たち家族もこのような被害を受けてきたのです。

一五年前の裁判で、勝訴判決を勝ち取ったとき、父は、長年人権を否定されてきた悔しさをようやく晴らし、「尊厳を取り戻した」という喜びを爆発させていました。

私も、この裁判で、家族が被ってきた被害を国に正面から認めさせ、父の後に続きたい。世の中の人達に広く事実を知ってもらい、今もこの島に残る偏見差別を少しでもなくしていきたい。そう願っています。

裁判官の皆様、どうか心を開いて、私たちの被害を受け止めて下さい。

よろしくお願いします。

二〇一六（平成二八）年一二月二六日

2 鳥取訴訟　意見書

福岡安則

はじめに

わたしは、社会学者として、長年にわたって、社会的マイノリティ当事者からのライフストーリー聞き取りの研究をおこなってきた。ハンセン病問題にかんしては、厚生労働省の第三者機関として設置された「ハンセン病問題に関する検証会議」の「検討会委員」に二〇〇三（平成一五）年四月から二〇〇五（平成一七）年三月まで委嘱されたことを契機に、以来、ハンセン病病歴者（入所者、退所者）やその家族、三〇〇人以上におよぶ聞き取りを実施してきた。その過程で、鳥取地裁で争われた「平成22年（ワ）第110号　国家賠償請求事件」の原告となった男性(1)からも長時間の聞き取りをしている。

そのような経緯から、同事件の控訴審において、控訴人代理人らから本件について、社会的差別の問題、とりわけハンセン病問題を専門的に研究してきた者の立場からの意見を求められたので、研究者の視点から気付いた点について、以下のとおり指摘をしたい。

＊以下「第1　控訴人からの「聞き取り」について／第2　原判決の基本的な問題点／第3　ハンセン病の「診断」と社会的な「ラベル貼り」の違い」が「意見書」には入っていたが、本書収録にあたって紙幅の都合上割愛した。
＊引用文や聞き取りでの〔　〕書きは、文意を明確にするための福岡による補いである。
＊一般に八ポの（　）書きでの表記は読み方が難しい漢字などへの読み仮名であるが、引用文や聞き取りでの八ポの（　）書きでたとえば「見解（へんじ）」というように表記した場合、語りでは「へんじ」と発音しているが、意味としては「見解」であろうと、聞き手であるわたしが受け取ったということを示す。語りの発音と意味の両方を読者に伝えるためにわたしが考案した、音声おこしに際しての記述法である。

第4　控訴人親子の身近な人たちの状況認識

1　ハンセン病の噂～原判決の認定事実

さて、いよいよ、本件にかかわる具体的な問題についての考察に入ろう。

先に、「社会的差別」の問題は、被差別当事者の自己認識を要件としない、ということを述べた。それゆえ、T家の人々を取り巻く周囲の人たちのまなざしに常に目配りしつつ、まずは、控訴人親子の身近な人たちがいかなる状況認識にあったかをみていこう。

原判決の「認定事実」によれば、「昭和三一年ころになると、亡母らが生活していた〔鳥取県〕関金町の家の周囲では、亡母がハンセン病に罹患したという噂が立ち始めた」。「鳥取県倉吉市の生田という集落の家に嫁ぐため、生田の家で生活していた二女は、同月〔=昭和三二年四月〕ころ、亡母がハンセン病に罹患したという噂が立ったことから、関金町の家に戻された」（判決、七六頁）。——関金町のT家を取り巻く人たちのあいだでは、「亡母がハンセン病に罹患したという噂」が広まっていたことが確認できる。これだけで、「らい予防法」にもとづく「強制隔離政策」と官民一体となった「無癩県運動」が渦巻いていた当時にあっては、T家が、鳥取県の関金町での安寧な暮らしの保障を奪われたことは確かだと言うことができる。

　そして、「亡母は、昭和三四年までに、手の指が曲がったり、火傷により手の指先を失ったりしていた」（判決、七六頁）のであり、大阪の西淀川区出来島町の四軒長屋に移り住もうと、一九六七（昭和四二）年以降、控訴人の次兄の居住地であった鳥取県大栄町[2]由良宿に移り住もうと、亡母はひとの目につく箇所にハンセン病に由来する後遺障害（=曲がった指、指を失った手、等）をもっていたのであるから、周囲からの「らい患者」へのまなざしから自由でありえたとは考えられない。

　亡母のハンセン病の後遺症については、「大阪大学医学部附属病院皮膚科」の「外来番号３８２１」のカルテ（甲第42号証の2）にも、「初診〔一九〕五九〔年〕四月二八日」「ＴＴ殿／女／明治四一年八月一六日生／満五三才」とあり、「Hauptklage（主訴）」の欄には「Sensibilitäts [-] u [nd] Motilitätsstörung d [er] beiden Hände（両手の感覚と機能の障害）」、「Lokalisation（患部）」の欄には「Vorderarm（前膊）」、そして「Jetziges Leiden（現在の病状）」の欄には「昭和二一年八月、両手に急激に水疱形成、疼痛を認む。Nasenblutung（鼻血）、Husten（咳）あり。以后、次第に両前腕、手、下肢のHypästhesie（知覚麻痺）、Finger（指）の Motilitätsstörung（機能障害）増強す」（［ ］内は引用者による補足、（ ）内は引用者による翻訳）と記載されており、この資料からも、亡母が、少なくとも両手の指の「機能障害」という人目につきやすい後遺症をもっていたことを確認できるところである。[3]

2 岡山大学医学部三朝分院および鳥取赤十字病院の「診断」とその受け止め

原判決の「認定事実」によれば、「亡母は、昭和三四年までに、手の指が曲がったり、火傷により手の指先を失ったりしていた。そこで、亡母は、昭和三四年一月ころ、岡山大学医学部三朝分院及び鳥取赤十字病院の皮膚科を受診したところ、亡母の症状はハンセン病に似ていると診断された」。「亡母の家族及び親戚は、この岡山大学医学部三朝分院及び鳥取赤十字病院の診断を聞いて困惑し、長男が、長男の妻と子を連れて、関金町の家から出て行った」（判決、七六頁。傍線は引用者）。「その後、亡母の家族及び親戚は、亡母の叔父であるMS(4)を中心として、毎日のように、亡母の今後について話し合った」。「その結果、亡母の家族及び親戚は、昭和三四年三月ころ、亡母が関金町の家から直接療養所に収容されることになると、周囲で大きな噂になり、T家の者が周囲から激しい偏見・差別にさらされることになることから、そのような事態が生じることを避けるため、亡母を大阪に住んでいる亡母の妹の家に転居させ、亡母に大阪の病院で診察を受けさせた上で、亡母の疾患がハンセン病であると診断された場合には、亡母を大阪から療養所に入所させることを決めた」（判決、七七頁。傍線は引用者）。

ここまでの「認定事実」に即する限り、「亡母の家族及び親戚」の者たちが、「岡山大学医学部三朝分院及び鳥取赤十字病院の皮膚科」の診断を根拠に、亡母が「ハンセン病に罹患した」ことを前提として、思考し行動していることが読み取れる。

原判決は、「鳥取赤十字病院の皮膚科の担当医が、亡母の疾病をハンセン病であると診断したのであれば、被告県は、当該医師の通知によって、亡母がハンセン病患者であると認識したと考えられるにもかかわらず、本件においては、被告県が、亡母がハンセン病患者であると認識したことを認めるに足りる証拠はない」（判決、七六頁）とする。そして、「鳥取赤十字病院の皮膚科の担当医」から県知事への届は出されなかったとの判断を示し、届がなかったのは「鳥取赤十字病院の皮膚科の担当医」が亡母がハンセン病に罹っていると診断したわけではないかのごときニュアンスを醸している。

これは、医師が患者をハンセン病と「診断」したのであれば、法律の規定に従って、県当局に「通知」しているはずであり、「通知」がなかったということは、医師はハンセン病とは「診断」していなかったということが前提となっている。しかしながら、一九五九（昭和三四）年四月二八日に診察をした「大阪大学医学部附属病院皮膚科」の医師も、亡母をハンセン病と診断し、げんにその治療を始めたにもかかわらず、その時点では大阪府当局に「届出」をしていないという事実がある。

わたしが実施してきた多くのハンセン病元患者からの聞き取りによれば、「強制隔離政策」下にあっては、医師は「らい」の診断をくだすことに伴うさまざまな面倒を嫌がり、(5)知覚麻痺の検査をしたうえでさえ、「なんの病気かわからない。ほかに行ってくれ」とのたらい回しが横行していたのであり、また、口頭では「らい」の診断を患者やその家族に伝えながらも、県知事への届はあえて出さなかったケースが多々あったのである。(6)

医者の診断が、単に〝ハンセン病に似ている〟だとか、〝大阪の病院で診察を受けてみなければ、ハンセン病であると診断されるかどうかまだわからない〟という状況では、長兄が後難を恐れて、病いにかかった亡母を捨て、妻子を連れて家を出てしまうなどという行動をとったことが理解できない。また、そうであれば、「連日の親戚会議」も異常である。このままでは、亡母がこの家から直接、国立ハンセン病療養所「長島愛生園」に収容されることは必至、との判断があればこそ、かれらにとって最悪の、そのような事態をなんとか避けるために知恵をしぼりだすべく、連日の「親戚会議」が開かれたのだとしか考えられない。

つまり、長兄および「親戚会議」に出ていた家族・親戚みなが、少なくともその時点では、「亡母がらいと診断された」という厳然たる事実を前にしたからこその行動と思えば、理解可能となる。じっさい、子どものときに他家に養子に出された次兄の「陳述聴取報告書」（甲第77号証）によれば、「母は、手（指）がだんだんと短くなっていき、近所の人たちから、ハンセン病（らい病）だと言われるようになりました。／〔父方祖母の弟にあたる〕MSさんは、関金町山口に住んでいて、母親がハンセン病だという噂が立つ前から関金町の保健課長もしていました。MSさんの奥さんは、自分の家には、娘や孫もいるので、結婚する時に非常に迷惑になるということで、MSさんを大分責めたことがあったようです。／MSさんは、奥さんから『えぇかげんなことじゃぃかん』と言われて、そのとおりだと思ったようです。そういうことで、MSさんが、母の病気の噂〔への対処〕に乗り出してきたようです」とのことで、控訴人の亡母の「らいの噂」は切迫したものとなっていたことが伺える。――また、控訴人の語るところによれば、MSは、当時、関金町役場の保健課長と住民課長とを兼務しており、まさしく「無癩県運動」の推進役でもあったという。ハンセン病に対する強制隔離政策については、素人ではなく、その内情を知悉していたと考えられる点も、見逃すことはできない(7)。

3 事実上の「入所勧奨」

控訴人は、「〔MSが言うには、町の〕保健所長が診に来て、『早いこと〔ハンセン病療養所へ〕連れて行っちゃえ』という見解（へんじ）やったと。こっちのほうでは、『愛生園』ちゅなこと言やしない。『早いこと、島に連れて行っちゃえ』と。保健所長はな、医師の資格を持っておったからな、そのぐらいの権限はあったということ。だから、保健婦さんがな、しょっちゅう〔うちに〕来ておったんですよ」（甲第30号証、三九頁）

と語っている。

第3の4「『社会的ラベル貼り』の一要因としての『入所勧奨』」のところで述べたとおり、これは、事実上の「入所勧奨」である。

T家の場合、「噂」が先行し、それが保健所長の耳に入り、保健所長は役場職員であるMSに対して親戚関係にある控訴人の亡母のハンセン病療養所への入所を促す発言をし、保健婦の頻回な訪問までがなされたのであるから、地域社会において、T家が「らい患者」を出した家だという烙印は、広く知らしめられるに至ったと考えられる。そして、いったん刻印されたその烙印は、容易に薄らぐことはなかったと言うべきである。

こうして、大阪へ移り住んだ亡母は、阪大病院皮膚科別館で診察を受け、その後「ハンセン病治療」を受けているのである。「親戚会議」を主導したMSの思惑と違ったのは、阪大病院の医師が亡母の病気を、ただちに大阪府知事に届け出ず、通院治療を認めたことであったろう。この思惑のズレが、控訴人の兄たちの混乱を誘発した――というのが、その後の展開についてのわたしの理解である。(8)

4　亡母の家族に生じた様々な出来事

(1) 次姉の「離縁」

原判決は、「二女は、亡母がハンセン病に罹患したという噂が広まったことによって、嫁ぐ予定となっていた生田の家から関金町の家に戻されたことが認められる」(判決、八五頁)と判示している。

一九五六(昭和三一)年の「経済白書」が「もはや『戦後』ではない」とぶち上げたことは有名だが、次姉が「離縁された」一九五七(昭和三二)年は、社会生活上の習慣から言えば、まだまだ戦後であった。原判決は、次姉について、「嫁ぐため、生田の家で生活していた二女（なお、入籍はしていなかった）」（判決、七六頁）と記しているが、これはいまどきの「同棲」といった社会現象を意味するものではない。そうではなくて、まだこの時代、地方には残っていた習俗としての「足入れ婚」であったと考えるのが相当である。「足入れ婚」は、言うなれば「農家の嫁」としての品定めの期間である。そのかん、「嫁候補」が農家の働き手として役に立つかどうかがチェックされる。ときに、「足入れ婚」の期間が長く設定される場合には、「嫁候補」が「石女（うまずめ）」ではないかという点もチェックされた。〝嫁以前の嫁〟として、ひじょうに弱い立場に置かれていた、と言うことができる。「嫁の母親がハンセン病に罹った」という噂が流れてきたとき、彼女の立場は「足入れ婚」の仮の嫁という弱い立場に置かれていて、「実家に戻されること」を押しとどめるような夫婦間の絆というか柵（しがらみ）は、まだ十分には形成されていなかったと考えられるのである。[9]

（2）妻に去られた長兄

次姉の離婚とは異なり、長兄の離婚については、原判決は、「〔原告は〕亡母がハンセン病に罹患したことが噂になったことが原因で〔長男は〕離婚させられた旨主張する」が、「長男の最初の妻は、亡母から叱られることが多く、その際に長男が庇ってくれないことを不満に思っていたことが認められるから、長男と最初の妻の間には、亡母がハンセン病に罹患したことが噂になったこと以外にも、離婚の原因が存在したものと推認することができる。そうすると、長男が最初の妻と離婚した原因が、亡母がハンセン病に罹患したことが噂になったことにあるとはにわかに断定することができない」（判決、八五頁）と判示している。

しかし、長兄の「離婚」と次姉の「離縁」は、まったくの同型として理解できるし、そう理解するのが妥当というべきである。原判決は、一九五六（昭和三一）年ごろに「亡母がハンセン病に罹患したという噂が立ち始めた」こと、そして、一九五七（昭和三二）年四月に相前後して、長兄が「離婚」し、次姉が「離縁」

されて実家に戻ってきたことを、「認定事実」として認めている（判決、七六頁）。にもかかわらず、長兄の「離婚」にかんしては、もともと夫婦間が不仲だったのが原因だとして、ハンセン病による差別を認めず、次姉の「離縁」にかんしては、ハンセン病による差別を原因とした。

原判決が誤解しているのは、「亡母から叱られることが多く」（嫁姑問題）、「その際に長男（＝夫）が庇ってくれないことを不満に思っていた」ということが、離婚の決定的要因となると想定したことである。

現代のように女性のなかにも経済的自立を獲得するひとが増えた時代であれば、「夫婦間の和／不和」が離婚の理由にもなろうが、かつて、女性たちが生きる術（すべ）を、男性に、というよりも「イエ」に、依存せざるをえなかった時代には、夫婦の間柄は一般的に惰性的なものであった。だから、そこに、しかるべき「離婚の原因」（このケースで言えば、「夫の母親がハンセン病に罹った」という噂の流布）が出来（しゅったい）したときに、仮に「夫婦仲がものすごくよかった」ならば、事態が離婚に至るのを抑制する要因として作用することはあったとしても、「夫婦仲の良し悪し」は、虐待・侮辱・遺棄といった態様をとるに至った場合は別として、それ自体は概して「離婚の原因」にまではならなかったと言うべきである。残念ながら、長兄とその最初の妻との関係は、「夫の母親がハンセン病に罹った」という噂の流布という夫婦間の繋がりを引き裂く要因が出現したときに、それを押しとどめるほどの夫婦愛にみちたものではなかった、というだけの話であろう。[10]――そして、この場合、いわゆる「離婚」と言うよりも、亡母のハンセン病の発症により、「妻に去られた」と言うほうが、より正確であろう。

長兄は、一九五八（昭和三三）年九月に再婚したが、「亡母の家族及び親戚は、岡山大学医学部三朝分院及び鳥取赤十字病院での診断を聞いて困惑し、長男が妻と子を連れて、関金町の家から出て行った」（判決、七六頁）。長兄が「イエ」を棄てたことの意味については、後に詳しく検討するが、これが亡母がハンセン病であるとの認識を前提とした、幼い子らを亡母から引き離すための行動であったことは明らかである。

(3) 四ヵ月も続いた「親戚会議」の意味するもの

長兄が家を棄てたあと、「らいとの噂」が立った——百歩譲って表現すれば「らいとの疑い」が濃厚となった——亡母の処遇をめぐって、連日のように「親戚会議」が続けられた。

「親戚会議」をめぐる、控訴人の「聞き取り」をみていこう。

「親戚会議」に出たのは、誰であったか? まず、「親戚会議」を差配したのは、控訴人の祖母の弟であるMSであった。「MSのおっつぁんがな、『きょう、みな、集めといてくれ』ちゅうようなことを言うからな、わし、親戚の呼び〔集め〕役ですよ。『きょう、集まってよ』〔と言いに行く役目〕。ちょうどね、中学校の一年の、三学期やったな。」

そして、声を掛けられたのは、「N家の跡取り」のNT。彼は亡母の弟であった。しかし、「NTは〔山を分け入った〕山口のほうには、よぉ、上がって来やへんから」、NTが出るときには、「役場の一室を借りてな、そこで親戚会議」。これは、MSが役場の「住民課長」をしていたから、そういう融通が利いたのであろう。「親戚会議」の場は、役場であったり、山口のT家であったりしたわけだ[11]。

ほかには、というと、長兄はすでに家を出てしまっていた。あとは、U家の養子になっていた次兄である。しかし、次兄本人の陳述によると、「それまでに、たびたび親族会議が開かれていたようですが、私は、〔U家の〕養子の身分だったので、あまり話し合いには参加せず、一、二度出席しただけだと記憶しています」(甲第77号証、次兄の「陳述聴取報告書」)。

おそらく、この「親戚会議」は、〝らいの疑いのある〟亡母の処遇をどうするか、ということのほかに、長兄が家を棄ててしまった後、誰に跡を継がせるかも、話し合いの対象になったのであろう。やはり次兄の陳述によれば、「長男が家を出てしまったことから、Kという家のおばさんが、私に『T家に戻ってごせ』と、私が母親の面倒を見るように言ってきました。しかし、私はU家に養子に出された身分です。私は、『五歳の時にここに養子に出された。猫の子じゃない。都合のいい時だけ、やったり、もらったりするような話は呑めない』と言って断わりました。／ただ、そのまま放っておくこともできず、三男は農業には向いていないと思ったので、四男に戻るように手紙を出しました。ところが結局、四男は三男のところに相談に行ってしまった。三男は、『次兄は養子にでているし、順番からすれば自分かなぁ』ということで、一時、鳥取に戻ってきたのです」(甲第77号証)とのことである。――この次兄の陳述は、控訴人が「聞き取り」で語ったところと合致する。すなわち、四兄は「からだも大きい」ので、農家の「跡を継げるかもしれない」と期待されていたようだが、このとき戻って来なかった。「からだの弱い」三兄のほうが「帰ってきた」。しかし、三兄は「わしにやらせるんだったら、あとの財産は〔わしに〕まかせ」と言っていたようで、跡を継ぐ意志はあったようだが、なにぶん、「〔三兄は〕百姓のできるような状態とちがう。夫婦ふたりで〔肥桶を〕担ぎよったからな。だいたい〔肥桶を前後に〕二つ、ひとりが担ぐのが〔当たり前〕。あれ、〔一つをふたりで担がなければならないほど〕そんなに重いもんじゃあらせん」という次第であった。

したがって、亡母の子どもでありながら、四兄は不在。そして、「近くの三朝（みささ）に嫁に行った次姉」も、一度も「親戚会議」には呼ばれなかったという。そして、取りまとめ役のMSに「母親も病気やし、長男も〔家を〕出てしまったことやから、おまえ、座っといて、聞いといてくれ」と言われて、控訴人は話し合いを黙って聞いていたようである。「わしは聞き役だけやったな、当時はな」。そして、亡母も「横しにおって、聞いとる〔だけ〕」だったという。「やっぱり、みんなに迷惑かかるから、っていうような負目（こと）もあったと思うしな」。

控訴人は、この「親戚会議」を評して、「責任取れる人間が〔集まって〕な、決めるんだったらいいけれどもな、責任取れん人間ばっかりが寄り集まってするんだけんな、親戚会議ね」「〔本来なら〕いちばん親から〔つながりが〕濃いっていうたら、子どもやからな。親戚は二の次、三の次やからな。財産の権利もあらせんのやからな……」と言っている。わたしは、最初、控訴人が「親族会議」と言わずに「親戚会議」と言うのに違和感があった。ふつうは「親族会議」と言うはずだ、と。――しかし、こうやって、話し合いに参加した人の顔ぶれを整理してみると、明らかに「身内」主体ではない。そうではなくて、いみじくも控訴人が「親戚会議」と言ったように、親戚の有力者が主体の話し合いであったことが窺われる。そこでは、病気の亡母への慮りよりも、MSにとっては「M家」の、NTにとっては「N家」の、わが身の安全のほうが優先されたであろうことは、想像に難くない。

なかなか「名案」は思い付かれなかったようで、「親戚会議」は四ヵ月ものあいだ、連日のように続いたという。次兄は「四男が、母を大阪に連れて行くという話になったようです」と人ごとのように陳述しているが、一、二度しか「親戚会議」に出なかったという次兄の、「〔らいだと〕思う、だろ? 疑いだな? だから、大阪のいい病院に、もういちど、連れていって、〔再検査を〕やってくれ」「どっちみち、療養所へ行くんだったら、大阪へ行った〔うえで、そこから療養所へ行った〕ほうが、いいとちがうか」（控訴人の「聞き取り」より）という言葉に、MSや四男が飛びついたのであろう。[13]

（4）まとめ

以上、亡母にハンセン病であるとの噂が立ってから亡母および控訴人が大阪に移住するまでの亡母をめぐる周囲の者らの行動から、家族を含め、周囲の者らが亡母がハンセン病であることを前提に動いていたことは明らかだと考えられる。

5　阪大病院皮膚科別館の「診断」について

「亡母は、昭和三四年四月二八日、二男、三男及び四男とともに、（阪大病院）皮膚科別館を訪れて、伊藤利根太郎医師の診察を受け、ハンセン病に関する検査を受けた」「亡母は、同年五月五日に皮膚科別館におけるハンセン病治療を開始して以降、昭和四一年三月二四日まで、概ね月一回以上（多い時は月に一〇回以上）、皮膚科別館で治療を受け」（判決、七七～七八頁）た。原判決も認めているとおり、阪大病院皮膚科別館は、当時日本においてハンセン病患者の外来診療をおこなっていたごく限られた医療機関のひとつであり、亡母には毎回ハンセン病治療薬が投与されているのだから、伊藤医師が亡母をハンセン病と診断したことは明らかであり、原判決もそのことを前提としている。しかし、この一九五九（昭和三四）年の時点では、「らい予防法」の規定に基づく大阪府知事への届出はなされなかった。

そして、家族の求めに応じてなのか、あるいは、世間を生き抜くための知恵を授けるかたちで手渡したのか、そのいずれかは不明だが、初診時に伊藤医師が亡母に交付した診断書には「紅斑性ケロイド」という症状をもって〝病名〟に代える記載がなされ(14)、おまけに「抗酸性菌は検出されず」との記載があったという（判決、七七頁）。結核菌と同じく、らい菌は「抗酸菌」の一種であり、それが検出されなかったというのは、世間的には、二重にハンセン病が否定されたことを意味することになる。

この伊藤医師の、おそらくは思いやりからする、「らい」とは書かれていない「診断書」に、控訴人の兄たちは飛びついた。この「診断書」を盾にすれば、世間に対して〝亡母はらいではなかった〟と言い張ることが可能に思われたからであろう。しかし、兄たちが、ほんとうに亡母はらいではなかったと信じたのであれば、まだ中学生だった末っ子の控訴人ひとりに亡母を押しつけて、いなくなってしまうなどということをするだろうか。かの「診断書」を頼りに〝亡母はらいではなかった〟と言い張ろうとしたことは、亡母はらいだという事実を否定しえないからこその、ある種の虚勢であったと考えられる。

6 まとめ

以上から、亡母にハンセン病の症状が現れてその「噂」がたち、大阪に移住するまでも、また移住した後、阪大病院の診察を受け、皮膚科別館への通院が開始された後も、亡母をとりまく周囲のまなざしは、常に亡母がハンセン病患者であることを前提にしていたものというべきである。

第5 亡母のハンセン病罹患に関する控訴人の認識について

前述のとおり、原判決は、控訴人が亡母がハンセン病に罹患していたことを認識していなかったと認定している。控訴人の被害は、その認識のいかんに左右されないものであることは既述の通りであるが、証拠によれば、控訴人が亡母のハンセン病罹患の事実を認識していなかったはずはない。この点においても、原判決は重大な事実誤認をしている。以下、各証拠をもとに検討してみよう。

1 甲第78号証「精神衛生相談票」について

甲第78号証「精神衛生相談票」は、倉吉保健所職員が作成した文書である。控訴人の姪（控訴人の長兄の長女、当時二五歳）が夫とともに、一九八〇（昭和五五）年六月一六日、倉吉保健所を訪ね、「〔叔父である控訴人（当時三四歳）が〕時間をかまわずTｅｌをしてきたりしてねむれない。親兄弟も手をやいている。何とかならぬだろうか……。出来れば〔精神病院に〕入院でもさせたい」と訴えたところから始まり、一九八二（昭和五七）年一二月二日には、控訴人の次兄（子どものときに他家に養子に出されている）が来所し、「亡母を老人ホームへ入所させたいが、弟〔＝控訴人〕が反対するので困っている」との訴えがなされ、一九八三（昭和五八）年二月三日時点で、保健婦が自宅訪問して亡母と控訴人の両人に長時間の面接をおこなった結果として、亡母本人の意向としては「今しばらくは、このまま家に居るようにしたい。又、入りたい時期になったら、相談しますから」ということで、「経過観察として様子を見ていきたい」「次男へもその旨連絡し、了解、協力していただくようにする」との結着をみ、同年一二月時点になって、保健所職員がT家を訪問したところ不在のため、次兄宅へ回ったところ、亡母は一ヵ月前、脳血栓のため自宅で倒れて、目下入院中、控訴人は一九八三（昭和五八）年六月時点で大阪に転出済みと判明したところで記載が終わっている。

2　控訴人の「亡母のハンセン病を治した」との意識～原判決の事実認定の誤り

原判決は、主としてこの甲第78号証に基づいて、「倉吉保健所の職員は、昭和五五年七月一二日、亡母及び原告の依頼を受けて、由良宿の家を訪問し、亡母及び原告と面談をした。その際、亡母は、保健所の職員に対して、自分はハンセン病でなかった旨の発言をした」（判決、七九頁）、「倉吉保健所の職員は、昭和五八年二月三日、由良宿の家を訪問し、原告及び亡母と面談をした。その際、原告は、保健所の職員に対して、亡母がハンセン病患者でなかったことを強調した」（判決、七九～八〇頁）、亡母没後の一九九四（平成六）年四月二二日、保健所の職員が「由良宿の家を訪れ、原告と面談をした。その際、原告は『母がらいであれば良かった。』と発言した」（判決、八一～八二）と認定している。

また、これらに加え、亡母が、控訴人を含めた家族に対して、伊藤医師の診断書の記載に従って、自身からい菌は検出されなかったとしか説明していなかったため、控訴人のきょうだいは、亡母がハンセン病患者であるとは認識していなかったのであるから、控訴人も同様の認識を有していた可能性が高い、すなわち亡母がハンセン病に罹ったことを認識していなかった可能性が高いとしている（判決、九〇～九一）。

しかし、他方で、原判決は、控訴人の姪が、一九八〇（昭和五五）年七月九日、保健所の職員に対して、控訴人は自分が亡母のハンセン病を治してやったと思っている旨の話をしたという事実も認定している（判決、七九頁）。判決が根拠としている甲第78号証の該当部分には、「〔自分が亡母の〕らいを治してやったと控訴人は思っている（らい治療薬で悪化し、アリナミン投与でよくなった）」との記載がある。アリナミンでハンセン病が治癒することはありえないが、亡母は阪大病院皮膚科別館への通院を中断した一九六六（昭和四一）年三月時点には既に治癒していて、むしろ、ハンセン病治療薬を服用することで副作用を呈していたと考えられる。じっさい、通院を中断して一年二ヵ月あまり経過した一九六七（昭和四二）年六月二八日のカルテには、ＤＤＳ（当時の代表的なハンセン病治療薬）の服用をやめたことによって、顔面の神経痛や紅潮が改善したことが記載されている。まさに「らいの治療」をやめたことで健康を回復したと考えられるのであるが、乏しい稼ぎのなかからアリナミンの代金を負担してきた控訴人は、それをもって、「〔自分が亡母の〕らいを治してやった」と思っていた、という趣旨の発言だと解するのが相当である。

原判決は、この事実および控訴人が一九九一（平成三）年九月一八日および同年九月二六日に、次兄とともに倉吉保健所を訪れ、担当職員に対し、亡母が、一九五九（昭和三四）年にハンセン病らしき病気に罹患したことにより被った経済的負担などについて相談した事実から、控訴人が、亡母が「ハンセン病に罹患していたのではないかと疑っていた可能性はある」とも認定しており（判決、九〇頁）、これと一九八〇（昭和五五）年時点での「らいを治してやった」との前記控訴人の発言と併せ考えるならば、かかる控訴人の言動は、控訴人が亡母をハンセン病と認識していたことを前提としない限り理解できないものである。にもかかわらず、前掲の控訴人の発言を引用することによって、控訴人は、少なくとも、一九九七（平成九）年に亡母の診療録が開示されるまで、亡母がハンセン病に罹患していたと認識するまでには至っていなかったとの原判決の結論付け（判決、九一頁）は、牽強付会にすぎると言わざるをえない。

3 「らいを肯定した父／らいを否定した者」という記録の意味するもの

ここでわたしが注目するのが、一九八〇（昭和五五）年七月一一日、保健所職員が控訴人の次兄を訪問した際の次兄の発言である。「〔長兄の長女が見合いの相手と〕結納をかわした後、らいを肯定した父のむすめとして嫁にいくのか、それとも、らいを否定した者のむすめとして嫁にいくのかでもめた」（傍線は引用者）というものである。

これは、控訴人本人の語ったままの言葉ではなく、次兄が語った言葉を保健所職員が記録した言葉であって、その意味するところを汲み取るには慎重でなければならない。「らいを肯定した父」と「らいを否定した者」という言い方から、この発言は、「父」＝姪の父である長兄、「者」＝控訴人、を主体として措定しているものと考えられる。

ところで、先にも引用したとおり、姪は、一九八〇（昭和五五）年七月九日に保健所を訪ねたとき、係長らに、こう訴えている。「〔叔父（＝控訴人）は、わたしの〕結婚に際して全く父親きどりで、らいの孫として嫁にやりたくないといった。〔自分が亡母の〕らいを治してやったと叔父（＝控訴人）は思っている」と。

したがって、「らいを否定した」とは、「らい」を治してやった、という意味と解するのが相当であろうと考える。

なお、これに対比されている「らいを肯定した」の意味については、「らい」に罹った亡母を治そうともせず、そのままに放置した、という意味に理解することが可能である。じっさい、一九八〇（昭和五五）年七月一二日の保健所職員の訪問面接で、亡母は、「〔自分の〕らいというウわさで」「他の子供の世話になれといって〔家を〕出ていって」しまって「一家をほろぼした長男に対してのうらみ」を吐露している。これが「らいを肯定した」ということの内実であろう。

以上から、控訴人は、一九八〇（昭和五五）年時点で、亡母がかつては「らい」に罹っていたことを認識しており、かつ、彼の認識では、自分の機転により亡母の「らい」はすでに治癒したのだという認識をもっていたというべきである。

4 「母親はライ病ではなかった」という記録の意味するもの

では、一九八三（昭和五八）年二月三日の、「原告は、保健所の職員に対して、亡母がハンセン病患者でなかったことを強調した」（傍線は引用者）点はどう理解すべきだろうか。

この日、PHN（保健婦）がT家を訪問したとき、「鍵をかけていて、親子がコタツでテレビを見ていた」。亡母と控訴人が、のんびりとくつろいでいるところに、保健婦は訪問したのだ。そして、「以前の状況（亡母がライ病とうわさされ、大阪へ逃れたことから今日に至るまでの経過）を長々と話してくれた」と記している。控訴人から二日間にわたって聞き取りをした経験のあるわたしにはわかるが、この「長々と」というのは、ほんとうに「長々」なのである。それをじっくり聞いているということは、職務とはいえ、この職員が優秀な保健婦であったことを窺わせる。そして、その保健婦がこうも記している。「〔控訴人は〕一見して〝おかしい〟という風には見えない。顔つきもしっかりしており、しゃべる内容もきちんと〝的〟をえている。

（筋みちが通っている）」と。じっくり腰を落ち着けて話を聞いたからこそ、控訴人のほうでも、この人は自分の話をちゃんと聞いてくれる人だということがわかって、「筋道」立てて話ができたのであろう。その保健婦が「（控訴人は）又、母親は、決して〝ライ病〟ではなかったんだ！ということをも強調していた（かなり本を読んで勉強している）」と記している。

「亡母はライ病ではなかった」と言うとき、その意味は二通りに解釈できる。ひとつは、「亡母はライ病に罹ったことはなかった」という意味である。いまひとつは、「亡母はかつてライ病に罹ったことはあるが、ある時点で治癒してからは、ライ病ではなかった」という意味である。保健婦を前にして控訴人が主張したのは、後者の意味であったというべきである。そうでなければ、姪が、叔父（控訴人）は「（自分が亡母の）らいを治してやった」と、おそらくは自慢げに口にしていたと報告していることと辻褄があわない。また、控訴人が「かなり本を読んで勉強している」とのカッコ書きにある「本」とは、本一般ではなく、わたし自身、控訴人に聞き取りをしたときに目の前に示されたのだが、ハンセン病に関する専門書のことである。控訴人は、わたしたちの聞き取りのなかで、「（ハンセン病についての勉強は）中学校時代のへんから、徐々にやっとったね。大阪に行った当時から。でなかったらね、中途半端な知識を持っておったら、かえって恐怖心が湧くからな。ちゃんとせにゃいかんと思ってな」（甲第30号証、三九頁）と述べている。原判決が述べるように、控訴人が一九八三（昭和五八）年のこの時点でも亡母が「らい」に罹ったことを認識していなかったとしたら、中学しか卒業していない者がなぜハンセン病の専門書まで読み漁ったのか、平仄があわない。

以上、控訴人は、亡母がハンセン病を発症して、大阪へ移住し、阪大病院皮膚科別館に通院するようになった早い時点で、亡母が「らいに罹ったこと」を認識し、かつ、その後のある時点で、すでに亡母は治癒しており「もはやらいではない」という認識を持つに至ったのだ、ということができる。

なお、一九八〇〔昭和五五〕年七月一二日の訪問面接では、亡母が「自分はらいではなかったという証明書」がある、それは「神様〔神棚のことか〕にまつっている」と主張したが、そこには「なかった」との記録がある。これは、おそらくは、阪大病院皮膚科別館の伊藤医師が初診時に亡母に交付した「紅斑性ケロイド」「抗酸性菌は検出されず」と記載された診断書〔判決、七七頁〕を指しているのであろう。また、亡母は「どこにも自分の体には病的変化もないと、体を見てくれといって、裸になり背中をみせてくれた」とあるが、ハンセン病の後遺症がひどくない者は、地域社会に受け入れられたいと思うがゆえに、そのようにふるまうことがしばしばある。たとえば、一九二六〔大正一五〕年沖縄県生まれで、現在、国立ハンセン病療養所「星塚敬愛園」に入所中の宮平栄信は、わたしたちの聞き取りで、こう語った。「治ったといえば、治った。治らないといえば、治らない、ということだ。だから、ぼくは、一年にいっぺんは、自分の計算で、〔生まれ故郷の沖縄の〕島に帰って〔幼馴染みと会う〕。見たければ、パンツ一丁になるが、という気持ちですね。後遺症があれば、ああ、これはやばいなぁ、という気持ちにもなるけどね、そういう後遺症がないもんだから」[15]。ハンセン病に罹患したことがなかったと〝偽りの申立て〟をするときにせよ、すでに治癒している事実を受け入れてほしいと願うときにせよ、このような行動がありうることは十分に理解できることである。「非入所」のハンセン病回復者であった亡母の言動を理解しようとするとき、その背景の事情に十分な思いを巡らせる必要があるのだ。

5 まとめ

以上述べてきたところから、控訴人が亡母のハンセン病罹患を認識していなかったとする原判決の認定の誤りは明らかになったのではないかと考える。控訴人の亡母にまつわるどの行動を見ても、亡母のハンセン病罹患を知った上でのものと考えなければ、およそ了解不能なのである。

第6　控訴人および亡母が直接に受けた差別

1　控訴人が同級生から受けた差別被害

原判決は、中学校時代に控訴人が受けたと主張する差別について、「原告は、その本人尋問において、亡母がハンセン病患者であるという話が、〔関金町立〕鴨川中学校の学区内で広まったために、昭和三五年の春に、鴨川中学校の同級生たちが修学旅行で大阪を訪れた際、鴨川中学校の教師及び同級生から、無言で取り囲まれ、原告の問いかけにすら応じてもらえないという扱いを受けるなど、鴨川中学校の教師、同級生及び同級生の父兄から、差別的な取扱いを受けた旨の供述をする。／しかしながら、当時、社会一般に、ハンセン病は恐ろしい伝染病である旨（誤って）認識されていたのであるから、鴨川中学校の教師、同級生及び同級生の父兄が、ハンセン病患者の子であることを理由として原告を差別的に取り扱うのであれば、原告との接触を避けようとするのがむしろ自然であるところ、原告の供述によれば、鴨川中学校の教師及び同級生は、原告を無言で取り囲んだとのことであり、原告との接触を避けようとはしていないというのである。そうすると、仮に、鴨川中学校の教師、同級生及び同級生の父兄が、原告に対して、不利益な取扱いをしたことがあるにしても、その原因が、原告がハンセン病患者の子であるということにあったとはにわかに断ずることができない。／しかも、原告は、鴨川中学校において、同級生に対して暴力的な態度をとったことによって、同級生から恐れられていたことが認められるから、仮に、原告が、鴨川中学校の教師、同級生及び同級生の父兄から不利益な取扱いを受けたことがあるとしても、その原因は原告の暴力的な態度にあった可能性も否定できない」（判決、九二頁）と判示している。

前提として、当時、庶民一般にはどのような「ハンセン病」観が共有されていたのかを見ておこう。いみじくも、控訴人が「語り」で語っているところの、「〔この町の〕Tという集落（ぶらく）の地主さんがハンセン病にかかって、地主さんだって、宙ぶらりんになっちゃった。『ハンセン病の蔓（つる）だけ』ちゅう噂が、ずうっとあったんですよ。筋（すじ）だってこと。つねに、偏見と差別があった。いまでも、一軒だか親戚が残っておるらしいねんけどな。もう長いあいだ、村八分みたいになってる」（甲第30号証、三七頁）。この表象こそが、わが国の庶民の、当時の言葉でいえば「らい」に対する原イメージを構成していると言ってまちがいない。つまり、基本は、「らい」は、ひとつの「家筋」だということである。「狐憑き」や「犬神憑き」といった「憑きもの筋」と同じである。――かつて、人びとが「地動説」を知らなかったとき、〝太陽のほうが地球を回っている〟と信じて暮らすことに、なんの不便も感じなかったのと同じだと考えればよい。現象的には、それで十分に納得ができてしまうのである。「らい」も、特定の家系に憑き物のようにまとわりついている「家筋」の問題だという理解は、現象を納得するには無理のない理解であった。もともと、ハンセン病は、感染症だとはいえ、そんなに感染力は強くない。そういう意味では、患者と接したからといって、うつるわけではない。そのことは、庶民が長年の経験から皮膚感覚としてわかっていたのである。（そうでなければ、かつて、「らい」の人たちが乞食を生業（なりわい）として生きてこられたはずがないのである。乞食は、施しをしてくれる人たちとの、まさに接触を不可欠の要件としていたのである。）遺伝でもないから、その家系の人すべてに発症するわけでもない。ただ、現実には、生活環境を共にしてきたゆえに、ハンセン病患者の子やきょうだいに、相対的に多くの患者が出る傾向がみられた。そのことが、「家筋」としての「らい」という表象を、人びとが受け入れやすい素地としたのだ。

わが国政府の採った「強制隔離政策」は、このような庶民に根ざしていた「らい病」観を、〝感染力の強い怖い伝染病〟に置き換えようとする営みでもあった。そうしない限り、「強制隔離」に正当性を付与できなかったからである。しかし、「ハンセン病は恐ろしい伝染病である」と官民一体となって喧伝したからといって、一朝一夕に、人びとの「らい病」に対するイメージが、すっかりと入れ代わることはなかったのである。

この点につき、黒坂愛衣「黙して語らぬひとが語り始めるとき――ハンセン病問題聞き取りから」[16]（日本解放社会学会誌『解放社会学研究』第二六号、二〇一二年、甲第112号証）では、次のような事例が報告されている。なお、語り手のAさん（匿名希望）は、一九三六（昭和一一）年、沖縄の小さな島の生まれ。現在は星塚敬愛園で暮らしている。

沖縄戦を生き延びてしばらくすると、Aさんはハンセン病を発症、足に斑紋と結節が出た。一一歳のとき、通っていた小学校から「もう来るな」と言われてしまう。

《Aさん》ぼくがいちばんがっかり、いまでもがっかりしてるのは、ばあさん〔のこと〕です。俺、小さい〔ころ〕、ずっと懐の中に抱かれて寝ていましたよ。そのばあさんが、ぼくが学校から「病気だ」と言われてうちに帰されたときに、その時点から「自分たちは世間に合わす顔がない」と、まったく野良仕事もしなくなった。あれはショックだったです。それまでは、〔母親の病気の〕噂があったんでしょうね、ばあさんは「自分たちの家系には、そういう皮膚病は絶対うつらない」と言い切っていました。〔ところが、ぼくが〕病気になったということで、まったく外出しなくなった。Aさんは、三ヵ月間ほど自宅に閉じ籠もる生活を続けた。親戚がやって来て「箸や食器を別々にしろ」

と厳しく言ったが、オバは「この病気はうつらない」と主張。じつは、「浜に下ろされた」男女のあいだで生まれた子どもが、その祖父母に引き取られ、島の集落の中で健康に育っていた。オバは、Aさんよりも六歳ほど年上のこの子どもの例を挙げ、「この病気はうつらない」と言ってAさんをかばってくれたのだ。「あれは、だいぶ救いになったような気がします。差別はまったくなくて、おんなじ食事、おんなじ食器でやってきました」。

やがて結節が顔にも出るようになり、療養所への入所を決める。Aさんは一一歳のときに〔沖縄〕愛楽園のある屋我地島へ渡っている。（一六頁）

少し解説しておこう。Aさんの母親はハンセン病を発症し、Aさんが八歳のときに、沖縄愛楽園の前身の「国頭愛楽園」に収容されている。しかし、父方祖母は〝癩は特定の家系にだけ出る病気で、うちの家系には出ない〟と信じていた。祖母からすれば、嫁はヨソ者であり、うちの家系の人間ではないので、嫁が「らい」になっても、動じなかった。しかし、自分の孫であるAが発病したときは、ショックを受け、野良仕事さえ手につかなくなってしまったというのだ（祖母にとっての息子、Aの父親は、召集され、南方で戦死している）。そして、親戚の者がやって来て、うつるといけないから、Aの「箸や食器を別にしろ」と忠告しても、同居していた伯母が「この病気はうつらない」と言い張ったという。伯母の主張の根拠は、ハンセン病になって、集落から追放され、「浜に下ろされて」暮らしている男女のあいだに生まれた子どもが健康に育っている姿を身近に見ていて、「この病気はうつらない」という感覚を保持していたからだ。

要するに、この事例からもわかるように、お上のほうで「らい病は伝染力の強い恐い病気だ」と躍起になって喧伝しても、庶民レベルでは、そのような病像観に一挙に塗り替えられたわけではないというのが、現実なのだ。戦後になっても、古くからの「家筋の病い」という見方が、「強制隔離政策」に伴って喧伝された「恐い伝染病」という見方に完全に一掃されることなく、根強く残っていたのである。一方で、特効薬が開発されていなかった時代の、病いが進行すると、手の指が曲がり、顔かたちが崩れていくといった、「異形の者」イメージからする、忌み遠ざける感覚も存在していたことは確かであろうが、それはウツルという感覚とは別物である。

また、控訴人が郷里の中学校時代に受けた差別につき、その原因が、「ハンセン病患者の子であることを理由」としたものか、それとも、「暴力的な態度」への恐れかの、いずれなのかという問いの立て方は、差別の顕現ということを考えるさいには、まったく間違っていることを指摘したい。「あれも、これも」が現実に適合しているというのが、長年差別問題にかかわってきたわたしの判断である。

被差別部落で聞き取りをしていても、「ほかのみんなは差別されたけど、わたしは差別は受けなかった」と言う人がいる。そういう人は、腰を低くし、頭をさげて、部落外のひとに接してきたひとだ。そういう、あらかじめ差別に屈している人には、それ以上痛めつける必要性を感じないのか、差別する側からおめこぼしにあずかる場合が多いのだ。それに対して、理不尽なことに抗議をするひと、そういう部落のひとが、生意気だと差別を受ける。

控訴人の場合、相撲で「さばおり」という荒技を使ったりして、同級生から〝あいつは生意気だ〟とみられていた可能性がある。そういう状況下で、「母親がらいだ」という噂が流れれば、いまがあいつを押さえつける、ギャフンと言わせるチャンスだ、となる。「ハンセン病患者の子であること」と「乱暴者とみられていたこと」は、原因として、あれかこれかの関係にあるのではなく、まさに複合的に結びついて、控訴人への差別的扱いを引き起こしたと解するのが、自然であろう。(17)

2 大阪での近隣住民から受けた嫌がらせについて

原判決は、大阪において亡母および控訴人が受けたと主張する差別・偏見について、「原告は、その本人尋問において、亡母及び原告が〔大阪市西淀川区〕出来島の家〔＝四軒長屋〕で生活していた当時、亡母及び原告は、亡母がハンセン病患者であることを理由として、近隣住民から嫌がらせを受けた旨の供述をするところ、そのような事実が真に存在したとすれば、そのことを理由として、亡母に具体的な精神的損害が生じたと推認すべきものである。／この点については、まず、出来島の家の近隣住民が、亡母がハンセン病患者であることを認識できたのかが問題となるが、亡母には、〔前述のとおり〕顔、右前腕、右上腕及び左下肢の紅斑や両手の水疱などの症状があらわれていたことが認められるものの、一般に、ハンセン病の診断をした医師ですら、亡母の後遺症を『多発性関節リウマチ』などと診断し、ハンセン病とは診断していないのであるから、一般人が、亡母の外見から、亡母がハンセン病患者であると認識することができたとは考えにくい。／このように、一般人が、亡母の外見から、亡母をハンセン病患者であると認識することができたとは思われないことからすると、仮に、亡母及び原告が、出来島の家で生活していた当時住民から嫌がらせを受けた事実が存在するとしても、亡母がハンセン病患者であったことがその原因であったと断定することは困難である」（判決、八六頁）と判示している。

一般人にはハンセン病を認識することはできなかったとの判示の誤りについては既に述べたところであるが、この大阪での体験について、控訴人の「語り」をみてみよう。

〔大阪でわしと亡母が〕住んでおったところが、大阪市西淀川区出来島町。あの、〔室戸台風で流されたハンセン病療養所〕外島保養院はね、いまでいえばね、大阪市西淀川区佃町というところになっておるんだと思う。ひとつ隣。直線コースでいえば、五〇〇メートルぐらいのところに住んでたということですよ。中学校の二年当時、そこに魚釣りに行っとってボラとかウナギを釣った覚えがある。中島町の新しい堤防ができておる、そこの海の真ん中に煙突が建っておったですね。その当時は、なんの煙突かなぁと思っておったけれど、大橋があって、あすこが外島保養院だった。外島保養院が〔昭和九年の〕室戸台風で流されたときには、中島も流されておるはずやけれども、じゃ、どこに、みんなが助けを求めて上がったかといったら、出来島町ですよ。だから、〔ハンセン病のことは〕よぉ知ってましたよ、みんな。まわりの者（もん）、よぉ知っとった。〔母が〕こんな、変な、顔面神経麻痺になって……。ガラガラっと戸が開いたから、誰かなぁと思って〔出てみても〕、誰も来てへんわいな。朝になったら、黒い肉が、死んだのがあったりな。〔誰かが意図的に玄関先に放り込んだんだと〕まぁ、そうとしか言いようがないな。まわりの食堂屋とか喫茶店に行っても、もう〔一度行ったら嫌な思いをさせられて二度と〕行かんかったからな。珈琲のなかにゴキブリが入りよったりな。食堂で飯食おうとしたらな、やっぱり、なんかしらんけど、ゴキブリが入っておる。一回で、もう行かんと思った。ここらのまわりじゃあ、ちょっと買い物もできんわ、飯も食えんわ、っていう印象だった。（甲第30号証、四三頁）

大阪の住まいの戸口に、動物の死骸が投げ込まれた。近所の喫茶店に行けば、コーヒーにゴキブリが入れられた。食堂屋に行けば、飯のなかにゴキブリが入れられた。——尋常ならざる嫌がらせである。普通、いかに嫌な客が来たからといって、食べ物を扱う店の人間が、食べ物にゴキブリを入れたりはしない。入れられた客に「ゴキブリが入ってるじゃないか！」と叫ばれたら、たちまち食べ物商売は成り立たなくなってしまうことは必定だからだ。それなのに入れたということは、そういう嫌がらせをされても、その客が、自分のほうに後ろめたさがあって、叫んだりすることができない存在だということを知っていなければならない。

さらには、たとえ、その客が騒いだとしても、店に居合わせた他の客たちが、その客に対してなら、そのような仕打ちをしても当然であると了解してくれるはずだということが確信されていなければならない。

ここで少し回り道になるが、佐藤裕著[18]『差別論――偏見理論批判』(明石書店、二〇〇五年)に言及しておこう。この本で佐藤は、「三者関係モデル」のアイデアを用いて、「差別行為とは、ある基準を持ち込むことによって、ある人(々)を同化するとともに、別のある人(々)を他者化し、見下す行為である」(六五頁)と、差別の成り立ちを説明している。「三者関係モデル」とは、「差別する人」と「差別される人」の二者に注目するのではなく、そこに差別する人に「同化される者」を入れたモデルである。わかりやすく説明すれば、こういうことだ。差別するというのは、ある人(々)を他者化する(=除け者にする)と同時に、別のある人(々)を同化する(=共犯者としての仲間に引き込む)ことで、「われわれ」という関係を作り出すことである、と。

控訴人の「語り」を、この理論でもって、いまいちど説明しよう。出来島の店主は、控訴人を「ハンセン病患者の子」として「他者化」(=除け者に)する。と同時に、その場に居合わせた他の客たちに、みんなも、「ハンセン病患者の子」の仲間なんかじゃなくて、「ハンセン病患者の子」とは付き合いたくないという俺の仲間だよなと、無言で呼びかけ、「同化」を達成することで、結束した「われわれ」を作り出そうとしたのである。

客として来た控訴人の食べ物に何を入れても、彼は控訴人が声高に抗議できないことがわかっていた。仮に、控訴人が騒いだとしても、他の客はみんな自分の味方になってくれるとわかっていた。――そういう要因は、このケースでは、控訴人が「ハンセン病患者の子」であったという要因以外には、考えられない。もし、それを否定しようとするならば、上記の条件を満たす他の要因を具体的に提示しなければならない。

3 ハンセン病患者に対する差別語としての「手のくされ」「マンゴー」

大阪から鳥取に戻ってきた亡母が、差別語でもって侮辱された場面を、控訴人は二つ語っている。ひとつは、鳥取県大栄町に戻ってきた翌年の一九六八（昭和四三）年に、六〇歳になった亡母が町民検診に出掛けたところ、地元の医者に「手の腐れだな」と言われた出来事であり、いまひとつは、一九八四（昭和五九）年に養護老人ホーム「母来寮」に入所したが、そこで他の入所者に「マンゴー」という言葉を投げつけられたという出来事である。

〔ここへ戻ってきて〕町の健康診断があるちゅなことで、病院に行ったら、「おまえは、手の腐れだな」って言われたって言ってな、もう、そこへは絶対行かんかったな。それと同様なことがあって、〔地元の〕歯医者さんにも行かんかった。歯医者はどこに行きよったかといったら、汽車に乗ってな、〔遠くの歯医者さんまで〕行きよったな。（甲第30号証、四七頁）

けっきょく、いうたら、手が悪い。だから、うちのおふくろも、〔母来寮で〕「マンゴーや、マンゴーや」ってな、言われてな。こうやって、〔指が縮んだ手で〕箸を挟んで、飯を食いよったから。「マンゴー」。ここらの方言で言えば、「らいだ、らいだ」ちゅうことと一緒の意味があんねんけどな。手が、こんなんなってるからな。まぁ、カルテにも書いてあるようにな、口も、両側（りょうそく）の顔面神経が麻痺して。どうしても、やっぱり……、それで嫌われて、一緒に飯も食わさしてもらえんかった。いちばん最後にひとりで食事した。お風呂もそうやね。うちのおふくろは、すべて最後ですよ。そらぁ、垢も浮いてくれればな、いろんな、そういった環境のなかで、ね、いちばん最後の風呂に入ってな。ほんまに、まったく認めてくれやへん。（甲第30号証、五〇頁）

まず、町医者による「手の腐れだな」という表現が、ハンセン病罹患者に対する差別表現であることは、論を俟たない。一度「らいの噂」がたったものは、消え去ることはない。一九五九（昭和三四）年に、「らいの噂」が広がり、逃げるようにして大阪に行った亡母のことは、大栄町の住民たちの記憶からは消えていなかったということだ。その背景としては、一九六〇年代末のこの時代、戦前戦後に吹き荒れた「無癩県運動」によって植え付けられた偏見を払拭する人権教育も社会啓発も、まだなにもなかったことを押さえておかなければならない。[19]

しかしながら、控訴人が原審の「本人尋問において、亡母が、〔養護老人ホームの〕母来寮において、『マンゴー』（ハンセン病を意味する呼称）と呼ばれたり、食事や入浴を最後にされるなど、ハンセン病を理由とする差別を受けた旨を供述」したのに対しては、原判決は、「鳥取において、『マンゴー』という言葉は、摩滅して丸くなること（手の指が曲がっていること）を意味する言葉として使われているものであり、必ずしもハンセン病患者を意味するものではない。そうすると、仮に、亡母が、母来寮の職員及び入所者から『マンゴー』と呼ばれていたとしても、その事実は、母来寮の職員及び利用者が亡母の手が摩滅して丸くなっていることを認識していたことを示すものではあっても、亡母がハンセン病患者であることを認識していたことを直ちに示すものとまではいえないから、その事実のみを根拠として、母来寮の職員及び利用者が、亡母がハンセン病患者であると認識していたと認めることはできない」（判決、八六〜八七頁）と判示している。

わたしには、かかる判示は納得がいかない。わたしは、故・磯村英一先生[20]との共編で『マスコミと差別語問題』（明石書店、一九八四年）という著書がある。専門的立場から、差別語がいかなるものであるかについて、ここで述べておきたい。

差別語の大きな特徴のひとつが、止むことなき隠語化の傾向をもつ、ということである。まずは、部落差別問題での差別語を例にして、具体的に説明していこう。現代に至っても差別が解消することなく続いている部落差別問題は、前近代社会における賤民身分制度に淵源する。差別語は、そこでの身分呼称、「穢多」「皮田」「長吏」を侮蔑的に用いるところから始まる。「穢多」は「エッタ」となまることで、いわば口語化した差別語となった。「皮田」には、「坊」[21]の字が付けられることで、「皮田ン坊」となり、「皮ぼう」、さらには「カボ」となまっていった。「長吏」にも「坊」の字が付け加えられて、「長吏ン坊」、さらには「チョーリッポ」という差別語となった。しかし、これらの差別語は、あまりにも対象をストレートに名指ししていて、憚られる。――被差別者を、あからさまに指し示して侮蔑することが「憚られる」のは、ひとつには「後ろめたさ」であり、いまひとつには「潜在的恐怖心」ゆえであると考えられる。ことに、時代を遡れば、賤民とされた人たちは、特別な能力をもつ人たちだと表象されていた。すなわち、この世に邪気が充満し「穢れた」とき、それを「清める」能力をもつのが、かれらだったのである。ケガレをキヨメる能力、それは常人のなせる業ではない。その意味で、当時の支配層も平民たちも、賤民たちを、侮蔑しつつも畏怖していたと考えられる。

そういう意味で、被差別者をあからさまには名指さない、隠語化した差別語が、考案されていく。「穢多」身分の人たちに対して考案された隠語としての差別語が、「四つ」の語であった。かれらが皮つくりのために斃牛馬の処理をしていたことを取り上げて、「四本足」の動物を取り扱うところから、「ヨツ」を、かれらに対する隠語としての差別語としたのであった。しかし、「ヨツ」という差別語はあまりに広く流布してしまって、隠語としての要件を満たさなくなっていく。とりわけ、一九二二(大正一一)年に結成された水平社運動の高揚と、その糾弾の戦術が広く知れ渡っていくにおよび、「ヨツ」をさらに言い換えていくかたちでの被差別部落に対する差別語の隠語化は、どんどん進んだ。たとえば、親指を折り込んでの「トウチャン、ネンネ」の科白（「四本指」をイメージさせる）。あるいは、「レンガ一束」（レンガは四コで束ねられた）、さらには、「B29」（米軍の戦闘機B29は四発機であった）、あるいは、戦後にテレビ放映が始まった一時期には「NHK」（当時、NHKのチャンネルは四チャンネルであった）。こういう隠語であれば、ひそひそ話で差別の会話をしていて、たまたまそれが当事者の聞くところとなっても、言い開きができるからである。

ハンセン病問題での差別語も、隠語化によって成り立っていたと言える。そもそも、古くから日本では、ハンセン病罹患者を言い表すのに、「片居（かたい）」の語が使われた。社会の片隅に居る者たち、の意である。かれらが「乞食」を生業（なりわい）としていたところから、そう呼ばれたという。さらには、それがなまって「かったい」と言い表された。江戸の「いろは歌留多」には「かったいの瘡（かさ）うらみ」という文句が、大差ないものを見てうらやむことを戒めるものとして、取り入れられた。ここで「瘡」は、梅毒患者のことである。

こうして、日本各地で、ハンセン病患者に対する、明らかに差別的含意が込められた表現としては、「乞食」に連なる言葉が選ばれていった。九州南部では「コシキ」がハンセン病患者に対する差別語となった。奄美では「ムレッグワ」。沖縄では「コンカー」「クンチャー」。すべて、もともとは乞食を意味する言葉であるが、人びとの口にされるときは、ハンセン病患者に対する侮蔑語としてであった。あるいは、他にも、連想をたくましくして、さまざまな隠語化した差別語が作られ流布していった。東北地方では「ブンヅー」が、それである。これは、もともと、山葡萄の意味であるが、それが熟して、潰れたときのイメージを、治療手段がなかった時代のハンセン病患者の重篤化した症状に重ね合わせたものである。あるいは、ハンセン病の後遺症で、手の指が落ちた状態を指して、「生姜手」「スリコギ」といったものも、隠語化した差別語となったという報告を、わたしは受けている。手指が曲がりあるいは多数の指が失われ達磨のようになるというのは、ハンセン病に極めて特徴的な後遺障害である。鳥取地方で摩滅して丸くなることを意味するという「マンゴー」という言葉が亡母に向けられたことは、まさにその特徴的な後遺症を直接に示すものであって、その系列の、隠語化した差別語であると判断するのが妥当であろう。

第7　控訴人および家族が受けた《家族被害》

1　《家族被害》の本質は《家族関係の綻び・ねじれ・切断》

さて、以下においては、甲第30号証を素材にして、控訴人に「ハンセン病家族」としての「被害」があったのかどうか、あらためて検討していこう。そのさい、常に意識しておかねばならないのは、社会的差別は、わたしが『現代社会学事典』で定義したように、「意識、態度、表現、行為、そして、その帰結としての社会的格差のある生活実態」にまで及ぶ広がりのあるものだということである。つまり、差別語を投げつけられること、差別表現の対象とされること、あるいは、面と向かっての露骨な態度をとられることだけが差別ではない。差別は、もっと構造的なものでもありうるのである、という視点を欠かせない。

黒坂愛衣は『ハンセン病家族たちの物語』(甲第98号証)において、《ハンセン病家族》の被害の本質を次のように捉えた。

ハンセン病にかかった本人が、郷里から引き離されての療養所収容や、隔離された空間での長期にわたる生活、郷里の家族との関係の綻び・ねじれ・切断を体験していたように、ちょうどその裏返しとして、ハンセン病家族たちもまた、病気の肉親から長期にわたって引き離され、さまざまな社会関係にお

ける差別や排除、そして病気の肉親との関係の綻び・ねじれ・切断を体験していた。（四頁）

一言で言えば、「強制隔離政策」によってもたらされた《家族被害》の本質は、《家族関係の綻び・ねじれ・切断》として現象したのだ、ということである。

〝いや、そういうことが言えるのは、患者が収容隔離された家族についてだけであって、患者が非入所のまま社会で暮らし続けた場合には、あてはまらないのではないか〟という批判もありえよう。

しかし、わたしたちが、このかんずっと、ハンセン病問題を調査してきて到達したひとつの知見は、次のようなものである。

福岡と黒坂は、ここ数年、北は青森から南は宮古島まで、各地の国立ハンセン病療養所を訪ねて、入所者の方からの聞き取りを少しずつ重ねてきた。そのなかで、「療養所に入ることができて、ありがたかった」と語るひとに、何人もお会いしている（もちろん、「療養所に入れられて、ひどいめにあった」という人びとにも）。彼女ら／彼らのお話を聞くと、そんなふうに思うようになる経緯がよくわかる。あるひとは、子どもの頃、発病したことがムラじゅうに知れわたり、近所の子どもたちから石を投げられたばかりか、井戸に土砂を投げ込まれて使えなくされたという。彼は、療養所に入所したとき、「正直、ホッとしたんですよ」と心情を語った。また、別のひとは、発病したあともずっと自宅にいたのだが、喉に結節ができ、生きるか死ぬかの状態になっていた。診てくれる病院がどこにもなく、療養所に来てはじめて治療してもらい、ようやく生きながらえることができたという。「療養所に来て命が助かった。だから、わたしは国を訴える裁判の原告にはならなかったんです」と語った。

「療養所に入れられて、ひどいめにあった」体験だけでなく、上に紹介したような「療養所に入ることができて、ありがたかった」体験をも含めて、当事者の語りを聞いていくことによって、つぎのようなことがみえてくる。――隔離政策のもと、この病気を病んだひとに作用した社会的制度的な力は、〈当人の意思にかまわず強制的に療養所へと引っ張ってきて閉じ込める〉収容・隔離の力だけではなく、市民社会から患者の居場所を徹底的になくして、〈入所を患者みずからに望ませる〉抑圧・排除の力があったこと。その両輪によって、患者を療養所に入所せしめていたという事実である。(22)

「らい予防法」にもとづく「強制隔離政策」と官民一体となった「無癩県運動」は、地域社会のなかからハンセン病患者の「居場所」を奪う「抑圧・排除の力」と、嫌がる患者をも無理やりに「療養所」に閉じ込める「収容・隔離の力」という二つの力として展開されてきたというのが、わたしたちのハンセン病問題理解の基本的骨格である。

「非入所者」の場合、たしかに、療養所に収容・隔離はされなかったけれども、地域社会のなかの「居場所」を脅かす力には、終始さらされ続けてきたことになる。その限り、「非入所者」の家族も、《家族関係の綻び・ねじれ・切断》を余儀なくされてきたとしても、不思議ではない。(23)――そこを、控訴人を中心に置きつつ、T家にあっては、どうであったかを、控訴人の「語り」もしくは「聞き取り」から引証しつつ、検証していこう。

2　婚姻をめぐる被害

(1) 次姉の二度目の離婚

亡母がハンセン病に罹患したという噂が立ち始めたことでの、長兄が「妻に去られた」件、そして、次姉の最初の「離縁」については先に述べたので、ここでは繰り返さない。

控訴人の「語り」によれば、次姉の離婚は、一度ならず二度もあった。

〔わしは、昭和三四年、中学二年の〕五月に〔大阪へ行った〕。（中略）わしが行ってしばらくして、〔田舎の家を処分したカネで〕長屋っていうんかな、十坪ぐらいのね。四軒長屋〔の一室を買った〕。そんで、大阪に行ってはじめての盆に帰ってきた。そのおなじ年の、昭和三四年の八月。そんときに、〔嫁に行っとった〕次姉が、〔妊娠〕八ヵ月ぐらいになっとったかな、大きな腹をして、いっしょに付いてきた。〔このまま嫁ぎ先にいても〕苦労せないかんということでな。（甲第30号証、四二頁）

かかる動向にかんしては、原判決も「亡母及び原告は、昭和三四年のお盆に、一時的に、鳥取に帰省した。その際、鳥取県東伯郡三朝町のI家に嫁いでいた二女が、亡母の下を訪れた。そして、二女は、亡母及び原告とともに大阪に行き、その後大阪で生活するようになった。なお、二女は昭和三四年九月一〇日に離婚〔手続きを〕した」（判決、七八頁）と判示しているところである。

この次姉の「二度目の離婚」の原因については、原判決も控訴人の「語り」も明示的には示していないが、ここで言及しておかなければならないことは、控訴人の「語り」によれば、次姉はこのとき「中絶」を余儀なくされているということである。

〔妊娠〕八ヵ月もなるような子どもをな、カネで堕ろすようにしましたもの。いまでは〔医者は〕よぉせんと思うねんけれども。医師法違反になるからな。うちのおふくろがな、カネで〔頼み込んで〕。頭つぶして、出した、ほんま。大きな腹してな、大阪に付いてきて、〔堕胎〕しましたよ。男の子やったって言われたな。もう、髪の毛があったと言うとったけどな。（甲第30号証、四二頁）

わたしの理解では、そもそも、この次姉の二度目の結婚自体が、ハンセン病への差別が渦巻く状況のなかでの、一種の犠牲として余儀なく選択されたものであった。控訴人の「聞き取り」によれば、「〔次姉の〕二回目〔の結婚〕は、〔亡母が〕ハンセン病だっていう承知（しょうだく）でもってな、三朝（みささ）の家に嫁に行ったわね。親戚の、親戚、親戚のね、仲人みたいのでね。そういうな、大きなウワサになっておった〔からね〕」とのことである。

この時代、いわゆる「出戻り」の女性が独り身で暮らしていくことはきわめて困難であった。それゆえ、〝親戚の親戚の親戚〟というツテを頼って、亡母が〝厄介な病気〟に罹ったことを承知のうえで、次姉をもらってくれる相手を探したということだ。そして、じっさい、嫁ぎ先の相手は〝条件のいい〟人ではなかったようである。次兄の陳述によれば、「妹は、最初、生田という部落の家に嫁いだのですが、母の病気が原因で家に帰されたと聞いています。籍を入れる前に母の病気のことが噂になって、『大変だから、いんでもらう』ということになったのです。／次に妹は、三朝のＩ家に嫁ぎましたが、結婚相手は、ちょっとトロかった（生活能力のない）人でした。結局、そういう人しか結婚相手が見つからなかったのだと思います。妹は、その人と一緒では生活できないと考えたのか、身重の状態で離婚しました」（甲第77号証）。

いまであれば、〝そんなことをするなんて、差別だ。人権侵害だ〟と言う人もいるであろう、結婚に際しての「身元調査」が、この時代はまだ当たり前のこととしてまかり通っていた。身内から「らい患者」が出てしまうと、親戚関係のツテをたどって、承知の上で結婚してくれる相手を探さざるをえなかったのである。(24) その意味で、次姉が、このような自分の意に染まない結婚を余儀なくされたこと自体、ハンセン病差別のひとつの犠牲であった、と言うべきである。

なお、次姉は、先述の「親戚会議」にはまったく呼ばれずにいたのだが、控訴人は「聞き取り」でこう語る。「自分の知らんうちに〔亡母が大阪へ〕行っちゃってて。〔親戚の〕おばさんやなんかと倉吉のバスの停留所で会う〔て、はじめてそのことを聞い〕たら、大泣きしたっちゅうようなことやな。そら、そうだわな。一言も、声もかけずにな、実家〔いえ〕が、〔頼るべき〕財産そのものが、なくなっちゃったんだからな。そんなとぼけた話は、わしは、ないと思う」と。

ところで、原判決は、次姉の離縁（離婚）と亡母の被害との関係について、「亡母自身が、具体的に、差別的な取扱いを受けたことを示すものではない。そうすると、亡母がこの二女が差別的な取扱いを受けたことによって被った精神的苦痛は、非入所者としての社会の人々から様々な差別的取扱いを受ける地位に置かれたことによる損害の一内容として考慮することをもって足りるというべきであって、前記1に指摘した損害とは別個の損害であると評価するのは相当でないというべきである」（判決、八四～八五頁）と判示する。ちなみに、「前記1に指摘した損害」とは、「新法の隔離規定及び隔離政策が、国民に対して、ハンセン病患者は、地域社会に驚異をもたらす危険な存在であり、隔離されなければいけない存在であるという偏見や差別意識を植え付けたことにより、ハンセン病患者は、社会から偏見・差別を受ける地位に置かれることになった。そのため、ハンセン病患者は、様々な生活上の不利益を被り、それによる精神的被害を受けたと考えられる。特に、非入所者は、地域社会において偏見・差別を受けることを避けるために、自らがハンセン病に罹患していることを隠しながら生活を送らざるをえず、そのような生活を送ることを強いられたことによる精神的損害を被ったと考えられる」（判決、八三～八四頁）というものである。

これは、原判決が「被害」を「ハンセン病に罹患していることを隠すことの精神的損害」だけに押し込んでしまったことから生じた誤った認定だと指摘できる。

わたしたちは、〝自分がハンセン病に罹ったばかりに、家族に迷惑をかけた〟として、その罪責感に苛まされ続けてきたハンセン病罹患者の語りを数限りなく聞き取ってきた。これは、隠す／隠さないとは別次元の苦渋なのだ。

(2) 親戚にまで及ぶ被害

T家をめぐる結婚差別の話は、これに留まらない。控訴人の「語り」に、こうある。

それから、これだけは話しておかないかんけどな、うちの親戚のKという家ね、父親の妹であり、うちのおふくろの従姉妹。その家が、いちばん被害にあったなぁ。いろんなかたちで、うちのおふくろの話が出て、縁談も破談になった。ようやく結婚して、子どもも一人おったということやねんけれども、まだ、相当に若かった、昭和四〇年代にな、首吊って死んだと。やっぱりな、つらい思いをしてきておるんだから。わしが墓参りに行ったときに、その〔父の〕妹が大泣きをしておった現場も見てますしな。うちらの場合、外へ出てしまったから、そこまでもいってぇへんけどもね。やっぱり、〔亡母が〕あれぐらいの〔後遺〕障害をもって、〔大阪へ〕出て行った。その姿をみんなが見ておるからな、誤魔化しきかんですよ。(甲第30号証、五六頁)

ここでもまた、亡母の縁者が、一人、自死している。痛ましいことだ。

(3) 控訴人の「語り」「生涯独身」の決意の意味するもの

控訴人は、「語り」でこう語っている。

わしはねぇ、結婚とか家庭とか持つのは諦めたからね。いわば、諦めることによって、ちょっと、楽になりました。そういった面において。わし、〔亡母の病気のことを、ひとに〕説明するの、気が悪かったけぇ。嫌やったな。だから、まぁ、そういった考え方。すべての人生を諦めた。〔諦めたのは〕親をみにゃいかんと思ったときからな。(甲第30号証、四四頁)

控訴人が「〔自分が〕結婚とか家庭とか持つのを諦めたのは、親をみにゃいかんと思ったときだ」というのは、年上の兄姉たちの誰一人として亡母の面倒をみようとせずに、末っ子の控訴人と亡母だけが、大阪の

「四軒長屋」に取り残されたときだ。

〔大阪で、最初のうちは次姉と四兄も一緒にいたけど、みんな〕すぐに出てしまって。——ちょっとでも食べていく〔足しにしようとして〕次姉がお好み〔焼き〕屋〔やったけど〕、お好み〔焼き〕屋ぐらいじゃあ、食べていけるちゅうようなあれじゃなかった。わしが〔中学校を〕卒業する前に、次姉は〔ふたたび〕結婚して、〔長屋を〕出てましたよ。〔次姉は〕それだけの体験〔あれ〕をしとるから、もう、自分の身をかためて、自分を保護するというので、精一杯。ひどいめにあっちゃったから。

〔三兄は、中学校を〕卒業したあと、自転車屋に奉公に行っとって。そこで、自転車だとかバイクの修理ができる具合になっとった。〔それで〕少しでも米でも〔うちに入れて〕もらえればちゅなことで、〔亡母が〕自転車屋をやらせるねんけれどもな。自転車屋も二年ぐらいで、いかんかったな。

〔四兄は〕逃げるのは早かったな。自衛隊に行った、逃げるために。（甲第30号証、四二〜四三頁）

ここでは社会的差別が「構造的」であることを説明しようと思うが、本件に関する考察に先だって、まずは部落差別の問題を例にとろう。江戸時代の「身分制度」が厳格化されていた時代には、そもそも社会事象としての「結婚差別」は起こりえなかった。結婚を前提とした身分を越えての接触自体が制限されていたからである。この状態は、基本的に、一八七一（明治四）年に「穢多非人等の称廃せられ候条、自今身分職業とも平民同様たるべきこと」との「賤称廃止令」が出された後もなお続いたのであり、有名な「高松結婚差別裁判糾弾闘争」が「全国水平社」によって展開されたのは、やっと、一九三三（昭和八）年のことである。この事件は、部落出身者が知り合った女性に「部落出身」を告げずに結婚を申し込み、同棲生活を始めたことが、「誘拐罪」に問われ懲役刑に処せられたものであるが、それに対して、全国水平社が激しく糾弾闘争を展開し、担当裁判長は辞任に、所轄の警察署長は更迭に、担当検事も左遷そして辞任に追い込まれたものである。要するに、部落出身者の側に、部落外の者との結婚は「身分違い」で望むべくもないという意識が貼り付いているあいだは、むしろ、事象としての結婚差別は起きず、自分たちも同じ人間であるとして、「人の世に熱あれ、人間に光あれ」との言葉で結ばれる「水平社宣言」のような人権意識が芽生えてきた段階で、事象としての結婚差別が多発するようになるわけである。——わたしが何を言いたいかと言えば、亡母のハンセン病罹患の噂が立ったことによる、長兄の、そして次姉の、度重なる結婚の破綻を目の当たりにしてきた控訴人が、事前回避として「結婚しないこと」を選択したということのほうが、直接「結婚差別」を体験するよりも、もっと差別の壁は厚く差別の溝は深いのだ、ということである。(25)

そして、控訴人が、ハンセン病に罹患し、ハンセン病の後遺症をもつ亡母と一緒に暮らしていくかぎり、結婚は望めない、諦めたほうがよい、と考えたことは、けっして単なる杞憂ではなかった、と言わざるをえない。熊本地裁に向けて「ハンセン病家族集団訴訟」が提訴されるという動きのなかで、(26)新聞各紙がこの問題を大々的に報道し始めた。『朝日新聞』二〇一六、二、四付は、「差別・偏見 子も苦しめた／ハンセン病隔離政策 一五日に集団提訴／『うつる』結婚破談に」の見出しのもと、熊本市在住の男性の「引き裂かれた結婚」の体験を、次のように報道した。

「治る病気なのに隔離を続けた国に、家族のつらい人生を知ってもらいたい」。熊本市の三〇代男性は、父が元患者だ。国立ハンセン病療養所「菊池恵楓園」(熊本県合志市)近くのアパートで家族で暮らした。／男性が高校生になったころ、授業でハンセン病を取り上げた劇を観賞した話を父にした。父は顔をこわばらせて、自分が元患者だと初めて告白した。「差別を受ける」「人からあまり好かれない」と言った。／それ以来、男性は友人や同僚に「元患者の子」であることを隠し通してきた。／一〇年ほど前。結婚を考える交際女性に父のことを話した。女性は受け入れてくれたが、女性の両親は違った。「娘に病気がうつる。どう責任を取るんだ」。無理やり別れさせられた。／毎晩のように泣いた。「この先、結婚できるのか」。不安の矛先を父に向け、「病人は近づくな」と当たった。父も「ごめんな、俺のせいで」と涙を流して謝った。／振り返れば、学校行事に来るのはいつも祖母。父が運動会に現れたことはあったが、昼食は車の中で二人だけでとった。「偏見を受けてきた父なりに気にしていたのでは」といま思う。／男性はその後、結婚したが、一度受けた差別への恐怖を拭えない。幼い娘に父のことを伝えるべきか。迷い続けている。

わたしたち自身も、菊池恵楓園からの退所者の男性A（一九四三年生）から、自分の娘が結婚差別を受けた話を聞いている。

子どもが、彼氏ができて。うちに連れてきたんです。〔相手の青年は〕まだ、二四、五だったかな。〔そして〕うちの子が、二三か、四ぐらいだったかなァ。そしたら、「お父さんの顔見て、びっくりした。もう付き合いはやめる」と〔言われたって〕。「お父さんがこわい、と言われた」って。[27]

『朝日新聞』の取材に応じた青年が、いま三七歳。「ハンセン病家族集団訴訟」の第一次原告五九名中の最年少である。結婚差別を受けたのは二〇〇六年のことだ。[28] Aの娘は一九七六年生。差別を受けたのは、二三、四歳のときだというから、一六年ほど前のことだ。――いまだに、「ハンセン病家族」であることを理由にした結婚差別が横行している、と言い切ってよいだろう。その後、Aの娘が結婚したという報告をわたしたちは受けていない。いまだに、心の傷を負ったままである、と考えられる。

控訴人が少年時代に抱いた結婚への不安は、けっして杞憂ではなかったのだ。差別されることを恐れて、人生の上で大事なことであっても、それを事前に諦めることで、差別を回避する行動。それも、被害の実態のひとつなのである。

「なにかをしないこと」「なにかをなしえないこと」も被害を構成するということが理解できなければ、差別というものが「構造的」であるということを理解できない。ハンセン病患者に対する「強制隔離政策」の一環として展開された「優生政策」を例にして、説明しよう。

わたしは、「ハンセン病問題に関する検証会議」の「検討会」の中に設置された「被害実態聞き取り調査班」の責任者として、二〇〇三年に「調査員のためのガイド付き『ハンセン病問題被害実態調査』調査票」を作成した。その「優生政策」の項目では、わたしは以下のように書いた。

ハンセン病の患者さんたちにたいする「絶対隔離絶滅政策」を考えるとき、《入所の強制性》とならんで重要なのが、《優生政策の貫徹度》だと考えています。つまり、ハンセン病の患者さんたちをひとり残らず療養所に閉じ込め、そして、子どもを産ませないことで、その絶滅をはかる、というのが、「絶滅政策」なわけです。

青木美憲先生(29)が一九九七年に「邑久光明園」でおこなった調査によれば、男性一七三名中五九名（三四・一％）が断種手術を受け、女性一二八名中二二名（一七・二％）が堕胎を経験しています。男女あわせると、三〇一名中八一名（二六・九％）が断種もしくは堕胎の手術を受けた、ということになります。では、この二六・九％の人たちだけが「優生政策」の犠牲者なのでしょうか？ そんなことはないですよね。夫が「断種」させられていれば、その妻は「堕胎」を経験していなくても、子どもの出産はできないわけですから、その妻も「優生政策」の犠牲者のはずです。逆もしかりですよね。

さらには、療養所入所者の方は、男女の割合がアンバランスでした。一九九七年の「邑久光明園」での調査協力者は、男性一七三名対女性一二八名でした。二〇〇二年六月時点での「駿河療養所」での、本多康生さん(30)の調査への協力者は、男性八〇名対女性四四名です。明らかに、男性のほうが多いのです。(31)

そうすると、男女比のアンバランスの結果、結婚したくても、相手がみつからなくて結婚できない男性たちが大勢いたことになります。――この時点で、彼らは「優生政策」の犠牲者ですよね。あるいは、ハンセン病にかかったからには、子どもはつくらないほうがいいのだ、と自分で決めた人も、「優生政策」の推進者の側からみれば、もはや、断種・堕胎をしなくても、〝処理済みの人〟ということになりますよね。

等々というかたちで考えていきますと、「優生政策」の対象外となったのは、ハンセン病にかかる前から、なんらかの理由で、生涯独身を貫くと決意していた人ぐらいになります。そして、「優生政策」の網の目をくぐれたのが、数は少ないけれども、園内での結婚により、妊娠し、お目こぼしで、あるいは、実家などへの里帰りが許されて、出産できたケースということになります。

以上のところを、全体的に押さえたいと思っていますので、《入所の強制性》のときとおなじように、語り手の方のお話をじっくり聞き取ることで、どの回答選択肢に該当するかを判断してください。また、さまざまな体験についての詳しい聞き取りもお願いします。

まだわたし自身がハンセン病問題で当事者からの聞き取りをしておらずに、文献を読み漁っただけの時点での考察なので、「『優生政策』の対象外となったのは、ハンセン病にかかる前から、なんらかの理由で、生涯独身を貫くと決意していた人ぐらい」とか「『優生政策』の網の目をくぐれたのが、数は少ないけれども、園内での結婚により、妊娠し、お目こぼしで、あるいは、実家などへの里帰りが許されて、出産できたケース」とか述べている箇所など、甘いところが目立つ(32)。

それはともかく、わたしが「調査票」に託した考えは、「優生政策」は子を産むことの禁止である以上、「断種」された男性だけが、「堕胎」もしくは「不妊」の手術を施された女性だけが、被害者ではない、ということである。夫婦をペアで考えた場合、夫が「断種」されていれば、妻は「堕胎」もしくは「不妊手術」をされていなくても、夫婦ともに被害者である。さらには、隔離収容された療養所内では、発症率の違いにより、圧倒的に男性が多く、女性が少なかった。それゆえ、療養所内では、生殖行為の相方に恵まれなかった男性が入所者の半数を越えていたのだ。かれらも、まさに、「優生政策」の被害者であった。すなわち、「断種」の対象とすらされなかった入所者のほうが、「脱走」によって子を持つ可能性さえ奪われていたという意味では、徹底した被害者であったのだ。(33)──この場合では、「なにかをされなかった」者のほうが、ある意味で、より根底的な被害者であった、と言いうるのだ。

それとおなじで、控訴人は、中学生にして、ハンセン病差別ゆえの長兄と次姉の結婚の破綻を目の当たりにしていたのであり、若くして、自分は結婚しないで、ハンセン病罹患者の亡母の世話をしながら生きていくと決意し、結果的にも、いまに至るまで独身を通している。「強制隔離政策」「無癩県運動」という国をあげての過ちがなければ、いまごろ、控訴人は、ともに年取った配偶者、子世代の夫婦、そして孫たちに囲まれた生活をしていたのではないかと思えるのだ。それを奪ったのは、国の過てるハンセン病政策であったのだと結論づけることに、異を唱えることができる人がいるのだろうか?

3 家族の崩壊と亡母および控訴人の孤立

(1) 関金町山口のT家とは、どんなイエだったのか

控訴人が生まれ育ったT家とは、どんなイエであっただろうか。迂遠なようであるが、ここで、控訴人の「聞き取り」で得られた情報を主たるデータとして、おおよそのところを見ておこう。控訴人の肉親たちの言動を理解するには欠かせぬ情報であると、わたしには思われるからである。

控訴人が生まれ育ったT家の所在地は、現在では鳥取県倉吉市に併合されているが、かつては、鳥取県東伯郡関金町（せきがねちょう）山口であった。岡山県との県境に近い山村であり、山口という集落は戸数二〇数戸であった。そのなかで、T家は、「佐々木源氏」の流れをくむと言い伝えられ、かつては「中原家改め伊藤家」を名乗り、さらに「元禄の時代にTになった」という。そして、「明治初期」には「判任官[34]」を務めていたという。その人が神道の一派の「黒住教の教師（せんせい）」でもあって、「関金町にだいぶ広めた」という。じっさい、二〇〇六（平成一八）年一二月二三日、控訴人からの聞き取りを終えたあと、わたしたちは彼の案内でT家の墓所を見せてもらったが、黒住教の定めに則った立派な墓石であった。――控訴人の生家は、そのような旧家の本家であったのだ。

暮らしぶりはと言えば、「暮らしはねぇ、そんなに、飯をはずしたりなんかする家ではなかったね」「農村といっても、年に二回ぐらいは、蚕を飼ったり。田んぼも、当時は八反から九反あったかな。〔それと〕裏山がうち〔のもの〕やったからな。〔父の死後、大阪から戻ってきて跡を継いだ〕長男がちょっと山を売って、また田んぼなんか買うたからね、結局、一町ぐらいにしとったけどな」「田んぼはね、大きな棚田（たなだ）とちがうよ。こんまい棚田。小さい段々を何個も集めて、一反つくることになる、というようなね。まぁ、そういった場所でしたね。〔でも〕ムラのなかでは、いちばん百姓をしとったということが言える。ムラの平均反別が二反ぐらいのところでな。もう、炭焼きだけで〔細々と〕生計を立てておる家（ところ）もあったからね」「当時は〔多くの農家が〕馬を飼ってた。ただ、なんていうかな、〔よその〕農家に行けばね、『こんにちわぁ』って入っていけば、玄関先で『ヒヒーン』と。うちだけは〔母屋とは〕別に馬小屋と牛小屋があった。〔馬だけでなく〕牛も飼っておった」。――山村ではあるが、山口という集落のなかではT家が有力なイエであったことが、控訴人の「聞き取り」から十分に伝わってくる。

そして、姻戚関係を見ていくと、T家は同一集落内および近隣集落の有力なイエとのあいだに濃密な結び付きを形成していたことがわかる。控訴人の父方祖母はM家の長女であったが、T家に嫁入りした。控訴人の亡母はN家[35]の次女であるが、その父親は元々M家の次男であったものが、N家の婿養子となったものである。つまり、控訴人の父方祖母と控訴人の亡母の父（＝母方祖父）は、姉弟の関係にある（つまり、控訴人の両親はイトコ婚にあたる）。また、控訴人の次兄が子どものときに養子に出されたU家[36]は、そもそも、控訴人の亡母の叔母にあたるN家の末娘の嫁ぎ先であったが、子に恵まれず、控訴人の次兄を跡取りとして養子に迎えたものである。――すぐには理解が難しいほど入り組んだ親戚関係・姻戚関係のからみあいであるが、かつての農村では、社会階層的に高い位置を占めていたイエ同士のあいだでは、このような現象は珍しいものではなかった[37]。

このような親戚関係・姻戚関係のからみあいのなかで、控訴人の次兄が子どものときにU家に「養子」にやられたということのもつ意味も、押さえておかなければならない。このことが、のちのちまで、控訴人と次兄との不仲の一因となっていると思われるからである。

控訴人は、一九六七（昭和四二）年に母と一緒に大阪から鳥取県大栄町の由良宿へと引き上げてきて、五年ほど母とふたりの生活を続けたあと、出稼ぎに出るようになった理由を、「聞き取り」でこう述べている。「〔地元の運送会社で働いても稼ぎは〕安かったよ。でも、いちばん本質的な面はね、やっぱり、次兄の根性がわかったから、嫌になった、田舎というところがな。それがいちばん。『六つのときに〔他家の〕養子（こども）にやらされたっていう意味がわかんだかぁ！』ちゅな話だでな。『いらん子は、〔他家の〕養子（こども）にやるもんだ』ちゅなこと言ってな。それ聞いたら、もう嫌になった。〔次兄にしてみたら〕それは大変であったということは事実やけどな、わしに言ってみたって知らんやんか、そんなこと。わし、〔次兄が〕養子（こども）にやられた当時なんか生まれてもせぇへんわ。〔年が〕一四も違うのに。〔次兄が養子に出されてから〕八年もたって、わし生まれとんじゃ」「〔次兄は、養子に出されたことを〕恨んどった」。

次兄が養子先で苦労をした原因は、半農半漁を業としていた養父が「海の事故で」死ぬという不幸があったからで、それからは、「亡母がいちばん心配して、相当に〔無理をしてでも、U家の百姓仕事に〕手伝いに来とんねんけれどもな、〔次兄は〕その意味さえもわかって、いいほうには取ってくれてなかった。わしの親父は兵隊に行っとるしね。〔母親は〕ひとりでこんなことしよった。それが、無理が祟ったんとちがうかな、というのがわしの意見ですよ。その当時、飯も食えんようなひともかなりおったんやけどな。それに比べたら〔T家は〕人並みぐらいには十分に食えてたのに、〔無理を重ねた亡母が〕こんな病気になった。まぁ、〔運命で〕選ばれた人って言ってしまえば、それで終わるけどもな。ただ、両方の掛け持ちの百姓が、〔亡母には〕ちょっとしんどかったんとちがうか。わしからみたら〔そう〕言えますわね。それを〔次兄は〕、ちゃんとよぉ手伝いにきてくれた、っていうような感覚で捉えてなかった。田舎がもう嫌になりましたよ。次兄と話をするのがな。それからは出稼ぎするようになったねんけれども」。

次兄は、自分が要らない子だから他家に養子に出した（＝棄てた）として、亡母を恨み続けたようである。しかし、じつのところは、次男坊を他家に養子に出すことを決めたのは、次男坊の両親ではない。そのようなことの決定権は、もうひとつ上の世代である祖父母が握っていたと理解すべきである。実質的に采配を振るったのは、控訴人の祖母であったろう（祖父は、控訴人の三兄が生まれたころに亡くなったというから、すでに一九三三（昭和八）年ころには亡くなっている）。この祖母は、控訴人の長兄を「〔イエの跡を継ぐ〕長男」としてかわいがっていたという。八二歳まで長生きした祖母は、年老いて「中気（ちゅうき）」になり、「痴呆の気（け）」が出るまでは、もともと「M家の長女」であったという立場ゆえ、「親戚〔関係で〕の権限というのは強かった」。――亡母からすれば、自分の決断で〝次男坊を棄てた〟わけではない。自分で棄てたなら、謝りようもあるが、自分の意のままにはならないところでの決定に従わされただけだから、かえって、次男坊にたいする〝相済まない〟という気持ち、おなかを痛めた子を取り上げられるのを防げなかった夫と自分への〝ふがいなさ〟の思いを抱いたまま、養子として手放した次男にはどういう態度で接してよいかわからなかったのが、実際であったろう。[38] こういった養子縁組は、入り組んだ親戚関係・姻戚関係にある数軒のイエの存続を優先する論理で決められたものであったのだから。

次には、控訴人の兄姉の学歴を見ておこう。控訴人には、四人の兄と二人の姉がいた。

控訴人より一六歳年上の、一九二九〔昭和四〕年生まれの長兄は、「この〔鳥取県の〕中部でいちばんいい高校っていうかな、倉吉東高に行ってます」。[39] 年回りからいって、新制になったばかりの「鳥取県立倉吉第一高等学校」を卒業したのではないかと推測されるが、この時代に、田舎の山村の出身者が高校を出ているということは、特筆すべきことであり、T家がそれだけの財政的バックアップができる家であったことを窺わせる。そして、長兄は、生まれ故郷ではエリートであり、知識分子であったと言うことができる。

控訴人より一四歳年上の、一九三一〔昭和六〕年生まれで、U家の養子となった次兄は、「〔長兄と同じ高校を〕受けたんやけど、すべって、農業高校に行った」。やはり長い歴史と伝統をもつ「鳥取県立倉吉農業高等学校」を出ているのであろう。農業高校にせよ、この年代で高校を出ているということは、恵まれた存在であったと考えられる。

控訴人より一二歳年上の、一九三三〔昭和八〕年生まれの三兄は、中学校卒。「〔三兄は、昭和二六年に〕親父がおらんようになったときには、もう〔中学校を〕卒業しておったはずですよ。で、自転車屋に奉公に行っとった」。――三兄は、亡母がハンセン病に罹患して、長兄が家を出てしまったあと、次兄は他家の養子になっているからと、みずから跡継ぎ候補として大阪から戻ってきたが、控訴人からの「聞き取り」によれば、「大阪から帰ってきた当時から、ヒロポンみたいなものを打っとったな。ドスを持っておった」というから、いわゆるチンピラやくざになっていたのであろうか。

一九三五（昭和一〇）年生まれの長女は、幼くして死亡。一九三七（昭和一二）年生まれの次姉は、中学校卒。控訴人より三歳年上の、一九四三（昭和一八）年の早生まれの四兄も、中学校卒。――このへんになると、一九五一（昭和二六）年に父親が病死したことで、T家の家計が目に見えて苦しくなっていたことの影響が、子どもの学歴に影響しているのであろう。

いずれにせよ、一九二九（昭和四）年生まれの長兄が新制の県立高校を出ているということは、関金町におけるT家の階層的な高さを裏付けていよう。

以上、回り道をして、関金町山口のT家がどんなイエだったのかを見てきた。T家は、山村とはいえ、地域社会の由緒ある旧家だったのである。そして、その旧家が、いま、跡形もなく消え去ろうとしている。そのかんに何があったかといえば、亡母がハンセン病を発症し、「強制隔離政策」と「無癩県運動」によって翻弄され続けたということである。そこに、すべては帰着する、と言わざるをえないであろう。

以上のバックグラウンドを押さえた上で、長兄の行動について振り返りたい。

（2）亡母とイエを棄てた長兄の行動について

亡母がハンセン病に罹患したという噂が立ち始めたことで、長兄は、一九五七（昭和三二）年四月、妻に去られるが、「昭和三三年九月に再婚」（判決、七八頁）。しかし、「亡母の家族及び親戚は、岡山大学医学部三朝分院及び鳥取赤十字病院での診断を聞いて困惑し、長男が妻と子を連れて、関金町の家から出て行った」（判決、七六頁）。

控訴人の「語り」では、このときの事情について、以下のように説明されている。

長兄は、「もういっかい、いい病院に連れていって診て〔もらう〕」と。岡山大学〔病院〕の三朝分院の紹介で、無らい県運動をやっておった当時の赤十字病院までな、また〔亡母を連れて〕行っとんねん。「専門のひとがおるから」って言ってな。そこでも「らい」だと言われて。〔けっきょく長兄は、離婚したあとまた〕結婚して、子どもができてましたからね。だから、亡母がこういった病気になったということでな、やっぱり、怖がってしまった。三歳ぐらいの女の子がずっと〔病気の亡母に〕抱かれて寝ておったねんけどな。〇歳ぐらいの子どももおった。だから、〔長兄夫婦は〕「もう、ばあちゃんは、ババッチィやから」って、飛んで逃げたもの。（甲第30号証、三九頁）

ここで「三歳の女の子」とは、甲第78号証「精神衛生相談票」で登場した控訴人の姪のことであり、長兄と先妻とのあいだにできた子である。さらに、この時点で、後妻とのあいだに男の子が誕生していたわけである。そして、ここで注目すべきは、「〔長兄夫婦は〕『ばあちゃん〔＝亡母〕はババッチィやから』って、飛んで逃げた」という語りである。具体的に、乳幼児へのハンセン病の感染を心配している長兄夫婦の姿がある。――鳥取赤十字病院での亡母の診察に立ち会った長兄が、亡母の「らい」罹患を確信していたことが窺われる。それゆえの、乳幼児をもつ親の行動としては、〝らいは恐いぞ、恐いぞ〟という国をあげてのキャンペーンが張られていた当時の状況下では、事の善悪を越えて、理解できるものであろう。幼子をもつ長兄には、次兄、三兄、四兄のように、なんとかして「亡母はらいには罹っていなかったのだ」と取り繕うことはできないかといった、その場しのぎの道を選ぶ余地はなかったのである。

そして、わたしとしては、この長兄の「イエを棄てる」という決断のもつ重さに思いを馳せないわけにはいかない。それこそ新制の第一期生として高校を卒業し、当時のエリートとして大阪に出ていた長兄には、都市での立身出世の夢があったはずである。それが、突然の父親の病死で、「農家の跡取り」として呼び戻されたのだ。彼は、自分の夢と引き換えに、旧家を継いだのである。そうまでして自分のものとしたT家の「跡取りとしての地位」を手放すことは、彼にとっては断腸の思いであったに相違ない。(40) 彼に突きつけられたのは、「亡母とイエを取るか、妻子を守るか」という、究極の二者択一であったのだ。――これは、〝亡母はらいかもしれない〟といった程度のあやふやな疑念で成り立つような代物ではない。長兄は、〝亡母はらいに罹っている〟との信じるに足るだけの情報が与えられていたと考えざるをえない。

また、長兄は、T家を出るにあたって、「六反を持って出ましたね。六反。あと〔残ったのは〕四反しかなかった」という。通常、イエの跡取りがイエを棄てて、よそに出ていくときには、裸一貫で出ていくものである。しかるに、この場合、長兄は一町の田んぼのうち、半分以上の六反を持って出ている。これは、長兄が、出ていく自分のほうに正当性があることを主張し、まわりの人間もそれを認めざるをえなかったということを意味する。それに対して、〝跡取りなのに、亡母の扶養の義務を放棄して、家を出て行くのなら、裸一貫で出て行け〟とは、誰も言えなかったのだ。それだけの重みをもった〝理由〟は、このとき、〝亡母に「らい」の診断がくだった〟ということ以外にはありえない。

（3）大阪で亡母と中学生の控訴人の二人だけが取り残された件について

原判決は、「原告は、亡母がハンセン病に罹患したことにより、〔社会の偏見・差別にさらされた結果〕亡母の家族が崩壊するという損害を受けたと主張し、法廷においても、それに沿う供述をする。／確かに、長男は、亡母がハンセン病に罹患したと噂になった際に、妻と子供を連れて、亡母の下を離れたことが認められる。しかしながら、二男及び三男は、〔阪大病院〕皮膚科別館の診断書により、亡母の疾病はハンセン病ではないと認識していたのであるから、(41) 亡母のその他家族が、亡母がハンセン病に罹患したことを理由として崩壊したとは考え難い。実際、二男が、亡母に対して、度々支援を行ったり、亡母が、三男及び二女に対して、大阪での開店資金を供与したりするなど、亡母がハンセン病に罹患したことが噂になって以降も、亡母とその家族との間の交流が継続していたことは明らかである」（判決、八五頁）と判示している。

一方、控訴人は、「語り」で、こう述べている。

〔大阪で、最初のうちは、次姉もいたり、四兄も一緒にいたけど、ふたりとも〕すぐに出てしまって。——ちょっとでも食べていく〔足しにしようとして〕次姉がお好み〔焼き〕屋〔やったけど〕、お好み〔焼き〕屋ぐらいじゃあ、食べていけるちゅうようなあれじゃなかった。わしが〔中学校を〕卒業する前に、次姉は〔ふたたび〕結婚して、〔長屋を〕出てましたよ。〔次姉は〕それだけの体験（あれ）をしとるから、もう、自分の身をかためて、自分を保護するというので、精一杯。ひどいめにあっちゃったから。……〔三兄は、中学校を〕卒業したあと、自転車屋に奉公に行っとって。そこで、自転車だとかバイクの修理ができる具合になっとった。〔それで〕少しでも米でも〔うちに入れて〕もらえればちゅなことをいって、自転車屋をやらせるねんけれどもな。自転車屋も二年ぐらいで、いかんかったな。〔四兄は〕逃げるのは早かったな。自衛隊に行った。逃げるために。で、〔母とわたし二人の生活が〕ずっと〔続いた〕ですよ。こちらに帰ってくる〔まで〕ずっとです。〔こっちへ帰ってきたのが〕昭和四二年かな。帰ってきてからでも五年ぐらい〔母と二人の生活が〕ずっとです。（甲第30号証、四二～四三頁）

原判決と控訴人の「語り」と、どちらが現実に即しているのか？　控訴人が語っているのは、被害妄想にすぎないのか？

この問題を考えるにあたっては、ある若手の俊英の社会学者のことを述べることから始めよう。彼の名前は、鶴見太郎。一九八二年生まれ。東京大学に提出した博士論文があまりに優秀だったので、二〇一一年三月、「第一回東京大学南原繁記念出版賞」を受賞。ご褒美に、東京大学出版会から『ロシア・シオニズムの想像力――ユダヤ人・帝国・パレスチナ』（二〇一二年）として出版される。この本で、「第一二回日本社会学会奨励賞」（二〇一三年）、「第一一回日本学術振興会賞」（二〇一四年）、「第一一回日本学士院学術奨励賞」（二〇一五年）をあいついで受賞。彼は、わたしが埼玉大学を定年退職した翌年の二〇一四年四月に、テニュアトラックで、埼玉大学に准教授として採用された。テニュアトラックというのは、五年任期で、そのかん授業負担は軽減され、研究中心に専念し、業績優秀であれば、そのまま任期なしの専任教員として雇用され続けるというものであるが、優秀な彼は、わずか二年間のみ埼玉大学に在職しただけで、二〇一六年四月には、東京大学大学院総合文化研究科准教授として転任していった。

彼が採った方法論が、ここで参考になる。鶴見太郎は、歴史を評価する際に、「主観的文脈」に照準を合わせることが欠かせないと述べる。すなわち、「ある主張や思想の意味を深く探るためには、研究者の側で勝手に客観的文脈に適宜言及して関連づける前に、まず当事者自身がどのように当時の客観的文脈との関連づけを行っていたのかを丁寧に検証しなければならないのである」(42)と。わかりやすく解説しよう。彼が研究対象とする、一九世紀末から二〇世紀初頭の「ロシア・シオニスト」を歴史的に評価しようとするとき、かれらは結局、パレスチナに行ってイスラエルの建国に参加もしなかったし、客観的な成果・形跡をロシアにも何も残さなかったではないかと、現時点から歴史を振り返る形で、かれらが当時考えていたことは無意味であったと断罪するのではなく、かれらが生きた時代状況に即して、その時点でかれらが未来に向けて何をやろうとしていたかという「主観的文脈」に照準を合わせるかたちで、再評価しなければならない、というものの見方である。彼の呈示したこの見方が、大方の絶賛を博したのだ。

もっとわかりやすく噛み砕いていえば、過去のある時点での思考・行動を評価するとき、その後に実際に起きてしまったことをモノサシにして、遡って断罪するのは、ジャンケンになぞらえれば、禁じ手の「後出しジャンケン」であるということだ。相手が何を出したかがわかってから、自分のジャンケンの出し方を決める。これは、インチキだ。それと同様なことを、原判決はおこなっている。

控訴人が訴えているのは、中学生の自分とハンセン病の通院治療をしなければならない亡母のふたりだけが、大阪の長屋に取り残された。四人の兄と一人の姉は、みんな「逃げてしまった」。それはたまらないことだった、ということだ。

ところが、原判決は、「二男は、平成元年八月二三日、母来寮の職員に対して電話を掛け、為替によって一四八万円を亡母宛に送金したので、当該一四八万円を亡母名義の預金にして欲しい旨連絡した」（判決、八一頁）ことなどをもって、「二男が、亡母に対して、度々支援を行った」として、「亡母とその家族との間の交流が継続していたこと」の根拠としている。「主観的文脈」に照準を合わせるならば、これは、まさに〝禁じ手の後出しジャンケン〟である。一九六〇年前後の中学生だった控訴人にとって、既に逃げてしまった兄姉のうちのひとりが、約三〇年後の一九八九（平成元）年に、母のために大金を工面してくれるなど全く予想も期待もできるはずはない[43]。あくまで、当時の控訴人がいかなる立場に置かれ、いかなる苦悩と向き合っていたのかに照準を合わせなければならないのだ。控訴人が、その時点で向き合っていたのは、次の「主観的文脈」にほかならない。

みんなが〔亡母の面倒を〕みやへんでしょ。わしがいちばんつらかったのは、そういって、〔病気の亡母が〕長男からも嫌われ、三男坊からも嫌われてな、みんなから嫌われて。ほんまに、〔母親がわしに〕貯金通帳を見してな、「もう、これ、カネがなくなったら、淀川に……〔言葉がつまって涙声になりながら〕

身を沈めて死ぬだけ」という言葉を聞いたときには、なんとも言えん気持ちやったな。そればっかり言うとったですよ。わしが中学校の三年のときやからな。だから、ほんと言うたら、おふくろの話すれば、涙が出てくる。あのときがいちばんつらかったな。ほんとに、一万二千円のカネしか残っていなかったからな。ほんまに、病院代も払わにゃいかんしな。通院費もいるしな。自分も飯食わなきゃいかんしな。

（甲第30号証、四三〜四四頁）

亡母にはその時点で五人の息子と一人の娘がいたが、彼女と起居を共にしたのは、まだ中学生の控訴人ただ一人という「現実」が確かにそこにあり、その状況のなかで控訴人の「主観的文脈」は構成されていたのだ。これは、誰も否定することのできない厳然たる事実である。

その「現実」に至った経緯についての、わたしなりの理解は、以下のようである。これまでの記述と重複するところもあるが、再論しておこう。

長兄は「亡母がハンセン病に罹患したと噂になった際に、妻と子供を連れて、亡母のもとを離れた」。ここは原判決の判示の通り。そして、亡母とT家の面倒をみるお鉢が、次兄のところに回ってきそうになる。わたしの理解では、次兄は、亡母のハンセン病うんぬんよりも、子どものときに他家に養子に出された自分が、いまさらなんでそんな役回りを引き受けなければならないのかとの反撥のほうが強かったであろうと思われる。そして、三兄も、まわりからは、身体が弱くて「農業には向いていない」と見られていた。四兄は、というと、まだ中学を終えて間もなく、その意味では年端もいかない彼には、一度、阪大病院皮膚科別館を訪ねたからといって、事態を正確に把握していなかった可能性は否定できない（つまり、四兄は「親戚会議」にも出ていなかったようであるから、母がハンセン病だとはきちんと認識していなかった可能性もありうると思われる）。

しかし、四兄からすれば、長兄・次兄・三兄がことごとく母親の面倒を見ることから「逃げて」しまっているのに、四男の自分が貧乏籤を引く言われはない、と考えたとしても不思議ではない。次姉はといえば、二度の離縁に遇い、中絶まで経験させられている。控訴人の言うとおり、自分の身を守るのに精一杯だったであろう。――いずれにせよ、長兄が「母はらいの噂」に発して、家を捨てたところから、すべての連鎖は始まっているのだ。げんに、旧家が一つ潰れてしまったという厳然たる事実が、わたしたちの目の前にある。

あとひとつだけ、この問題に関連して、事実認定にかかわる事柄について意見を述べておきたい。原判決は、亡母は大阪にいるとき、「原告のきょうだい（二女や三男）に商店開業に当たっての資金援助を」しているほどであり、「亡母及び原告の生活が困窮していたとまでは認められない」（判決要旨、二三頁）、また「亡母は、昭和三四年七月に、大阪市西淀川区出来島町の四軒長屋の一軒を四五万円で購入」しても、なお手持ち金に余裕があって、「二女が大阪でお好み焼き屋を開店するに当たって、二女にその開店資金を供与した上、三男が大阪で自転車屋を開店するに当たって、三男にその開店資金を供与した」（判決、七八頁）と判示している。

これらの資金の元は、鳥取県関金町山口の家屋敷等を売却して得た金員のはずである。居住地から追われるようにして人が立ち去るとき、その自宅の売却にあたっては、文字通り「二束三文」に買い叩かれてしまうはずである。(44)

次姉の「お好み焼き屋」といい三兄の「自転車屋」といっても、けっして、「商店開業」とか「開店」と仰々しく言われるほどの代物ではないはずである。むしろ、「自転車屋」といっても、吹けば飛ぶような、けっして立派な店構えのものではない小店（こだな）のはず。(45)「お好み焼き屋」も、おなじくチャチなもののはず。(46)そうしたものでも、なけなしのお金のなかから、食う足しにならないかと、「開店資金」を供与した結果、亡母は手持ちのカネが底をついて、「死ぬしかない」と残高が僅かになった通帳を中学生の控訴人に示して、泣き崩れた、というほうが話の筋が通る。

第8 刑事事件が示す控訴人の被害の本質

最後に、もうひとつ、素通りできない出来事がある。それは、二〇〇三（平成一五）年七月二四日、控訴人が鳥取県職員を鉈で殴打した事件である。この事件につき、原判決は、「認定事実」として、サラッと以下のことを記載しているだけである。「原告は、平成一五年七月二四日、被告〔鳥取〕県の健康対策課職員を鉈で殴打したことにより、殺人未遂等の被疑者として現行犯逮捕された。この出来事は、ハンセン病に罹患していた亡母に対する行政の対応に不満を述べる原告と上記職員とのやりとりの中で原告が激高したことから生じたものであった。／鳥取地方裁判所は、平成一五年一〇月一〇日、原告に対して、殺人未遂等により懲役四年に処する旨の判決を言い渡した。／広島高等裁判所松江支部は、平成一六年七月二六日、原告に対して、殺人未遂等により懲役三年に処する旨の判決を言い渡した」（判決、八三頁）。

わたしたちが、聞き取りのために、二〇〇六（平成一八）年一二月二二日に鳥取県北栄町の自宅に控訴人を訪ねたことは、すでに述べたとおりである。上述の「懲役三年」の刑を終えて出所したのが、二〇〇六（平成一八）年九月一九日のことであったから、出所後まだ三ヵ月少々しか経っていないときであった。そのとき、控訴人は一見不可解な言葉をいくつも発した。「こんなことで終わっちゃあ、死んでもしにきれん」。そして、減刑を求める約六、〇〇〇人の嘆願署名もあって、一審の「懲役四年」から二審の「懲役三年」に減刑されたことに対しても、「わしは、これが刑が伸びて、〔懲役〕四年が、五年になろうと六年になろうと、そんなに負担ではなかったんですよ。そのつもりで、この犯罪を起こしておるからね」。そして、控訴人が拘置所から弁護士に宛てて出した膨大な手紙のコピーを見せてもらったが、そこには「真相解明の為」という言葉が頻出していた。「日本が文明国で有ると県知事が考えるなら、ちゃんと私の質問に解答〔ママ〕すべきなのです」という表現も見られた。どうやら、控訴人は、あえて「犯罪」を犯すことで、「裁判という場」に行政の責任者、県知事を引っ張りだして、対決しようとしていたのではないか、と推量された。――あまりにも荒唐無稽な発想だが、控訴人がなぜ、いかにして、そのような考えに至ってしまったのかを、先に言及した鶴見太郎の「主観的文脈」理解の方法によって、接近してみたい。この点をめぐって、控訴人がわたしたちに語ったところを跡づけていこう。

一九八三（昭和五八）年一二月一四日に脳梗塞で倒れた亡母は、一九八四（昭和五九）年二月一日、養護老人ホーム「母来寮」に入所。

人間、終わりよければすべてよし〔と言うけれども、亡母は昭和五八年の暮れに脳梗塞で倒れて、平成六年に亡くなるまでの〕いちばん最後の一〇年、老人ホームで世話になったねんけれどもな、〔そこで〕ひどい目にあっとった。〔ひどい目に〕あうんだったらな、わしからみたらな、〔亡母をハンセン病療養所に入所させないことを〕正しいと思ってやってきたけれども、〔社会は〕まったく受け入れてくれんかったじゃないか、と。わしがやってきたこと、間違いでなかったかという疑問が湧いてきたということですよ。ね。はやいこと言えば。普通一般の老人ホームだったら、〔ハンセン病の後遺症で〕あれだけの障害を持っておったら、差別が起こって当たり前とちがうんか、と。〔だったら〕はじめから〔ハンセン病〕療養所のほうがよかったんとちがうか、というのが、わしの結論ですよ。それから考え方が、ころっと違ったんですよ。まったく老人ホームでも理解されんかったからな。（甲第30号証、五〇頁）〔亡母は〕それはひどい状態であったということは事実ですよ。〔出稼ぎ先から〕ここにわしが帰ってきたときに、〔老人ホームから自宅へ〕連れて帰ってやる。「もう老人ホームには帰らんからな。だから、電化製品を揃えとってくれ」ちゅなことを言うから、ポットやとか電気釜やとか揃えてね。それから、冷蔵庫の中にはいっぱい、卵やとか魚、ああいったもの、しばらく食うぶんを置いて、米も二〇キロ買って、置いといてやったら、二週間か三週間ぐらい、ここへひとりで生活するけれどもね、やっぱり、脳梗塞で倒れておるから、〔自分では〕それ以上の買い物もできへんしね。余儀なくされて、また老人ホームへ帰ると。老人ホームにまた連れていきよったのが、〔子どものときに他家に養子に出た〕次兄ですよ。また、わしが田舎へ帰ってきて、自宅（ここ）に連れて帰る。その繰り返しですよ。その繰り返しが、三年ぐらい続きましたかな。じっさいには、まぁ、諦めたっていうかな、それで、もう〔亡母はなにも〕言わんようになったけれどもな。（甲第30号証、五一〜五二頁）

〔ハンセン病療養所に入所せずに、外来治療で頑張り、その後も社会で暮らす亡母を支えてきたのは〕よかれと思ってやってきたねんけれども、母親が老人ホームへ行って、あれだけ、みんなからいじめられて、ほんとに、これでよかったんか。人間は、最後よければ、すべてよし、というような考え方があんねんけれどもな、人生のいちばん終末でな、こういったこと、ほんまいうて、わしはやらしとうなかったというのがホンネですよね。ひじょうに、いまでは後悔してます。療養所のほうがな、だから、住めば都というのでな、それは、療養所に入ったときは苦しいかもしらんけれども、中に入って、いろんな友達ができたらな、短歌をつくったり、俳句をつくったり、陶芸をやったりとかな、いろんな楽しみ方で、これまでずっと生活してきてはると、わしは見てます。あの療養所の中にいてもな、おなじ悩みをもつ者どうしがいたほうが、やっぱり、楽しかったんとちがうんか、というのが、わしのいまの意見ですね。（甲第30号証、五三頁）

この控訴人の体験は、ライフストーリーの語りにおける「転機」と言われるものに相当する。この時点で、控訴人は、亡母に「よかれ」と思って、「非入所」の生活を支え続けてきたが、そうではなくて、ハンセン病療養所に入所していたほうが、亡母の老後は幸せだったのではないかとの、価値判断の大転換を体験したのだ。

ここから、行政に対する控訴人の相談および／もしくは抗議の行動が始まった。

いろんなところに相談に行きましたよ。前々町長の当時、悩みの相談を受け付けます、相談場所がありますからっていうので、行きました。相談員が二人おりました。「らい」という言葉を聞いただけで、飛んで逃げましたよ。〔役場も〕相談にのってくれんかった。保健所は、話を聞いただけ。〔保健所へ行ったのが〕平成三年。母親も連れて行ったこともありますしな。老人ホームからね、わしが抱いてな、連れていってやった。まだ歩けんかったからな。老人ホームへ行っても、やっぱり、手車、押し車を使ってね、すこし歩くようになってましたけどな。リハビリでね。

平成三年のころは、わたし、ちょうど大阪のほうで仕事をしておったからな。だから、帰るたんびに行きよった。おふくろが死んだのは、平成六年の二月の二日に他界しましたからね。その一年なんぼ前に、〔母が亡くなったら〕この家でね、葬式の後始末をしてやらないといかんからというのでな、〔窓もアルミサッシに変えてね。一〇年ほど、ほったらかしでおったからな。草も茫々（ぼうぼう）やしな。まぁ、〔この家の〕修理やなんかするときもね、しょっちゅう、保健所に行っておったんやけれどもな。あとになって、五年も行っとるのにな、「ハンセン病の相談場所は県庁にありますから」って言って伝えてきたのが、〔平成八年に〕「らい予防法」が廃止になって一ヵ月ぐらいしてからですよ。だから、ひじょうに、タチが悪い。とにかくねぇ、保健所でも〔担当者が〕三人も人事異動で替わりましたからね。

そのたびごとに、また、一から説明しにゃいかんですよ。三人目に「県庁に行ってください」って。そのときにはもう、「らい予防法」が廃止になっていますからね。「昔は、こういったやり方で指導しておりました」ちゅなことを言って、たとえば、事務次官通知やなんか出してくるからな、「そんな廃止になったようなものを出してくれて、なんの意味があるか。ひとをダラスしとるんか！」って。

当時のハンセン病の担当が、「いやぁ、あんたんとこの家のことは、ちゃんと聞いておるから、ちゃんとしますけぇ」ちゅなことを言って返事するからな、ずっとそれで行っとった。けっきょく、なにもできず。「できることとできんことがあります」と。それは当たり前であって。「らい予防法」が廃止になったら、なんにもできへんやねん。わしからみたら、わし、五年間行っとる、母親を連れて。なんで、連れていってやっとるかというと、やはり、老人ホームで一生を終えさせるんだったらね、いじめられておるのに、たとえ二年でも三年でもね、療養所入所のほうがね、まだマシやったとちがうんか。〔母親が療養所に入っても、いまは〕こちらから会いに行こうと思えば、なんぼでも会いに行ける、と。〔甲第30号証、五二～五三頁〕

〔平成一五年に事件を起こすまで〕わし、〔仕事を〕休んで、〔県庁まで〕毎日行きよったから。一〇年間、だから、行きっぱなしだったんですよ。毎日。そのかんに使ったカネが、生活費も含めてやねんけど、二、〇〇〇万使った。貯金ぜんぶはたいちゃった。ガソリン代、ほとんどでな。毎日、県庁へ行きよった。だから、ひとをダラスするんかと思って。だから、ほんまに、〔ハンセン病は〕家族会とか遺族会がないからな。(47) これだけバカにするのか、というのも、強かったな。県庁に行っても、おなじことの繰り返しでな。人事異動、替わるたびに、同じ説明をせにゃいかん。「ちゃんと引き継ぎをしておるから」って言って、名目上は言うけれども、まったく引き継ぎはされておらん。書類をちょっと渡し

たぐらいでな。（甲第30号証、五五〜五六頁）

こうして、二〇〇三（平成一五）年七月二四日、事件発生の日を迎える。控訴人は、県職員を「こまい銃」で殴り、現行犯逮捕される。

〔県職員を〕こまい銃〔で、殴っちゃった〕。この人はね、ハンセン病の係やってた課長補佐ですよ。〔亡母が療養所に入所しなかったことは〕「おまえたちが勝手にやったこっちゃから、うちらは知らんわぁ」と言いよったんやからね。「おまえたち——つまり、家族——がね、やったこっちゃから、知らんわぁ」と。じゃ、患者家族であるという理由で、〔伝染病患者とされている者を〕どこにでも連れていってもいいんか、ということで、もめてしまったわけですよ。その当時、SARSなんかがね、大きな問題になっておった。「患者家族であるという理由で、東京でも大阪でも〔患者を好きなところに〕連れていって問題がないのか?あんたたちは、専門的な分野で走っておるんだからな、その言葉に責任とれるんか」って、喧嘩になった。まぁ、それで、ああいったことが起こったねんけれどもね。「いったん、そういった専門家がな、口から外に出たら、後には返らんぞ」って。

つまりな、台湾から観光に来られておったドクターが、関西をぐるうっと回って帰られて、はじめてSARSとわかったと。そうしたら、日本では、飛行機から、その人が泊まった旅館、それと交通関係からぜんぶ消毒しはっただろ。ああいったこと、ハンセン病でもしとったんだからな。患者の輸送にしても、……〔患者が乗った〕列車からぜんぶ消毒して、住民に対して見せしめみたいなことをやってきたんやろ。あれを見たらな、やっぱり、ハンセンが恐ろしい病気で、感染力が強いから、おかみはあんなことをするんだ、と。……恐怖心を煽っていったのは、国であるんとちがうんか、って言ってな。それ、戦前だったらともかく、戦後にもそういったことが何回もおこなわれておるんだよ、ってことをな。

ほんまに恐怖心を煽っておった。だから、「らい予防法」が廃止になるまで、けっきょく、裏のほうでは、「無らい県運動」がずっと続けられておったんとちがうのか、というのが、わしの考え方ですねん。……けっきょく、SARSやとかコレラやなんかと同じ取扱いをしてきた。法律ではそういったことになっておるけれどもな、それを正々堂々とやってきたということ。とにかく、軽快退所基準で社会復帰を円滑にしてくれと、〔厚生省の〕公衆衛生局長が通知したかもしらんけれどもな、やっぱり、そんなことをしておったら、〔ハンセン病回復者を受け入れる〕受け皿がなくなるやんけ。ハンセン病患者ということがわかればな、地域から除外されていく。

〔平成一五年の七月二四日、県職員を殴って、逮捕された。〕もう、いいわ、と思ってな。〔警官の取り調べは〕たいしたことなかったな。わしも、もう、どうでもいいと思って、やったんやからな。どんな事情だったか、警官にはぜんぶ話しました。こういった事情があると。〔しかし〕裁判の上ではまったく出なかった。警察に訴えたことがな。第一審ではね、ハンセンのことは、一言も裁判の上では出てません。一審は、裁判官そのものが〔ハンセン病問題を〕わかってなかった。〔国選の〕弁護士にもあれしたけど、弁護士、「忙しいから」ちゅなこと言って、なかなか来よらへんやんけ。……〔その国選弁護人とは、一審のときに〕一回しか会うてない。

裁判で言いたかったのは、平成三年から、母親を連れて〔保健所に〕相談に行っとるのにもかかわらずな、なんでこれだけ、ずるずるずるして、結果の果てに、「〔県庁に〕ハンセン病の相談場所があるから」と言って、県庁に行ったねんけれども、そんときはもうすでに「らい予防法」は廃止になっとってな、「昔はこういったように指導しておりました」と言って、厚生省事務次官通知を見してくれたからといってな、そんなもの、なんの値打ちがあるんだ、と。あのとき、なんかガチャガチャするんだったら、前に保健所で、わしの担当で、話を聞いたひと、ね、相談しに行っとんのにもかかわらず、そういった〔まともな対応をしなかった〕三人を、もう吊るし上げにあわしてしまうぞと、だいぶん、わしも怒ったんですよ。……

だいいちね、話し相手もおらん。自分が孤立しつくされておったから、つねに、ずうっとね。話も、そうやって、中途半端に……。こちらのほうが〔仕事を〕休んで行っとんのにもかかわらずな、なんで、そんなこと、わかってくれんのか、という疑問は、つねに〔抱いてました〕。(甲第30号証、五四~五五頁)

控訴人の〝非入所よりはハンセン病療養所に入所していたほうが、亡母は幸せだったにちがいない〟という言説、〝行政職員が「らい予防法」に従って適切な対応をしなかったのは問題だ〟という言説は、二〇〇一(平成一三)年の熊本地裁判決、その後の「ハンセン病問題に関する検証会議」の『最終報告書』(二〇〇五年)などによって積み上げられてきた、「ハンセン病隔離政策」に基づく「隔離収容」こそが間違いの根本だとする、ハンセン病問題理解とは、一見馴染まないかのようである。

しかし、二〇〇三(平成一五)年に、わたしが「ハンセン病問題に関する検証会議」の「検討会委員」を委嘱されて以来、わたしたち(福岡と黒坂)はハンセン病療養所の「入所者」、そこからの「退所者」、そしてその家族など、当事者からの聞き取り調査を精力的に押し進め、お会いしてそのライフストーリーを聞かせていただいた方々は、優に三〇〇人を超える。わたしの社会学的調査の方法は、みずから《多事例対比解読法》と名づけているものであるが、できるだけ多数の聞き取り事例を積み重ね、それらを相互に突き合わせることで、そこから浮かび上がってくる社会学的に意味あることがらを読み取るという手法である。この方法によって読み取ることのできた知見にもとづけば、一見理解困難な控訴人の言葉の数々も、理解可能であると、わたしは自信をもって言える。

「入所者」たちからの聞き取りを重ねるなかで見えてきたのは、〝療養所（ここ）に入れてもらったおかげで、いまこうして生きていられる〟との「感謝の語り」と、〝療養所（ここ）に閉じ込められたせいで、自分の一生は台無しにされた〟との「怒りの語り」とが、拮抗していることであった。「怒りの語り」を語る人びとは、社会のなかで自分はこんなことをして生きていきたいという夢をもっていたのに、ある日、強制収容されて、療養所に閉じ込められた体験をもつ。あるいは、療養所に収容されたときにはすでに無菌、自然治癒していて、療養所でハンセン病治療を一度も受けたことがなかった体験をもっていたりする。それに対して、「感謝の語り」を語る人びとは、ハンセン病の発症が地域社会の人びとに知られ、社会のなかから自分の居場所を奪われてしまった体験をもつ。あるいは、家族に匿われているあいだは治療の方途がなく、明日をも知れぬ重い症状になってから療養所に収容され、療養所に入ったことで一命を取り留めた体験をもっていたりする。

わたしの理解するところでは、「怒りの語り」も「感謝の語り」も、いずれも、「強制隔離政策」と「無癩県運動」によってつくり出された意識であるが、「怒りの語り」を語る人びとがハンセン病療養所を「アサイラム」として生きた人びとであるのにたいして、「感謝の語り」を語る人びとはハンセン病療養所を「アジール」として生きた人びとである、と言うことができる。「アサイラム」（英語で〝asylum〟）とは、外の社会では誰もが享受できるはずの自由を奪われた空間、ひとを閉じ込める空間のことだ。「アジール」（ドイツ語で〝Asyl〟）とは、外の社会の迫害から身を守ってくれる聖域であり、逃げ込む場所のことだ。この二つの言葉が、もともとのギリシア語に遡れば、同一の言葉だったというのが面白い。

では、ハンセン病療養所を「アジール」として体験し、「感謝の語り」を口にする人たちにとっては、ハンセン病療養所を作った国の政策はよかったのですね、などという馬鹿げた理解をする人がいるといけないので、大急ぎで、「怒りの語り」と「感謝の語り」の具体例を一例ずつ挙げておこう。

「怒りの語り」の例は、たとえば、一九二七（昭和二）年生まれのある男性の証言だ。戦後の一九四九（昭和二四）年に、これから自分で新聞販売店を始めて親孝行をしたいと意気込んでいた矢先に、いわゆる「御召列車」に乗せられて強制収容。途中一泊した日赤病院では「伝染病棟」に泊められ、翌朝出たのは「死人を運びだす出口」だった。しかし、栗生楽泉園に収容されてからハンセン病の治療を受けたことは一度もない。収容時には、すでに自然治癒して無菌だったのだ。「だから、ここへ来たのは、不思議。いまでも、あれ、わし、なんで、ここにいるんだろう、と思う」と語る。[48]――なるほど、と思う。

「感謝の語り」の例は、たとえば、一九二一（大正一〇）年生まれのある女性の証言だ。彼女は尋常小学校の頃に症状が現れ始め、学校に行けなくなった。子守奉公などで働き始めるが、やがて眉毛が落ち顔色が黒くなったため、「白粉を塗り、眉毛も描ける」という理由で「水商売」で働くようになる。しかし「眉毛もないような病気は、いい病気じゃない」と客に見抜かれると、翌日には荷物をまとめて出て行くことを繰り返した。症状がひどくなり、二〇歳前後の頃は「家に隠れて」過ごした。当時は自殺も考えたが、死にきれなかったという。「偽名でも入れる療養所がある」ことを知り、楽泉園へ入所。彼女は「こうして暮らさせていただいて、ありがたいと思ってます」と現在の心境を語った。[49]――なるほど、と思う。

要するに、強制隔離政策のもと、この病気を病んだひとに作用した社会的制度的な力は、〈当人の意思にかまわず強制的に療養所へと引っ張ってきて閉じ込める〉収容・隔離の力だけではなく、社会から患者の居場所を徹底的になくして、〈入所を患者みずからに望ませる〉抑圧・排除の力があったのだ。その両輪によって、患者を療養所に入所せしめていたのである。すでに社会のなかで、「無癩県運動」によって徹底的に居場所を奪われていた人たちにとっては、ハンセン病療養所は、逃げ込み場所としての「アジール」として体験されたのであり、「強制収容」の発動によって、無理やりハンセン病療養所に収容された人たちにとっては、ハンセン病療養所は、自由を奪い閉じ込める場所としての「アサイラム」として体験されたのである。「強制隔離政策」「無癩県運動」による抑圧、被害を、どこで被ったかの違いというふうに理解できる。

控訴人の亡母が、「親戚会議」の決定に従い長島愛生園に入所するのではなく大阪へ逃れたこと、阪大病院皮膚科別館の医師が「届」を大阪府に提出しないまま亡母の通院治療を認めたことによって、その生涯を「非入所」として、社会のなかで暮らしたということは、ハンセン病罹患者に対して社会の中の居場所を脅かす《抑圧・排除の力》にさらされるリスクを常に抱えていたということであり、そして、その亡母に寄り添いつづけた末っ子の控訴人も、「ハンセン病罹患者の子」として、おなじ《抑圧・排除の力》にさらされるリスクを抱え続けていた、と言うことができる。

亡母と控訴人にとって、そのリスクが極限的なかたちで現実のものとなったのが、養護老人ホーム「母来寮」での差別的扱いであった。それまでは、亡母や控訴人にとっては、ハンセン病療養所は「アサイラム」として表象されていたことは間違いない。かつて、「親戚会議」が連日のように開かれていたとき、「〔町の〕保健所長が診に来て、早いこと〝島〟へ連れて行っちゃえ」と言ったという。端的に「長島愛生園」と言わずに、「島」という言い方をされていたところには、独特のニュアンスが込められていたと言えよう。それは、いわば島流しの〝島〟であり、一度行ったら二度と帰ってこれない〝島〟であったのだ。そのかぎり、亡母にとっても控訴人にとっても、「非入所」として社会のなかで苦労を重ねることは、大変ではあっても、意味のあることであった。しかし、気づいてみたら、社会の中のほうが、亡母にとっては、地獄だった。控訴人は、何度も、長島愛生園を訪ねて、医師にも会い、入所者で鳥取県人会の会長であった加賀田一[50]（かがたはじめ）にも会う。控訴人が自分の目で見た現在の長島愛生園は、亡母にとって「アサイラム」ではなく「アジール」にちがいないと映った。ここから、亡母の残りの余生をハンセン病療養所で過ごさせてやれないかとの思いで、控訴人は走り回る。しかし、町行政も、保健所も、鳥取県も、控訴人をクレーマーとしてしか見ず、まともに相手をしてくれなかった——というのが、一連の事態だったのだ。

わたしには、「ハンセン病非入所者の子」である控訴人が、「自分が孤立しつくされておった」という心境を極限的なかたちで体験させられたことが、生涯で二回あったと考えられる。一度目は、中学生のとき、亡母と二人だけ取り残されて、残り少なくなった預金通帳を見せられながら、「淀川に飛び込んで死ぬだけ」と亡母に言われたときであろう。二度目が、溜まりに溜まった憤怒を爆発させて、鳥取県職員を鉈で殴打したときであろう。それでも、かかる犯罪を犯せば、裁判というものにかけられ、そうすれば、自分が怒りをぶつけたいと思っている張本人の県知事と相対（あいたい）で議論できるはずだという思いがあった。——あまりにも荒唐無稽な思いである。これもまた、控訴人が「孤立」し「話し相手もおらん」生活環境のなかで、人生をおくらざるを得なかったことがもたらしたものであった。

わたしが、この最後の一節で何を言いたかったのかといえば、二〇〇三（平成一五）年に控訴人が「殺人未遂事件」を犯し、その結果「懲役三年」の刑に服したこと自体が、「ハンセン病非入所者の子」として控訴人が被った最大の被害であったのではないか、ということである。

第9　結語

二〇一六年四月二五日、最高裁判所事務総局は「ハンセン病を理由とする開廷場所指定に関する調査報告書」を公表した。わたしは、事前に、産経新聞から「識者コメント」を依頼されていたので、その日のうちに、この分厚い報告書を読んだ。わたしのこの最高裁報告書への評価は、十分な検証たりえていないものであるという批判的なものであり、(51) また、新聞各紙で報道された全療協（全国ハンセン病療養所入所者協議会）の森和男会長、藤崎陸安事務局長をはじめ、各療養所入所者自治会の役員たちのコメントは、いずれも、最高裁が「憲法違反」を認めなかったことに対して怒りの声をあげていたけれども、それでも、新聞各紙が伝えたように、「最高裁が司法手続き上の判断の誤りを認め、〔事務方トップの最高裁事務総長が〕会見で謝罪するのは極めて異例」（朝日新聞デジタル、二〇一六・四・二五）のことであった。

さらには、五月二日、憲法記念日を前に寺田逸郎最高裁長官が記者会見を開き、「ハンセン病隔離法廷、最高裁長官が謝罪『深くおわび』」（朝日新聞デジタル、二〇一六・五・二）と報じられた。その記事のなかで、「調査を要請した元患者らが要望している再発防止策については『人権意識の向上のために、新たな研修プログラムなどが求められるのではないか』と述べた」とも報じられた。

わたしが、この「意見書」を書いてきて、痛感したのは、原判決があまりにも、ハンセン病差別問題の実情を踏まえていないということであった。司法にかかわる者たちの「人権意識の向上」は、単に抽象的な理念の研修に留まるものではなくて、差別の現実を理解するものでなければならない。――この控訴審においては、裁判官諸氏は、ハンセン病差別問題の実情にきちんと迫ったうえでの判決を書かれることを切望する。

また、最近、外務省の「人権外交」のホームページを見ていたところ、「ハンセン病差別解消にむけて／国際社会における日本政府の取り組み」という見出しのもと、「二〇〇八年六月の第八回人権理事会においては、我が国が主提案国となり、同理事会においてハンセン病差別問題を議論し、差別を撲滅するための実効的な方法等を検討することを目的とした『ハンセン病差別撤廃決議』が全会一致で採択されました」と、日本政府が「ハンセン病差別問題に国際的なイニシアティブをとって活動」していることを自負する記事が載っていた。しかるに、ここで外務省が「ハンセン病差別撤廃決議」と訳した国連人権理事会（Human Rights Council）の決議（Resolution 8/13）のタイトルは、もともと、“Elimination of discrimination against persons affected by leprosy and their family members” というもので、直訳すれば「らいに罹った人とその家族成員たちに対する差別の撤廃」である。ものの見事に、「家族」に対する差別も許されないのだという、決議文本来の精神が骨抜きにされている。外務省のホームページでは、「家族」に対する差別も許されないのだという国連人権理事会の決議の文言が、痕跡が見当たらないほどに消去されている。このような誤魔化しをして、日本の外務官僚は恥ずかしくないのだろうか。

そもそも、一九九六（平成八）年の「らい予防法」廃止の時点では、当時の厚生大臣菅直人が、ハンセン病「患者」のみならず「その家族の方々」に対してもお詫びの言葉を述べていたが[52]、一九九八（平成一〇）年に「らい予防法違憲国賠訴訟」が提訴されてからは、二〇〇一（平成一三）年の熊本地裁判決以降、今日に至るまで、政府関係者の口からは「ハンセン病家族」に対するお詫びの言葉が述べられることは皆無となっている。政府関係者が例外なく「家族への謝罪」については口を閉ざしているのは、「家族への謝罪」を口にすれば、「家族への賠償・補償」を避けられないと考えているからにほかなるまいと考えられるが、それにしても、このような態度は、人間としていかがなものかと思う。——わが国の外務省も、国連人権理事会において「らいに罹った人とその家族成員たちに対する差別の撤廃」決議案を主提案国として提案したことを誇るならば、国内でも、厚労省と法務省に対して、ハンセン病問題は「ハンセン病罹患者への偏見差別」だけの問題ではない、「その家族に対する偏見差別」の問題でもある、日本国内でも「ハンセン病家族」の被害の問題にきちんと向き合ってほしい、と呼びかけるべきだと、わたしは思う。

もしも日本が「人権先進国」でありたいと望むのなら、差別が「ある」のに「ない」ことだけはしないでほしい。その国が人権を大切にしている国かどうかの尺度を考えるならば、次のようになろう。そもそも、自国内に差別がない国など、この地球上には存在しない。したがって、「わが国には差別はありません」などと政府関係者が表明する国は、まずもって「人権先進国」たるの資格を失う。いちばんまともな第一のグループに属する国々は、その国の民だけでなく官も、自国内に差別がある、差別が起きていることを率直に認めて、真剣にそれへの取り組みを展開している国である。アメリカ合州国にも、おぞましい差別がいくらでもあるが、日本と違うのは、必ずそれに対抗する民衆の運動と政府の取り組みが展開されることである。次の第二のグループが、差別への取り組みは、当事者を中心とする民のレベルだけでなされ、政府をはじめとする国家機関は、その差別を「ある」のに「ない」ことにして、まともな取り組みをしようとしない国である。残念ながら、日本はこの第二のグループに属する。そして、人権面でみた場合の最悪のいくつかの国は、国家みずからが国内の少数民族や体制的思想に順応しようとしない人たちの人権を蹂躙してやまない国だということになる。わたしは、いいかげんに、日本が第一のグループの仲間入りをしてほしいと願っている。

わたしは、この「意見書」において、原判決に厳しい評価を下したが、広島高等裁判所松江支部におかれては、「ハンセン病家族に対する偏見差別」の除去の一助となりうるような、実情に即し、かつ、差別は許されないという毅然たる態度での判決を書かれるように、切望する次第である。

●註

(1)ハンセン病問題がテーマとなるこの意見書では、関係者のプライバシー保護に配慮して、原則として個人名を出さないようにしたい。以下、この男性は「控訴人」(文脈によっては「原告」とすることもある)と記す。控訴人のいまは亡き母親は「亡母」と記す。控訴人の兄姉については、控訴人に焦点をあてて記述していく関係上、「長兄」「次兄」「三兄」「次姉」「四兄」（長姉は幼いときに亡くなっている）と書くことを基本とし、亡母が主体となっている文脈では「長男」「次女」等と記述することもある（原判決から引用する場合には「長男」「二女」等、原文のままとする）。控訴人が生まれ育った一家については「T家」とする。また、他の関係者については、イニシャル表記を基本としたい。ただし、誰のことを指しているのか理解不能になることを避けるため、必要な属性等を〔　〕書きで補うことがある。また、イニシャルが重なってしまう場合には、適宜、別のアルファベットを振り当てることにする。——一般に、引用にあたっては、原文のママが大原則であるが、この意見書では、上記のプライバシー保護のほうを優先させて記述していくこととする。ハンセン病にたいする偏見差別はいまなお解消しておらず、自分の氏名や身近な人の氏名が公表されることを望まない人が多くいることが想定されるからである。

一方、直接本件とはかかわらない人物について公刊された文献（たとえば、他のハンセン病病歴者や家族からの聞き取りの記録などで、すでに本人から氏名公表の了解を得られている場合）からの引用に際しては、そこで用いられている氏名をそのまま記述することにする。

(2)なお、大栄町は、二〇〇五（平成一七）年に北条町と合併して、現在では北栄町となっている。

(3)また、控訴人の「語り」では、「〔亡母は〕ハンセン病で〔知覚〕麻痺を起こしてね。ふつうは、土瓶やなんか〔を持つときには〕、なんか〔熱を防ぐものを〕持ってするねんけれども。〔知覚が麻痺してるから素手で持ってしまって〕すぐに火傷する。〔亡母は〕その火傷した手で田植えやったからな。もう意外と〔指が〕落ちるの早かったですよ。指が、倍以上ぐらいに腫れてな。爪も取れて、まんなかに穴があいてな。むかし、わしが、ぜんぶ、治療しましたよ。オキシドールというのがあってね。バッと〔かけると〕バアーッと泡がたちます。それから、まんなかに穴があいて、コローンと〔指の骨が〕落ちる。それで〔指が〕縮んでしまう。——ぜんぶ、わしが〔亡母の指の〕治療をしたんだからな。／ただし、大阪に行くと、『オキシドールっていうのはいかん』ちゅうんでな、ちょっと治療の仕方、変えて。傷パウダーみたいの、あれでしました。そしたら、それ以上化膿もせんしやするしね。骨も取れずにね。大阪へ行ってからはな、指の状態は一回も、骨が取れたということはなかったな」（甲第30号証、三八頁）とのことである。そして、この指が落ちた状態は、ハンセン病の典型的な後遺症のひとつであって、見る人が見れば、一目でハンセン病罹患者とわかるものであった。

(4)わたしの知るところでは、「MS」は、控訴人の祖母の弟であり、他家から嫁いできた亡母の直接の「叔父」ではない。

亡母との関係で言えば「義理の叔父」ということになる。

(5)場合によっては、医院自体が「らい患者」が立ち回ったとの事由により「消毒」を余儀なくされることさえあったという話を、わたしは聞いている。じっさい、「らい予防法」は、第八条で「汚染場所の消毒」を、第九条で「物件の消毒廃棄等」を定めているが、その条文は「都道府県知事は、らいを伝染させるおそれがある患者又はその死体があつた場所を管理する者又はその代理をする者に対して、消毒材料を交付してその場所を消毒すべきことを命ずることができる」「都道府県知事は、らい予防上必要があると認めるときは、らいを伝染させるおそれがある患者が使用し、又は接触した物件について、その所持者に対し、授与を制限し、若しくは禁止し、消毒材料を交付して消毒を命じ、又は消毒によりがたい場合に廃棄を命ずることができる」となっており、医療機関を例外としてはいない。国立ハンセン病療養所「栗生楽泉園」の入所者、丸山多嘉男（故人）は、わたしたちの聞き取りでこう語った。

町の高安病院というところへ行って診てもらったら、「うちでは、これはなんだかかって決められん。紹介状書いてやるから行ってこい」って言ったの。それで、紹介された梅田皮膚科医院へ行ったら、玄関を開けて入るなり、「うちへは、あがっちゃいかん！」って言うんだ。「あんたのことはわかったから、もういいから」って。それきり、医者のほうは縁切りになっちゃった。（『栗生楽泉園入所者証言集（下）』甲第111号証の3　一五二頁）

前者が面倒を嫌ってのたらい回しであり、後者も、じつは、「らい患者」との接触による「伝染」を恐れての拒絶ではなく、上がり込まれると、あとあと「消毒」などの手間がかかることを恐れての拒絶であったと理解される。というのも、「らい予防法」は「らいを伝染させるおそれ」（第六条）を声高に言いつのり、「無癩県運動」も「らい」の〝強烈な伝染力〟をキャンペーンしたけれども、医療関係者たちは「らい」の〝強力な伝染力〟というものを信じていたわけではなかった。その証拠に、大学病院などでは、新規の「らい患者」が受診してくると、教授以下、若手医師や医学生などが大勢で患者を取り囲んで「観察」することがおこなわれていたのである。たとえば、一九五六（昭和三一）年にハンセン病を発症し、東京の「日本医科大学の淀橋病院」を受診したA（男性）が、次のように語っているのは、その一例である。

〔淀橋病院の先生は〕薬はなんにもくれないで、「いついつ来なさい」「いついつ来なさい」つって、行くと、若い先生がいっぱいいて、おかしいなぁと思って。けっきょく、ハンセン病はこうだって教えるために、二ヵ月ぐらい引っ張られちゃった。（福岡安則・菊池結「非入所のような、そうでないような――あるハンセン病回復者のライフストーリー」、『日本アジア研究』第一三号、二〇一六年、甲第114号証　九三～九四頁）

また、そもそも、全国に一三園が造られた国立ハンセン病療養所じたい、ハンセン病が伝染力の強い危険な病気だとの認識を前提として運営されてはいなかった。当時、赤痢とか疫痢といった感染力の強い危険な伝染病に対しては、「避病院」というものが設けられ、患者は厳重に隔離されたのである。しかるに、ハンセン病療養所に隔離収容された患者たちは、たしかに社会からは隔離されたけれども、園内では隔離されていないのだ。療養所内で「隔離」されたのは、ハンセン病以外にも結核や精神病を患うことで、「結核病棟」に入れられた患者たちと「精神病棟」に入れられた患者たちだけであった。前者はまさに「うつるといけない」からであったし、後者は「ひとに害を与えるかもしれない」という観念のなせる業（わざ）であった。たとえば、国立ハンセン病療養所「栗生楽泉園」では、収容された患者たちと療養所で働く職員が一緒になって「芝居」をやっていたのである。一九四八（昭和二三）年から九年間、栗生楽泉園の事務分館の職員を勤めた外丸八重子は、わたしたちの聞き取りにこう語っている。

〔わたしが勤めたときには、入園者の演ずる〕歌舞伎は〔もう〕なかったです。それまではあったみたいですね。女〔の入園者〕が少ないんですよね、ハンセン病療養所（ここ）は。女形、〔つまり〕男の人が白塗りして、それでお芝居してたらしいんですけど、それは現代に合わないっていうんで、看護婦さんとか事務員の女の人を頼んで、それで芝居をやりました。〔木下順二の〕「赤い陣羽織」なんていうのやったの、覚えてるな。いま、多磨全生園の〔入所者自治会長をされている〕佐川〔修〕さんと。「赤い陣羽織」のお嬶（かか）をわたしがやって、あの人が〔夫役〕、二人してやったのを覚えてます。（外丸八重子「激動の時代に分館職員として勤めて」『栗生楽泉園入所者証言集（下）』甲第111号証の3　二七〇頁）

そんなはずはない、ハンセン病療養所では、「職員地帯」（＝「無菌地帯」）と「患者地帯」（＝「有菌地帯」）を隔てる塀も作られ、看護婦はじめ職員が「患者地帯」に立ち入るときは、白装束にすっぽり身を包んでいたではないか、職員が「患者地帯」から「職員地帯」に引き上げるときには、消毒液で長靴を洗い、手も消毒したではないか、と言うひとがいるかもしれない。だが、現実はと言えば、外丸八重子は、こう語っている。

分館の入口を入ると、そこに手洗いの〔洗面器があって〕、消毒液で洗って、水で洗って。そういう規則（あれ）だったね。戸棚に自分の白衣が入ってるから、出て行くときは、その白衣着て、それで、予防靴下っていうんだけど、長いの履いて、ゴム長履いて。で、帰ってくると消毒して、部屋へ入る。――なんか馬鹿馬鹿しかったですね。わたしは患者さんと仲良しのほうで、平気で〔入園者の〕寮舎（よそんち）へ行って、お茶ご馳走になってましたから。日曜日は「絵のモデルになって」つうから、「はいよ」つって。〔ハンド〕クリームかなんかお礼

にもらったの、覚えてます。(二六九～二七〇頁)

要するに、ハンセン病に対する「強制隔離政策」は、《顕教と密教の使い分け》によって推進されていたのだということができる。ここで「顕教」とは、ハンセン病療養所の外の社会に暮らす人びと一般に向けて、〝らいは恐いぞ、恐いぞ〟と喧伝し、人びとを「無癩県運動」(=「らい患者」狩り)へと動員する言説群である。そして、その系として、療養所に隔離収容した患者たちに対しても、〝自分たちは社会にとって危険な存在だから、療養所にいるしかないのだ〟との諦念を植え付ける言説群である。一方、「密教」とは、ハンセン病療養所の内部で働く職員に向けて、患者との接触程度では「らい」は感染しないことを教えつつ、そして、念のための「予防着の着用」「手の消毒」の励行を促しつつ(このこと自体は、その行為を収容された患者たちに見せつけることによって、かれらに前述の諦念を植え付けるのに不可欠の作業であった)、「らい患者」にとってもこの療養所のなかで暮らすことが幸せであり、それを手助けする職務は崇高であるという考えを抱かせる言説群である。

なぜ、このようなことが言えるのか? 国や地方自治体ができるだけ人里離れた辺鄙な土地に「癩療養所」の建設を計画したとき、地元住民による執拗な反対運動が各地で起こった。なかには、流血の惨事にまで至ったところもある。そのときの、療養所設置者側の説得の論理は、「この医師不在の村の住民の診察治療を療養所の医師が引き受ける」ということと、「療養所ができれば地元住民を雇用するので働き口が保障される」の二点であったのだ。この、後者の説得は、「顕教」の〝らいは恐いぞ、恐いぞ〟の論理では奏功しない。〝らいはそう簡単にはうつりはしないものだ〟という、いま考えれば当然の現実を示すことで、地元住民に納得してもらい、療養所で働く者の雇用の確保に努めたのだ。「密教」の教える〝らいはうつらない〟という言説は、やがて、「その証拠に、ハンセン病療養所開設以来、療養所の職員や家族でハンセン病がうつった者は一人もいない」との神話を生み、今日でも社会啓発の場面でこの神話化された表現が繰り返されている。わたしのような社会学者は、このような全否定の命題は、たいてい眉唾ものとして信用しない。ハンセン病療養所が、ハンセン病の罹患可能性において、とくに〝危険地帯〟でないことは明らかだが、とくに〝安全地帯〟でないことも明らかだ。新たなハンセン病患者の発生がゼロになっている現代日本社会ではともかく、一昔前であれば、確率の問題として、社会全体の発症率と同等のかたちで、療養所の関係者(とくにその子ども)のあいだでもハンセン病に罹った人がいて不思議ではない。ほんの一握りであろうが、そのような人はいたはずである。――こうして、ハンセン病に対する「強制隔離政策」と「無癩県運動」は、「顕教を刷り込まれた社会の人たち」によって推進され、「密教で操られた療養所の職員たち」によって支えられたのである。

「顕教を刷り込まれた社会の人たち」の側でいえば、とりわけ、地域社会で厚い信用をかちえていた人士が活躍することとなった。多磨全生園の入所者で、当事者運動の機関紙『全患協ニュース』『全療協ニュース』の記者として活躍してきた島村秀喜（筆名＝大竹章）の語りを、『ハンセン病問題に関する検証会議最終報告書』の別冊『ハンセン病問題に関する被害実態調査報告』（二〇〇五年）から紹介しよう（ちなみに、ここで「島村秀喜」の本名を出すのは、彼が二〇〇四年九月一六日にわたしの聞き取りに応じたときに、これまで「大竹章」のペンネームで他者（ひと）のことをいろいろと書いてきて、おまえ自身は自分の名前は出さないのかといわれたことがある、また、自分の本名の島村秀喜がこのままでは存在しないに等しいことになってしまうので、「わたしとしては本名を出していただいてかまわない」との意向が示されたからである）。彼は一九二五（大正一四）年静岡県生まれで、一九四四（昭和一九）年、一九歳での繰上げ徴兵検査のときに「らい」を指摘され「兵役免除」、そして「多磨全生園」に収容されている。

そのうちに〔＝徴兵検査でハンセン病と診断されてから三ヵ月後に〕、飯野十造（いいのじゅうぞう）っていう人が――飯野十造っていう人は、プロテスタントの牧師で、静岡市に其枝（そのえだ）教会っていう教会があって、そこの牧師なんですけれどもね。その牧師が、白い消毒着を着た医者をつれて、夕方来ましたね。それは、どんなかたちであれ、〔どこそこにらいの患者がいるぞという〕噂が飯野牧師のところへ集中するようなシステムになっていたんだろうって思うんですけれども。飯野牧師が、だいたいあのへん一帯、ものすごい感度のいい情報網をもっていて、で、そういう噂を聞くと、ただちに出向いていって、全生園なり、長島愛生園なり、地元の御殿場の駿河療養所なりにね、入所を勧奨し、それで入所の日が決まれば、〔自分で〕連れていくというね、そういうことを手広くやっていた人です。これはほんとに、有名な人なんですよね。最終的にはそれでもって藍綬褒章って勲章もらったほどの人ですのでね。それで、その飯野さん、白い髭をこんなに長くのばした人が来て、それで、結局、〔わたしを療養所に入れるのがよいと考えていた〕親父とは話が合致するわけね。結局、日赤で紹介状ももらってるわけだしね、「飯野さんが連れていってくれるっていうんだったら、ぜひ、渡りに船でお願いします」っていうようなね。ふつうですと、飯野さんのようなお先走りのないところではね、うちにいつまでもいて、結局、警察やなんかの手をわずらわすっていうか、強制収容されるっていうようなかたちになるんですけれども、うちは、それよりも前にね、飯野牧師によって〔ここへ〕来たんですよね。だから、うちの親父は、飯野牧師には感謝して、亡くなるまでね、季節季節の、畑、田んぼの生産物をね、「神様にあげてください」って、必ず届けて、最後まで届けて、ありがたがっていたんですけれども。

たまたま、わたしのように徴兵検査でね、村に全部わかってしまったっていうケースだからね、「渡りに船」になるんですけれども。ひた隠しにしているところへね、白い予防着を着た医者を連れて訪れると、たちまち、近所の好奇心の的になっちゃうわけですよね。で、たいへん迷惑がられて。おなじ静岡〔県〕でもね、飯野牧師にそういうふうに訪ねられて、それは掛川のほうの、もう、おじいさんで。いつごろからかはわからないけれども、左の手の指が、こっちの第四指、五指あたりがね、すこし曲がってるぐらいの人で。そういう神経らいの人はね、それはそのままで病気が固まってしまって、なんの治療をしなくってもね、そのままで一生を終わるっていうケースが多いんですよね。だけども、それがハンセンだってことを飯野牧師が嗅ぎ付けて、それで医者つれて訪問して、「入れ、入れ、入れ、入れ」って言って、結局、連れてこられるんだけれども、ほっておいたってもう、年だからね、死ぬんだと。だけど、そういうふうなかたちでね、近所中ふれまわるようなかたちになってしまったからね。残る家族だって、たいへんな差別やなんかを受けることになるし。それから、〔そのおじいさん〕本人は、〔飯野牧師が〕たまたまプロテスタントの牧師であったから、この〔＝多磨全生園の〕中のプロテスタント、秋津教会の、三角梯子のような感じの鐘楼（しょうろう）があって、「その鐘楼へぶらさがって、死んで祟（たた）ってやる」って言って、自殺したんですよ。（一七三～一七四頁）

一方、「密教で操られた療養所の職員たち」の側では、自分の営みが収容された患者の「自由剝奪」への加担行為になっているとは露ほども考えず、まさに「聖職者」意識による医療・看護・介護の行為が展開されていくことになる。たとえば、一九三九（昭和一四）年生まれで、定年まで、栗生楽泉園で准看護婦として勤務した赤尾拓子は、わたしたちの聞き取りにこう語っている。

〔わたし自身、ハンセン病療養所内での男の患者さんの断種は〕当たり前に思ってた。子どもが育てらンないなら、産めないようにしといたほうが、〔妊娠した女の患者さんが〕堕胎するよりは、からだのためにいいかなぁ、なんて思いましたよ。だから、それを不思議に思わなかったことを、わたし、いま、深く反省してます。やっぱり、飼い慣らされたっていうか、そういうなかにいると、わからなくなっちゃうっていうかね。／わたしでさえ、子どもを育てられないのに産むのは無責任じゃないか、できた子を堕ろすと、女の人のからだに負担かかってよくないから、〔断種は〕やってあげるべきなんかな、っていう範囲で終わってるんですね。それ以上のことを考えるってことはなかったですね。わたしとしては、戦後の民主主義教育受けて、労働組合運動にもかかわってる

し……。（『栗生楽泉園入所者証言集（下）』甲第111号証の3　三〇五頁）

話を戻せば、ハンセン病療養所で働く職員のすべてが、「密教」の教えに得心し、「顕教」的偏見から自由になっていたわけではない。外の社会で喧伝されていた〝らいは恐いぞ、恐いぞ〟という意識を内面化したまま療養所で働くようになった人は、現実に日常的に患者と接する機会があるだけに、偏見に満ちみちた差別的言辞を弄することも多かったのである。未発表の聞き取りだが、「あおばの会（東日本退所者の会）」会長の石山春平の配偶者の石山絹子は、私立のハンセン病療養所「神山復生病院」に職員として勤めていたときのことを、こう語った。

〔神山復生病院には職員が住み込む寮が〕ありました。二人部屋だったですね。わたしが入った二人部屋の同室者（ひと）は、北海道から来てたひとで、おなじ敷地内に村のひとたちが〔診てもらいに〕来る診療所（ぶんいん）があって、そっちにお勤めしてたんです、看護婦として。わたしは〔ハンセン病の患者さんたちのための〕賄い〔の仕事〕。もう、〔その同室の人が〕厳しいんですよね。〔わたしが仕事から部屋に戻ってくると〕「わたしは〔らいの〕患者さんが大嫌いだ。あんた、しっかり、手ぇ洗ってきたぁ！」って、厳しく厳しく言われました。

（聞き取り日時二〇一五・三・八）

そうはいっても、ハンセン病療養所の入所者とそこで働く看護婦が結婚して夫婦となったケースが多いのは、事実である。たとえば、栗生楽泉園で看護婦をしていて、入所者であった中原弘が退所して社会復帰するときに彼と結婚した中原藤江からわたしたちは話を聞いているが、彼女の語りからは、ハンセン病がうつるのではないかといった懸念は微塵もなかったことが感じられるし、じつにサバサバしたものであった。（中原藤江「看護婦として、配偶者として」『栗生楽泉園入所者証言集（下）』甲第111号証の3　二七八頁）

(6)原判決は、「ハンセン病に対する法制の変遷等」「ハンセン病の病型分類と症状の特徴」「我が国のハンセン病政策とその変遷」については、かなりの紙幅（三九頁分）を費やしているが、こと「ハンセン病患者等に対する偏見・差別の実相とその評価」にかんしては、わずかな紙幅（六頁分）を充てているにすぎない。総じて、原判決のハンセン病問題に関する理解は、法制的・政策的・医学的側面に限定され、ハンセン病罹患者やその家族が直面した被害の実態的側面については、いわゆる観念的な理解の域に留まっていたと評するしかない。

(7)財団法人鳥取県癩予防協会発行の小冊子『鳥取県ノ無癩運動概況』（一九三八年）に、「入所勧誘状況」という見出しのもと、以下の記事が載っている。「無癩県運動」が、どのような差別的状況、人権侵害を生んでいるか、一九三八（昭和一三）年当時、当局の側も認識していたことを窺わせる。そして、戦後、「無癩県運動」を推進する立場にあった

ＭＳは、当然知っていたものと思われる。

愛生園ニ入所スルコトハ其ノ家庭ニハ天刑病アリトノ世間態ヲ慮ル見地ヨリ外聞及ビ不面目ヲ痛感スル而已ナラズ、他家ニ縁付キタル其ノ肉親者、或ハ他家ヨリ入籍シタル家族ガ従来秘密ニ取扱レタル患者ガ入所スルニ伴ヒ自然世間ニ知レル結果、中ニハ現在ノ親戚相互間ニ或イハ不縁破談トナリ妻子其ノ他ガ離散ヲ為スガ如キ累ヲ其ノ近親者ニ及ボス等、悲劇ノ現出センコトヲ憂慮シ一家残ラズ自殺スルカ、或イハ挙家他県ニ転出ヲ決意スト陳情セルモノアリ。

(8)わたしの理解では、「親戚会議」を主導した、控訴人の祖母の弟ＭＳの狙いは、関金町のＴ家の「自宅」から長島愛生園に直接収容されることだけは、なんとしても回避したいということであったろう。だからこそ、住民票を大阪に移し終えてから、阪大病院に行っているのである。単にハンセン病であるか否かの診断を求めるだけなら、大阪へ行ったらすぐ阪大病院に行けばよかったはずである。いや、そもそも、関金町山口の家屋敷を売却してしまったこと自体、ここに戻ることはありえない、つまりは亡母がハンセン病ではないという診断をされることはありえないことが、わかったうえでの行動であったというべきである。とにかく、大阪経由で愛生園に収容されること、それが実現できれば、地域社会の人びとに対して〝亡母は療養所に収容されたりしなかった。他の病気の療養のために大阪に行ったのだ〟と取り繕うことができ、うまくいけば村八分にあわずにすむ、という目論見であったろう。しかしながら、阪大病院皮膚科別館の医師は、大阪府に届出もせず、したがって、療養所への収容もされないままに、ハンセン病の通院治療が始まった。ある意味で〝読み〟が外れたわけだ。医師からもらった診断書にも、直接「らい」を示す診断名はない。そこで、きょうだいたちのあいだに、亡母は「らいには罹っていなかったのだ」という、〝思い込み〟（より厳密には、そのように〝思い込みたい〟という想念）が兆したのであろう。

(9)仮に鳥取県のこの地方では、すでに「足入れ婚」の風習が廃れていたとしても、次姉の置かれていた当時の立場は、「足入れ婚」と機能的に等価であったと言うべきである。このような、いわば〝お試し期間〟の設定は、婚姻に限らず、労働現場でも、「半年間の試用期間」の慣行のかたちで常態的に見られたことである。戦後かなりの時期まで、この「試用期間」内に、結核を病んでいるとか思想が「アカ」であることが見つかると、簡単に「解雇」されていたのである。

(10)姑にいびられたら「嫁」は婚家を出ていくというストーリーが単純にまかり通るのなら、世の中に「嫁姑問題」など存在しなかったはずである。かつては、姑の嫁いびり、そして、夫が妻の味方になってくれないということは、嫁にとって「忍従」すべきものにすぎなかった。そして、自分が「姑」の立場になったときには、自分がされて嫌だったことは、息子の嫁にはしなければよいものの、こんどは「姑」として「嫁」をいびる側になっていくという負の関係の反復こそが、「嫁姑問題」であったのである。

(11)原告の「本人調書」(平成二六年一一月五日)によれば、このほかに、「分家の、父親の弟のTH」と「〔父親の〕妹のK」も出席していた。

(12)この「Kという家のおばさん」とは、先に控訴人が「これだけは話しておかないかんけど」と結婚差別と自死について語っていたところの、K家に嫁いでいた「父親の妹」にして「亡母の従姉妹」のことであろう。

(13)わたしは、当初、ただの一般住民であれば、迫りくるハンセン病療養所への「収容」を前にして、それを先延ばしする、もしくは、回避する方途として、大阪へ移住し、阪大病院皮膚科別館を受診するということに思い至ることはまずありえないであろうから、亡母の大阪行きは、「無癩県運動」の推進役であったMSにして、はじめて着想可能だったにちがいないと思っていたが、「陳述聴取報告書」(甲第77号証)での次兄の陳述がきわめて具体的であり、十分に措信しうると考えた次第である。

ただ、四ヵ月もの長きに及んだ「親戚会議」の結論がでるまで、連日の保健婦の訪問はありながら、最後まで「強制収容」が発動されなかったのは、関金町役場におけるMSのポジションゆえであったろうと思われる。

(14)原判決によれば、一九六七(昭和四二)年から鳥取県大栄町由良宿で暮らすようになった亡母が、一九八三(昭和五八)年一二月一四日に「脳梗塞を発症」して地元のM外科医院に入院したさい、医師が「診断書」に「『多発性関節リウマチ』及び『脳梗塞(右不全マヒ)』と記載」(判決、八〇頁)したとあるが、ここでの「リウマチ」がハンセン病の後遺症のカムフラージュであることは明らかであろう。このように、町の医師たちも、面倒なことにかかわりになることを回避するために、および/もしくは、患者とその家族の立場を思いやって、診断名を誤魔化すことをしてきたのだ。また、多くのハンセン病回復者が手の指などの後遺症を誤魔化すために、「リウマチでこうなった」等と釈明してきたことが聞き取られている。

(15)福岡安則・黒坂愛衣「最後の徴兵で沖縄戦に駆り出されて――ハンセン病療養所『星塚敬愛園』聞き取り」、『日本アジア研究』第一一号(二〇一四年)、甲第117号証　二七二頁。

(16)なお、黒坂愛衣のこの論文は、二〇一一年度日本解放社会学会「優秀報告賞」を受賞している。

(17)このあたりのことを、原告の「本人調書」(平成二六年一一月五日)で知りうることも加味して、時間的な流れに即して整理すれば、次のように理解されよう。控訴人が小学校五年生のころには、亡母が「らいに罹ったとのうわさ」が広がり、小学校六年生の春には、長兄、次姉が離婚となる。この時期から中学校一年生にかけて、控訴人には友達がいなくなった。「〔鳥取県の〕中学校から大阪に行く前ね、やっぱり、これまでの友だちも、もう、妙な目で見るようになってしまったけれどな。友だち、いっぺんでなくなりましたね。蜘蛛の子を散らさしたぐらい、パァーッと逃げてきますよ。もう〔学校へ〕一緒に行く者もおらねば、一緒に帰る者もおらん。そりゃあ見事や」(甲第30号証、四三頁)と。しかし、控訴人は腕力が強かったようで、休み時間に取る相撲で、「さばおり」という荒技で相手を負かしてしまう。いわば力を誇示することでもって、控訴人に対する「いじめ」が噴出するのを押さえていたと言えよう。しかし、中学校二年生の五月に大阪に転出し、翌年、故郷の鴨川中学校の三年生になった同級生たちが修学旅行で大阪にやってきて、その顔ぶれのなかに従兄弟もいるということの懐かしさから、控訴人が会いに行ったとき、「みんな出てきたよ。わあわあ囲まれたわ。それはそこのすごさの迫力があるわ」(本人調書、九四頁)という状況が出来(しゅったい)した。日常的には、鳥取と大阪に離れて、いくら力持ちとはいえ、もはや控訴人の仕返しを心配する必要がなくなった状況で、マジョリティグループによる孤立した控訴人への威嚇が現前したのだ。

(18)佐藤裕は、現在、富山大学人文学部教授。

(19)厚労省と法務省が、日本各地を巡回するかたちでの「ハンセン病問題に関するシンポジウム」を実施し始めたのが、やっと二〇〇五年度からである。

(20)磯村英一先生(一九〇三~一九九七)は、東京都庁勤務のあと、東京都立大学教授、東洋大学学長などを歴任。都市社会学者であるが、晩年は、いわば同和問題の大御所的存在であった。『マスコミと差別語問題』は、磯村先生が放送文化基金から研究助成金をもらってきて、当時若手の社会学者であったわたしたちに自由に調査研究をさせてくれた、その成果である。東京の代々木公園隣のNHK放送センターのアナウンサー室に行くと、数冊の本書が書棚に並べられていたのを思い出す。また、本書はこの種の本としては珍しく、七刷を重ねた。

(21)「坊」の語は、一般に、〝人並みではない〟〝一人前ではない〟とされる対象に付けられる接尾語である。「赤ん坊」のばあいは、まだ一人前になっていないがゆえに、小さくてかわいい存在だとされる。唯一、プラスイメージの用法であろうか。それ以外、「食いしん坊」「怒りん坊」「けちん坊」「立ちん坊」「黒ん坊」等々、思い浮かぶのはすべてマイナスイメージの用法ばかりである。

(22)『栗生楽泉園入所者証言集(上)』三六~三七頁。

(23)わたしたち、ハンセン病問題の研究者にとって、「入所者」は「ハンセン病療養所」を訪ねれば、確実に会える。「入所者」は、外の社会に対しては「園名＝偽名」を使うなどして、自分の存在を隠している人が少なくないが、療養所のなかでは隠れる必要がないからだ。しかし、「退所者」「非入所者」となると（そして「家族」も）、会うことが困難である。基本的に、社会のなかで隠れ住んできたからである。「退所者」の場合は、まだしも、一九九八（平成一〇）年からの「らい予防法違憲国賠訴訟」をきっかけに「全退連（全国退所者原告団連絡協議会）」が結成されたので、そこにつらなる人たちには出逢えることとなった。しかし、「非入所者」もしくはその家族となると、まず出逢えない。わたしが聞き取りできた「非入所者」は、たった一人にすぎないが、参考までに、その人の事例を簡単に紹介しておきたい。

ハンセン病回復者のA（男性）は、一九三四（昭和九）年、京都府北部の生まれ。東京へ出てきて大工をしている二二歳のときにハンセン病を発症。別の病院の医師の紹介で東大病院で診察を受けることになった。東大の医師は、Aの病いは「らい」であり、「三日の時間をあげるので、〔ハンセン病療養所〕多磨全生園へ入る準備をしなさい」と告げた。それに対してAが「そんなとこ入るんだったら、おれ、死んじまう」と応答したところ、医師は「いま、いい薬ができている。週に一回薬を取りにくるという約束をちゃんと守るなら、通院を認める」という返事をもらえたのである。こうして、彼は足に「裏傷」ができたりしたときにその治療のために多磨全生園に「入院」〔園内に寮舎をあてがわれる「入所」ではない〕したことは数回あったものの、基本的に生涯を娑婆で過ごしてきた（控訴人が阪大病院皮膚科別館の亡母にたいする処遇に不満を嵩じらせたのとは対照的に、Aは東大病院の医師に対しては「感謝」の一言である）。

しかし、そのような幸運だったとしかいいようがないAにしても、「らい予防法」にもとづく「強制隔離政策」が作出・助長した偏見差別から自由であったかというと、そうではなかったのである。彼には内縁関係の妻がいたが、彼女が死ぬまで入籍することはなかった。そのことを、かれらが自分で勝手にそのような関係を選んだだけだと突き放して捉えることはできない。Aは、「わたしがそういう病気だと、もし〔世間に〕ばれたとき、〔入籍していると〕彼女にたいへんな迷惑をかけることになるから〔入籍しなかった〕。一緒にいてくれるだけでいいと思った」と語る。また、内縁の妻が妊娠したことがあったが、かれらは中絶している。「ハンセン病になった人間は子どもをもってはいけない、絶対ダメだと思い込んでいたから、泣く泣く堕（お）ろした」のだ、と。さらに、Aは、自分の親きょうだいにも、自分の病気のことは隠してきた。一度、長姉に「じつは、おれ、ハンセン病だったんだ」と打ち明けたことがある。しかし、姉の態度は変わり、「実家には言うな。知られたら、墓参りもできなくなる」と突き放された。知覚麻痺は残るものの、外見的な後遺症がまったくないAは、親が存命中は盆には帰郷していたが、いまではきょうだいとも疎遠になっている。そして、内縁の妻も亡くなり、愛犬のダックスフントだけと暮らす今、もっと身体が不自由になり自分で自分のことができなくなったときのことを不安に思っている。「介護を受けなきゃなんなくなったら、嫌でもバレちゃいますよ。老人ホームに入るにしても、在宅で介護を受けるにしても、絶対バレる。そのときのことを考えると、ゾッとする」。Aは、多磨全生園に「入所」はしなかったが、「入院」したカルテが残っていて、全生園のソーシャルワーカーの計らいで「退所者給与金」の給付を受けていて、自分が他人の介護を受けるようになったとき、その関係の書類が介護者の目にとまることを免れることはできない、と絶望的な気持ちになっているのだ。

Aの事例は、「家族」ではなく、「非入所者」当事者のものだ。それにしても、もし、ハンセン病に対する「強制隔離政策」の展開により偏見差別が社会に流布されることがなかったならば、内縁の妻と死別するまで入籍しないままで過ごすことはなかったであろうし、肉親との隔たりのない付き合いがいまでも続いていたであろう。もし、「らい菌」は感染力のごく弱い感染症にすぎないとの、事実ありのままの情報が社会に知らされていたならば、せっかく受胎した子どもの命を摘み取ることはなかったであろう。「らい予防法」廃止後からでもよい、もし、実効性のある社会啓発の実践が積み重ねられていれば、自分が身動きできなくなって、他人の世話になるときには、自分の病歴がバレてしまう、それは身の破滅だと、いまだに怯えていることもなかったであろう。

そして、かかるAの事例を、内縁の妻の立場から捉え返せば、本来であれば獲得できたであろう法的にも夫婦関係が保証された「家族関係」に、楔（くさび）を打ち込まれていたということは明らかだ。そして、中絶された子どもの立場から捉え返せば、何をか言わんや、生まれてくる前に命を断たれてしまったのだ。――これが《家族の被害》でなくてなんであろう。

以上は、福岡安則・菊池結「非入所のような、そうでないような――あるハンセン病回復者のライフストーリー」（『日本アジア研究』第一三号、二〇一六年、甲第114号証　八九～一〇三頁）を参照。

(24) 黒坂愛衣『ハンセン病家族たちの物語』（甲第98号証）の第七話「『癩者の息子』として最初の名乗りをあげる」の語り手・林力（ちなみに、林力は、「ハンセン病家族集団訴訟」の原告団長を引き受けたひとである）は、自身の受けた結婚差別の体験を以下のように語っている。戦後まもなく小学校の教員として働いていた二〇代のとき、身元調査をされて、父親がハンセン病療養所「星塚敬愛園」に収容されていることを理由に、結婚差別を受けたのだ。

ここで〔＝この小学校に勤めて〕二年目か、好ましいなぁと思う女性（ひと）がおって。昔のことですから、焼け跡のなかを手をつないで帰るというぐらいだったんですが。ある日、家へ帰ったら、母親が「刑事が来たよ」と言うんです。〔わたしは当時〕組合運動で福岡市〔教組〕の青年部長とか書記次長などをしていたんで、ああ、組合のことで来たなぁと思ったら、「いや、ちがう。お父さんのことを二時間半ばかり、あれこれ聞いていった」と。翌日から、彼女が廊下で会っても顔をそむける。——そのころ〔一緒に〕帰る〔約束をする〕のにね、携帯〔電話〕もなにもない時代ですから、机の上のこっち側に鞄を置いて、「あなたも一緒に帰れるときには、同じ方向に置きなさい」。両方の鞄が同じ方向に置かれたときに、きょうは一緒に帰られるということになる。そういう、かわいらしい恋愛ですよ。ほほえましいことです。それが、警察が来た翌日、〔彼女の態度が〕見事に変わったんです。ものも言わなくなった。すべてを避けるようになった。

〔彼女の家族がわたしの身元調査をした〕としか考えられませんね。あとでわかることですけど、そのひとのお父さんが、どこかの消防署長だった。あのころ消防と警察というのはひじょうに密接な関係をもっていたでしょう。そういうことで、すぐ動いたんじゃないかと思います。あの時代、「らい」は社会の治安や秩序を乱す病というふうに位置づけられていたじゃないですか。だから、警察としても、個人的に頼まれたこともあろうかもしれないけども、堂々として〔身元調べに〕やってきたんじゃないでしょうか。〔彼女は〕その年度の終わりに転勤になりました。

それからは、自分は恋愛など考えない、また同じことに出遭うということで、朝から晩まで〔学校で〕子どもたちと過ごしました。もともと子どもが好きでしたし、それはひじょうに、いい思い出でした。（二五五～二五六頁）

このような結婚差別を受けた後の林力の結婚は、やはり、親戚のつながりによるものであった。以下は、本には未収録部分の聞き取りからの引用である。

〔わたしが結婚したのは〕二七ですかね。わたしはもう、結婚するという気ないんですね、さっきの恋愛の問題で。またぶち当たると思ってる。それで結果的には〔わたしと妻とは〕又イトコどうしです。うちの母親と彼女の母親がひじょうに仲良しの姉妹（きょうだい）みたいに育った従姉妹（いとこ）どうしなんですわ。で、〔母親どうしが〕動いて……。〔だから、妻は、星塚敬愛園にいるわたしの父のことは〕なんとなくは知って〔いたと思います〕。

(25)予感される差別の壁、心の溝を前にして、マイノリティ集団に属する側の人間が、結婚とか、結婚につながる交際に対して臆病になり、自らの殻に閉じ籠もってしまうことは、多々あることである。わたしは、在日韓国・朝鮮人問題の研究で「博士〔社会学〕」の学位を取得しているが、在日問題の研究を始めたばかりのときにも、当事者のそういう語りに出逢っている。一九六六（昭和四一）年生まれの在日三世の、通名・香山梢、本名・崔貞姫（ただし、いずれも本を書いたときの仮名）とは、わたしが千葉県立衛生短期大学に助教授として勤めているときに、わたしの担当する「社会学」の受講生として出逢った。彼女が卒業後に聞き取りをさせてもらった。

Q──だれか日本人の男の子を好きになるというの、ブレーキがかかる？（中略）どっかで、〔異性を好きになるのに〕ブレーキがかかっていると思う？

A──あると思います、すこーしは。私、ほんと、〔男の人を〕好きになるとかいうのはないから。けっこう諦めちゃったりするから、すぐ。ああ、いいな、と思っても、それ以上あんまり行動にあらわさないとかするから。

（福岡安則・辻山ゆき子『同化と異化のはざまで──「在日」若者世代のアイデンティティ葛藤』新幹社、一九九一年、七六〜七七頁）

その後、彼女が結婚したのか、していないのか、結婚したとして、どんなひとと結婚したのか、わたしは知らない。ただ、この聞き取りの場面で、マジョリティとマイノリティのあいだの「溝の深さ」を痛感したことは、はっきり覚えている。控訴人の場合は、一〇代で自分は「結婚しない」で生きていくと決断し、その通りに生きてきたのだから、彼が感じさせられてきた「壁の厚さ、溝の深さ」は凄まじいものだと言わざるをえない。

もう一例をあげておこう。今度は、まさに「ハンセン病家族」のケースである。黒坂愛衣『ハンセン病家族たちの物語』（甲第98号証）の第六話「病気じゃないのに療養所へ」の語り手・鈴木さち子（仮名）の語りである。さち子さんは職場の同僚からプロポーズされ、一九歳で結婚。当時の心境について次のように語る。

こんなに早く、一九歳で結婚するなんて思わなかったんです。結婚というのはあんまり〔考えられなかった〕。親が敬愛園（あそこ）に入ってるんで……。

結婚を申し込まれて、言わないといけないじゃないですか。「じつは、わたしは〔昔〕こういうところにいて、うちの親がこういうところに〔いる〕」。親がいなければ言わなくてもいいけど、実際いるから。うちの〔夫〕に言ったときもやっぱり即答はできなかったです。「一晩考えさせてくれ」と。次の日に「それでもいいから」って。「ダメ」っていう〔答えが返ってくる可能性〕の〔ほう〕が多いと思った。言ってるときは〝もう終わりだな〟ってかんじ。そういう気持ちでないと言えなかった。

結婚前、相手の男性とは二年半ほどの交際期間があった。さち子さんとしては、当初は「結婚すると思わないでいた」。

たぶん〔結婚につながるような交際から〕逃げてたと思う。あの頃はもう、男も女も、若い人がいっぱいだったんです。だから、グループではね、けっこうおつきあいはしてたけど。でも、個々になると、どっかで遮断する自分があったんです。この人とも〔デートの誘いを〕何回も断ってる、わたし。それでも何回か何回か〔言って〕きたから、いま一緒にいるようなもので。〔むこうが〕めげてたら、一緒にはなってなかった。やっぱり否定するとこはいつもあったような気がする、一対一でつきあうのは。（二二五～二二六頁）

本人はハンセン病に罹患していないにもかかわらず、中学卒業までハンセン病療養所「菊池恵楓園」と「星塚敬愛園」に入所していた鈴木さち子の場合には、結婚を申し込んだ相手の男性が、彼女の立場が「ハンセン病家族」であることを知らされても心変わりしなかったおかげで、無事に結婚できた。いずれにせよ、恋愛に怯え、結婚を避ける気持ちは、控訴人の気まぐれではなく、社会的マイノリティの立場に置かれた人間が往々にして抱かせられるものなのである。いま問題となっているハンセン病への差別偏見が「強制隔離政策」によって作出・助長されたものである以上、かかる意識を持つことじたい、まさしく、「ハンセン病家族」が被った被害のひとつだと捉えられる。

(26)二〇一六（平成二八）年二月一五日、熊本地裁に「家族による『らい予防法』違憲国家賠償請求訴訟」が原告五九名によって第一次提訴された。わたし自身、当初は、原告が一〇名を超えることはあるまいと予測していたが、その予測は見事に裏切られ、あっという間に五〇〇名を超えた。一九九八（平成一〇）年の「ハンセン病病歴者による違憲国賠訴訟」のときにはわずか一三名の第一次原告だったことを考えると、この原告の多さには感慨深いものがある。こんなにも、《ハンセン病家族たち》は、自分たちも「らい予防法」の被害者であったのであり、国に「謝罪」してほしいと切実に思ってきたということだ。その思いのなかには、これまで「自分がハンセン病に罹ったばかりに、家族に迷惑をかけた」と自己を責め続けてきた元患者の肉親に、「いや、あなたが悪いのではない。悪いのは国だったのだ。その国がやっと謝ってくれた」という言葉を掛けてやりたいという気持ちがあることは確実である。

(27)黒坂愛衣「子どもが差別を受けたことがいちばん悲しい――ハンセン病療養所退所者の60代男性からの聞き取り」、日本解放社会学会誌『解放社会学研究』第二二号、二〇一〇年、一六二頁　甲第107号証　二九～三〇頁参照。娘が恋人から「お父さんの顔見て、びっくりした」「こわい」と言われたとあるが、父親Aの後遺症はそんなにひどくはない。

唇が歪んでいる程度の顔の後遺症である。

(28)新聞報道では「一〇年ほど前」とあるのに、なぜ二〇〇六年のことだと特定できるかといえば、わたしたちは、この青年の父親である退所者男性からも聞き取りをしているからである。また、その父親が再婚した女性(青年にとっては継母)が、二〇〇七年に富山で開催された「第二回ハンセン病市民学会」の「家族部会」で、次のように発言している。

私の主人は元ハンセン病の人です。/お互いバツイチ同士で、二〇数年前に知り合い、お互いの子どものことが縁で今に至っています。/ここで声を大にして言いたいことがあります。昨年〔=二〇〇六年に〕起こった主人の息子の結婚問題です。/息子は四年間付き合った人があり、本人同士はどうしても結婚したいと意志は固いようでした。結婚するのであれば、彼女の両親にも本当のことを言って、嘘隠しなく〔結婚〕した方がいいと思い、息子本人が彼女の両親に会い、父親のことを話しましたところ、その結果大反対を受けることになってしまいました。/「ハンセン病がうつる」とか、「子どもができたときに病気になって生まれてくる」とか、「弟の結婚にひびく」とか、〔二〇〇三年に起きた〕黒川〔温泉〕のホテルの〔ハンセン病元患者の宿泊拒否事件の〕ことなど、様々なことが言われ、「そういう人と縁組したくない」と言われました。ふたりは一生懸命説得しようと努力したけれど、だめでした。〔義理の〕息子は相当ショックを受けて、涙を流し、しばらくの間は立ち直ることができませんでした。/私にも一人〔自分が産んだ〕息子がいます。主人の実子ではないので関係ないかと思っていたら、今度のことがあって初めて、実は同じようなことが七~八年前にあったということを話してくれました。彼女の両親から、「お母さんがハンセン病の人といっしょにいるのなら、もう娘とは付き合わないでほしい」と言われたそうです。息子は当時は私たちに言えなかったようです。それを聞いて私はとてもショックでした。でも、息子は、そういう人ならこちらからお断りと思うような息子です。その息子も良い出会いがあり、今年結婚することになりました。彼女は主人の病気のことを理解してくれています。けれど、彼女の両親は知りません。隠しています。/今から、まだまだ大変なことがあるかもしれませんが、ひとつひとつ乗り越えて、頑張っていきたいと思いますので、どうか皆様のお力とご強力、ご支援を賜りたく思います。(『れんげ草』第七号、三四~三五頁)

(29)青木美憲は、現在、国立療養所「邑久光明園」園長。

(30)本多康生は、現在、福岡大学人文学部講師。

(31)かつて、政策に基づいて「強制隔離」が押し進められていた時代には、ハンセン病療養所の入所者の男女比は三対一とも三対一とも言われた。ハンセン病の発症率が圧倒的に男性のほうが高かったからである。しかし、新規入所者が減っていくなかで、ハンセン病療養所内の男女比は、入所者の死亡によって、その構成を変えていった。つまり、男性に比べて女性のほうが長生きゆえ、現在では、ハンセン病療養所内の男女比は逆転して、女性のほうが多くなっている。わたしが療養所を訪ねた直近のデータでは、二〇一六年一月二五日現在、菊池恵楓園の入所者二七七人のうち男性一二三人、女性一五四人であった。他の療養所も同様の傾向を呈している。「ハンセン病問題に関する検証会議」による検証作業がおこなわれた二〇〇〇年代前半は、まだ男女比が逆転するには至っていなかったが、その差が縮まっていた時期であった。

(32)すでに縷々述べてきたように、「生涯独身を貫くと決意」したことじたいが、差別偏見に取り囲まれるなかで醸成された意識でありうるし、長年にわたって当事者からの聞き取りを実施してきたが、妊娠中の者が出産のための「里帰り」を園当局から認められたなどというケースには、ついぞ出逢ったことはない。そうではなくて、『ハンセン病家族たちの物語』(甲第98号証)の第二話「園を脱走してわたしを産んでくれた」の語り手の宮里良子(一九四四年生)の場合は、「妊娠七ヵ月」で両親が「星塚敬愛園」を脱走してくれたから、堕胎されて胎児標本になることを免れたのだ。あるいは、二〇一五年に東京で開催された「第一一回ハンセン病市民学会」の「分科会C家族——いま初めて語る家族の思い」で、沖縄在住の高校生がこう語った。「〔わたしの〕祖母は、妊娠が許されないなかで祖父と出会い、恋をし、私の父を身籠もってしまったのだ。祖父も祖母もハンセン病患者として屋我地島〔＝ハンセン病療養所「沖縄愛楽園」〕に隔離されていた。当時の屋我地島には本島から橋が繋がっておらず、本島への移動は舟によるものだった。祖母に宿った命を守ろうと、祖父の友人のおじ三人が舟を探し誰にも気づかれずに、真夜中に、祖父母を逃がしたらしい。／祖父は、屋我地島に連れていかれて数年後に亡くなっていたそうだ。もしあのとき、〔祖母が愛楽園から〕舟で逃げることができなかったら、〔祖母のおなかのなかにいた〕父も〔生まれて〕いないわけで、もちろん私もいない。そう考えると、いま、こうして私が生きていることは奇跡だと思った」(『ハンセン病市民学会年報二〇一五』)。——脱走によって、かろうじて奇跡の命がつながれていったというのが、現実なのだ。とても「お目こぼし」などという悠長なことが起きていたわけではないのだ。

(33)ちなみに、「検証会議」の『(別冊)ハンセン病問題に関する被害実態調査報告』(二〇〇五年)は、「優生政策」の項で「産まなかった(産めなかった)理由」を、次のとおり集計している。

入所中に子どもを産ま（め）なかったと答えた人（男女）は九五・一％（六二六人）、入所中に自分の子どもを産んだ人（男女）は四・九％（三二人）であった。子どもを産ま（め）なかった理由については、「断種・堕胎・不妊手術」が四九・〇％（二九一人）、「園内結婚をしなかった」が二三・二％（一三八人）、「たまたま妊娠しなかった」が八・八％（五二人）、「ハンセン病を気にして妊娠しないように注意した」が六・一％（三六人）などとなっている。（八二頁）

(34)「判任官」とは、天皇の委任を受けた地方長官などによって任命される官職であり、高等官（親任官・勅任官・奏任官）の下に位置づけられていたとはいえ、誰でもがおいそれとなれるものではなかった。

(35)単純にイニシャル化すると「M家」となるが、それだと表記が重なってしまうので、ひとつずらして「N家」とした。

(36)この場合も単純にイニシャル化すると「T家」となるが、やはり表記が重なってしまうので、ひとつずらして「U家」とした。

(37)わたしは、福島第一原発事故による避難者の調査で『もどれない故郷ながどろ』（芙蓉書房出版、二〇一六年）執筆のプロジェクトにかかわった。わたしたちが調査をした福島県飯舘村長泥地区という山村でも、有力なイエでは「イトコ婚」が、いうなれば積極的になされていた。わたしたちの聞き取りに一九二六（大正一五）年生まれの女性が、あっけらかんと次のように語っている。

わたしらの時代は、いまの時代と違って、お見合いだの、それこそふたりしてよくなったから結婚しますなんていう時代ではなかったの。親同士がハア、孫だからせでくっとか、姪っこだからせでくとかなって、親だちがだいたい決めて。それで仲人するひとごと頼んで、仲さ入ってもらって、ほんで結婚式することはやったの、わたしらの時代は。アハハハハ。部落内では、わたしがゆってもあれだが、実家も、いまの嫁ぎ先も、土地は多く持ってるほうだったから、ほんだから、他人にくれんの痛ましいから、ほんで、〔イトコ同士で結婚〕するって、ほういう事態になっちゃったの。この身上（しんしょう）他人にくれんの、痛ましいから。ほういう時代だったたの。ほんで、親の言うこと聞かねぇものは、当たりめぇでねぇから、「どこさでも出てげ」なんてやっちゃうべ。〔わたしも〕親の言うことは聞かなんねぇもんだと思ってた。ほんで、好きでもねぇとさ、やられんだわい。いまだら、ほんなこと誰もやんねぇ。笑い話のようだべ。（二四〇頁）

わたしは、この語りに「身上（しんしょう）を他人にやりたくなくてイトコ婚で」という小見出しを付けた。なお、「せでく」とは、飯舘村の言葉で「連れてくる」の意味。

(38)二人目の子どもを他家の養子に取られた母親の気持ち、他家に養子に出された子どもの気持ちについて、わたしが〝わかったふうな〟解説をするのは、じつは、わたしの妻がそのような「子ども」の立場にあるからである。妻は、一九四九(昭和二四)年、兵庫県の、いまは姫路市に編入されているが、かつては、飾磨郡夢前町前之庄の本条という山間(やまあい)のムラの、社会階層の高い家の次男坊で、東京に出ていた男性の子どもとして出生している。しかし、故郷の長男には子どもが生まれなかった。そこで、次男のところに生まれた第二子に〝白羽の矢〟が立てられたのである。〝白羽の矢〟を立てたのは、彼女の生みの親でも、育ての親でもない。いまだ実権を握っていた祖父の一存であった。こうして、彼女は育ての親(血統的には伯父)のもとへ「実子」としての届出で、生後まもなくやられている。そういう妻と生みの母親との、いつまでもわだかまりの解けない関係を見てきたので、控訴人の次兄と亡母の心情についても、わたしにはある程度想像がつく。

(39)鳥取県立倉吉東高等学校の来歴は、いささか複雑である。一九〇九(明治四二)年創立の旧制「鳥取県立倉吉中学校」が、一九四八(昭和二三)年の学制改革により、新制の「鳥取県立倉吉第一高等学校」(男子校)となった。その翌年公立高校の統合再編により、一九一四(大正三)年創立の「倉吉町立実科高等女学校」を前身とする「鳥取県立倉吉第二高等学校」(女子校)および「倉吉実業高等学校」と統合され、「鳥取県立倉吉高等学校」(男女共学)となった後、一九五三(昭和二八)年に「鳥取県立倉吉東高等学校」と「鳥取県立倉吉西高等学校」の二校に分離されている。

(40)さきほどから言及している『もどれない故郷ながどろ』の調査では、高度の放射能汚染のため帰還の見通しがまったく立たない状況のなかでも、なかなか諦めきれない六〇代の男性たちの語りが印象的であった。かれらは、まさに、「農家の長男」として、国家公務員や弁護士や学校の先生になる夢を断念して、イエを継いだ人たちであった。長泥地区ではないが、本人自身飯舘村の別の地区の出身で、産経新聞の記者をしている大渡美咲(一九八三年生)は、わたしに取材したことを、自身の著書『それでも飯舘村はそこにある』(産経新聞出版、二〇一六年)で、次のように記した。

村で最も放射線量が高い長泥地区の歴史を本にまとめた編集委員会の外部委員で、埼玉大学の福岡安則名誉教授(社会学)は、地区の住民への聞き取りを通して考えたこととして、「代々受け継いできた家や田畑は、その家の跡継ぎとして、ほかにやりたかった夢を断念したことと引き替えに得てきたもののようだ」と話す。/「家や田畑は、先祖代々受け継いできた大切な土地だからというだけではなく、自らの夢や人生を犠牲にしてまでも守ってきた土地だとの思いがあるからこそ、いっそう離れがたいのではないか」/私の父も若いころ、司法書士になりたくて一時、東京で学んだことがあったという。結局、長男ということで家を継ぐために断念した。（中略）／高校を卒業して何のためらいもなく（中略）当然のように村を出た私のような人間には、心底から理解するのは難しい感情かもしれない。（三七〜三八頁）

家を継ぐために大阪から戻ってきた長兄が、その家と亡母を棄てる道を選択したということは、なまなかのことではないということを理解しておく必要がある。

(41) これまた、すでに指摘したことなので、ここではくどくは繰り返さないが、阪大病院皮膚科別館の伊藤利根太郎医師が控訴人の亡母の診断書に「紅斑性ケロイド」と記載して「らい病」とは書かなかったからといって、伊藤医師が亡母はハンセン病ではないと診断したわけではない。ハンセン病療養所ではなく、大学病院で治療する以上、「らい病」の診断名は書くわけにはいかないのである。それゆえ、伊藤医師が亡母およびその家族の者に対して「亡母はらいではありません」と、言葉に出して説明することはありえない。亡母および家族も、基本的には母の病気がハンセン病であることは承知の上でその診断書を受け取ったと解するのが妥当である。

(42) 鶴見太郎『ロシア・シオニズムの想像力――ユダヤ人・帝国・パレスチナ』東京大学出版会、二〇一二年、三五頁。

(43) 四兄は「陳述書」（乙第11号証）で、「私は、母が大阪から鳥取に戻る頃、自衛隊での勤務が満期となり、さらに継続するか否かを決める必要があったことから、〔弟の〕控訴人に対し、『自分一人で母の面倒をみることはできないかもしれないが、二人で働いて母の面倒をみようか』と申し入れました。しかし、控訴人は、『自分が母の面倒をみる』と言って、そのときには既に大阪の家を売ってしまっており、母と一緒に鳥取に戻りました」と述べているが、これにしても、ずいぶん時間が経ってからの話であり、ぎゃくに、それまでの期間は、弟の控訴人に亡母の面倒をすべてみさせていたことを証言していると解するのが妥当である。

(44) わたしには、「ある日系二世聞き取り――ハワイにて」（山崎敬一ほか編『日本人と日系人の物語――会話分析・ナラティヴ・語られた歴史』世織書房、二〇一六年、一二四〜一四四頁）という論文があり、多少は日系アメリカ人の問題にも精通しているが、アメリカの西海岸で、またカナダのバンクーバー近辺で、日本人・日系人が「敵国人」としてその土地を追われたとき、かれらの所有する家屋は、ほんとうにただ同然で買い叩かれている。

(45) 控訴人の「本人調書」（平成二六年一一月五日）によれば、有名自転車メーカーの新車を何台も並べたような店ではなく、部品を仕入れてきて、自分で「組み立てて売る」といった程度の自転車屋であったようだ。

(46) 次姉のお好み焼き屋のほうも、控訴人の「本人調書」（平成二六年一一月五日）によれば、「子供相手」の店にすぎず、

「ほとんど収入どころか、元も上がらんというような状態」であった。

(47)ハンセン病遺族・家族の会である「れんげ草の会」が発足したのは、やっと、二〇〇三(平成一五)年三月二五日、熊本においてであった。それも、きわめてこじんまりとした会であり、会の実際の機能は、会員相互が隠し事なく自らの境遇を話せることをとおしての癒しの場を用意することであった。

(48)丸山多嘉男「晩秋の残り香——わしは収容の必要はなかったんだ」『栗生楽泉園入所者証言集(下)』一四八〜一七二頁。

(49)匿名希望A「外の社会には居場所がなかった」『栗生楽泉園入所者証言集(中)』甲第11号証の2 一六二〜一八二頁。

(50)加賀田一は、一九一七(大正六)年生、二〇一二(平成二四)年長島愛生園にて逝去。『島が動いた——隔絶六十年の体験から「小島の春」はいま!』(文芸社、二〇〇〇年)、『島のやまびこ——若者はどう受け止めたか』(私家版、二〇〇五年)、『いつの日にか帰らん——ハンセン病から日本を見る』(文芸社、二〇一〇年)の著作がある。

(51)二〇一六年四月二六日付『産経新聞』の、わたしの識者コメント「言い訳にみえる」、および、拙稿「ハンセン病『特別法廷』問題とは何だったのか——歴史の変わり目に被差別者の解放を押し戻そうとする権力者たち」(『部落解放』二〇一六年八月号)参照

(52)菅直人厚生大臣(当時)は、一九九六(平成八)年三月二五日、衆議院厚生委員会における「らい予防法」廃止法案の提案理由のなかで、「らい予防法の抜本的な見直しには至らず、その見直しがおくれたこと、また、旧来の疾病像を反映したらい予防法が現に存在し続けたことが、結果としてハンセン病患者、その家族の方々の尊厳を傷つけ、多くの苦しみを与えてきた」(傍線は引用者)ことを率直に認める発言をしている。また、二〇〇一年度の芸術祭賞、日本ジャーナリスト会議賞、民間放送連盟報道部門全国一位を受賞したMBC南日本放送制作の報道番組「人間として——ハンセン病訴訟原告たちの闘い」でも、菅直人厚生大臣が「患者、元患者」のみならず「家族」にも謝罪の言葉を述べている場面が写っている。

3 鳥取訴訟　証人調書

福岡安則

裁判長は、本尋問に当たり、調書末尾に添付した「当事者の自覚と周囲の認識に関する四つのパターン」と題する書面及び「甲98号証の目次部分写し」を証言台の上に置いて陳述することを許可した。

〈控訴人代理人（神谷）〉

　甲第119号証の1（意見書）を示す

――この署名捺印は、証人のものですね。

はい、そうです。

　甲第119号証の2（履歴書）を示す

――ここには、証人の経歴、研究歴、業績が記載されてるわけですね。

はい、そうです。

――証人は四五年以上社会学者として研究をされていますが、その研究対象及びテーマは、どのようなものでしょうか。

日本の部落差別問題、在日韓国・朝鮮人問題、セクシャルマイノリティ問題、それからハンセン病問題。そういう差別・偏見の問題を研究してまいりまして、差別の実情実態を明らかにするという研究をしてまいりました。

――証人の調査研究手法は、どのようなものでしょうか。

マイノリティ当事者のライフストーリーの聞き取りというのが、私の主たる手法になります。その場合、私は聞き取りをするときに……。

――まず、聞き取りをされるときに、どのような特徴があるんでしょうか。

私の聞き取りの方法というのは二段階になっておりまして、第一段階目というのは、共感的理解を目指す聞き取り作業を行います。第二段階は、私が名づけてるんですが、多事例対比解読法というやり方をとります。

――今おっしゃられた共感的理解を目指す聞き取りというのは、どのようなものでしょうか。

共感的理解を目指す聞き取りというのは、私が聞き手でいるわけですが、目の前にいる語り手をトータルに、その人の生きてこられた、あるいは考え方を理解したいということです。ですから、私のほうであらかじめこの点だけを聞きたいというふうに絞ってしまわないで、生まれてから現在に至るまでをずっと聞いていきます。ハンセン病問題でも、中には沖縄戦の体験者の方がいらっしゃると、そういうことを延々としゃべられるわけですが、そういうことも含めて丁寧に聞いていくという、人生をずっとたどっていくような聞き取りをしております。その場合、特に私が大事だと思っていますのが、聞くときに、価値判断を持ち込まないで、できるだけ聞くということです。価値判断というのは、私たち社会学者ではなじみのことでして、価値自由とか、価値判断排除、ドイツ語でいいますと「Wertfreiheit」と言いますが、そういう価値判断をできるだけ持ち込まない。例えば在日韓国・朝鮮人の方から聞いていきますと、中には帰化したいとおっしゃる方もいれば、帰化なんか絶対しないというふうにおっしゃる方もいるんですけれども、そういう帰化する、しないという行為の選択がいいとか悪いとかという判断を、私のほうではしないで、ひたすら丁寧に聞いていって、三時間なり四時間、聞き終えた段階で、目の前の人が例えば帰化をしたいとおっしゃっていたとして、私がその人の立場で同じような体験を積み重ねてきていれば、私も今この人と同じ考え方をするだろうなというふうに、そういうのを共感的理解というんですが、そういう形で聞き取れたときに、私としては、その人のお話をきちんと聞けたなというふうに思うやり方です。

——次の多事例対比解読法というのは、どのようなものでしょうか。

今言いました共感的理解を目指す聞き取りを、できるだけたくさん積み重ねていきます。できるだけ多く、かつできるだけ多様な聞き取りを積み重ねて、それを相互に突き合わせて、そこから全体的に見えてくることを読み解くという方法になります。ですから、私のほうであらかじめ仮説だとか理論的な枠組みを用意して、それに都合のいいデータを集めるんじゃなくて、言ってみれば徹底して帰納的な方法をとります。

——それでは、証人とハンセン病問題の関わり方について聞いていきますが。証人は、どのようなきっかけでハンセン病問題に関わられるようになったのでしょうか。

二〇〇一年に、らい予防法違憲国賠訴訟の判決が熊本地裁でございまして、それを受ける形で、厚労省の第三者機関として「ハンセン病問題に関する検証会議」というのが設置されました。その検討会委員に、二〇〇三年四月から二〇〇五年三月まで委嘱されたというふうなきっかけです。

——検証会議が有識者会議であるとすれば、検討会というのは、その専門家たちによる作業部会という位置づけですね。

はい、そうです。

——証人は、その検討会の委員として、どのような役割を果たされたんでしょうか。

私が検討会の委員を頼まれましたのが、検証会議の中で当事者委員として出られていた神美知宏さんという方がいらして、その人は当時全療協の事務局長をされていたんですが、その方が、自分たち入所者、退所者、全員の被害といいますか、実態を聞き取りに来てほしい、そうしなければ検証される意味をなさないというふうに問題提起されまして、そういうことでやることになりまして、私がそういう聞き取り調査の実績があるということで依頼を受けたというふうに、私は理解しております。

——その検討会がまとめた被害実態の中身が、甲第138号証で出してる報告書の別冊ということになりますね。

はい。別冊という形でまとめました。

——証人は、検証会議が終了した後も、ハンセン病問題に関わられてきたわけですね。

はい。

——これまで何名ぐらいの回復者、あるいはその家族からの聞き取りをされてきたんでしょうか。

一五年ぐらいになりますので、確実に三五〇人を超えていると思います。そういう意味では私たち、私と共同研究者の黒坂愛衣ですが、私たちが当事者からの聞き取りという点では、日本で一番その仕事をしてきたと思っております。

——甲第111号証の1ないし3の「栗生楽泉園入所者証言集」の一部を出してますが、これは全三巻にわたりますけれども。これは、証人と、それから共同研究者の黒坂さんが聞き取り等を編さんされたものなんですね。

はい、そうです。

——それから、甲第98号証として出しております「ハンセン病家族たちの物語」ですが、これは黒坂さんの単著になってますが、証人もこれに関わっておられるんですか。

はい。聞き取りは全て一緒にやっております。

——それから、その他埼玉大学の「紀要」に掲載された、発表された論文を幾つか出してますが、これも証人の研究の結果ということですね。

はい、そうです。

——それではまず、社会的差別に関する総論的なことからお伺いしたいと思ってます。証人が長年研究されてきた結果、社会的差別とはどのようなものだと考えておられますでしょうか。

社会的差別というのは、社会的カテゴリーによる排除、若しくは侮蔑というものです。その限り、いわゆる個人的な好き嫌いとは異なります。個人的な好き嫌いというのは、対面的状況などによって、この人のこういうところが自分は嫌いだということで成り立つわけですけれども、社会的差別というのは、一度も会ったことがなくても、そういう差別が成立してしまっているという現象です。

——分かりやすい例を挙げていただくことはできますでしょうか。

アメリカに著名なゴードン・W・オルポートという社会心理学者がいました。The Nature of Prejudice、日本語訳ですと「偏見の心理」という本を書いています。彼がその本の冒頭のところで、カナダの一社会学者がやった調査の結果を紹介しています。第二次大戦後に、カナダの社会学者が、各地の保養地のホテルに、一通はユダヤ人の名前、一通は一般的な白人の名前で、ざっと宿泊したいという手紙を出します。その結果は、一般的な白人の場合は九三パーセントが、お待ちしておりますという返事が来たわけです。ユダヤ人の名前の場合には、たった三六パーセントだけが、お待ちしております。同じホテルにあっても。そこは、ホテルの側としては、生身の人間に対して拒否したのではなくて、明らかにユダヤ人というカテゴリーに対して、拒否的な、拒絶的な対応をしたという形になります。こういったものが社会的差別というものです。

——今のはアメリカの例ですが、日本でも同じような例はあるんでしょうか。

日本ですと、特に部落の人たちと、そうではない人たち。それから、在日韓国・朝鮮人と、そうではない日本人たちという、そういう形で社会的カテゴリーが成立しているというふうに、私は思っています。

——ハンセン病に対する偏見差別も、社会的差別と言っていいんでしょうか。

はい、そう言えます。あえて、「らい」という言葉を使わせていただきますが、らい病にかかった人たちと、その家族たちというのと、そうではない人たちの間には、そういう社会的なカテゴリーが成立しているというふうに、私は思っています。具体的には二〇〇一年の熊本地裁の判決の後、二〇〇三年一一月頃でしたでしょうか。熊本県の黒川温泉で、近くにある菊池恵楓園の入所者の人たちが宿泊したいというふうにしたときに、宿泊拒否の事件が起きました。そのとき、ホテルの支配人も本社の社長も、恵楓園の人たちには一度も会ったことがない形で拒否してるわけですね。ですから、これは生身の人に対して拒絶的な反応をしたんじゃなくて、ハンセン病療養所の入所者というラベルといいますか、カテゴリーに対する拒絶的な反応ですので、これが社会的差別、ハンセン病の場合にも当たると思います。そういうカテゴリーでの反応というのは、ちょっと言い換えますと、Aさんが排除されたのは、Aさんだからではなくて、一定のカテゴリーに属しているってことでされたわけですから、同じカテゴリーに属しているBさん、Cさん、Dさんにとっても、いつ何どき自分がAさんと同じように排除されても不思議ではないというふうに受け止められますので、すごく恐ろしい出来事だし、憤りを感じる出来事というふうになるんだと思います。

——部落の人、それから在日韓国・朝鮮人、あるいはハンセン病にかかった人とその家族たちは、社会学的にいうとどのように概念化できるのでしょうか。

社会的マイノリティとしてのカテゴリーとして成立してるというふうに、私は思っています。

——ハンセン病の問題に関し、なぜ社会的マイノリティとしてのカテゴリーが成立してると言えるのでしょうか。

ハンセン病にかかった人とその家族の人たち、それとそうではない人との間には、私たちの用語ですと、非対称性というふうに言いますけれども、それが成立している。非対称性ということを説明させていただきますが、ハンセン病にかかった人を親に持つ子供が結婚しようと思った。そのときには、自分の親がそういう人だということを、結婚相手に打ち明けようか、黙ったままでいようかということを悩みます。ある人たちは勇気を出して、自分の親が元ハンセン病患者だったんだということを打ち明けるわけですね。実は自分の親はハンセン病にかかったことがあるんだけれども、それでも結婚してくれますかと。その言葉を聞いた相手の人が、それが意味が分かってる。それでもいいよ、結婚しようというふうに答える人もいれば、じゃあ結婚はやめるというふうに答えることになります。そうではない人たちの場合は、そういう悩みを持ちません。自分の家族の中にハンセン病にかかったことがないということを、相手の人に打ち明けようか、打ち明けまいかなんて考えません。仮に、実は自分の親はハンセン病にかかったことがないんだけど、それでも結婚してくれますかと言ったら、言われた側は、何言ってるんだろう、意味が通らないわけですね。そういう組合せがあるときに、非対称性が見られるというふうに、私たちは言います。部落の人たちの場合も、在日韓国・朝鮮人の場合も、同じようにそのことが言えます。そこには歴然と非対称性が出来上がっている。そのことが、社会的マイノリティとしてのカテゴリーが出来上がっていることの証拠、エビデンスというふうに私は思います。

——社会的マイノリティというカテゴリーという言葉なんですが、これを法律的な言葉に置きかえることは可能でしょうか。

はい。熊本地裁の判決の中にありました、偏見差別を受ける地位に置かれるという表現があったと思いますけれども、それが私の言ってることと同じことだろうと思います。

——そうしましたら、ハンセン病に対する偏見差別の被害の中身について、お伺いしていきたいと思いますが。証人はこれまで多くの回復者、あるいはその家族から聞き取りをされてきたわけですが、証人が行ってこられた多事例対比解読法で分かった特徴的なものというのは何でしょうか。

随分多くのハンセン病療養所入所者の方たちからお話を聞いてまいりましたけれども、聞いていく中で気がついたことが、「怒りの語り」を語る人たちと、「感謝の語り」を語る人たちが、そういう声が拮抗し合っているというものです。

——「怒りの語り」というのは、どのような語りですか。

「怒りの語り」、というのは、ハンセン病療養所に閉じ込められて、自分の一生が台なしになった、けしからん、怒っている。それが「怒りの語り」です。

——「感謝の語り」というのは、どのような語りを言うんでしょうか。

ここに入れていただいたおかげで、今こうして生き長らえている、ありがたい、感謝してますというのが「感謝の語り」です。

——同じ入所者のはずであるのに、なぜ人によって「怒りの語り」、それから「感謝の語り」を語る人たちがいるんでしょうか。

私の理解では、療養所に収容されるに至る体験が、背後の体験が異なっているから、そういう感情の違いがあらわれるというふうに理解しております。「怒りの語り」を語る人たちのお話を聞いていきますと、やっぱり社会の中で自分はこれからこう生きていきたい、ああ生きていきたいと夢を持っている。にもかかわらず、保健所職員などによって執拗な入所勧奨を受けて、嫌だ嫌だと言ってれば、最後は強制的に、強制収容になっていきます。思い出すのは、金奉玉さんという人がいるんですが、自宅から駅までは手錠をかけられて運ばれていった人がいます。あるいは、栗生楽泉園でお会いした丸山多嘉男さん、星塚敬愛園でお会いした加藤数義さんという方がいるんですけれども、収容されたと、療養所で菌検査をします。そしたら無菌だった。実は自然治癒していたわけですね。二人とも、じゃあ帰してくれというふうに言うんですが、らい予防法があるから帰せないと言われて、それ以後、療養所の中でハンセン病の治療は一度も受けないまま、ずっと閉じ込められています。そういうお話を聞くと、怒ってる、「怒りの語り」が出てくるのはなるほど当然だなというふうに、私は共感的に理解いたします。

——今の三名の方の語りは、本件訴訟でも書証として提出していますね。

はい。しているはずです。

——では、逆に「感謝の語り」を語る人たちというのは、どういう体験をされた人なんでしょうか。

「感謝の語り」を語る人たちは、社会の中で、無らい県運動によってというふうに私は理解しますけれども、自分の居場所を徹底的に奪われた人です。具体例を挙げますが、栗生楽泉園でお会いした方です。小さい頃に発症して、小学校を終えるぐらいで、やっぱり働かなければいけない。普通のところでは働けない、症状が出てますので、水商売の所に。おしろいを塗れば、顔に出た症状を隠せる。落ちた眉毛を眉墨でかけるとなって、水商売に行くんですね。ところが、ハンセン病にちょっと詳しいお客さんが来て、おかみさんに告げ口をするわけです。眉毛のないのは悪い病気だよ。そうすると、翌日彼女は風呂敷包み一つ抱えて、ほかのところへ移っていくわけです。それを二度、三度と繰り返す中で、二十歳頃でしたけれども、彼女は自殺しようと思うんですね。そういう中で、粟生楽泉園という国がつくった施設がある。そこでは治療してくれる。喜んで自分で飛んで来たというふうにおっしゃいます。お話を聞いてると、感謝して当然だなというふうに、私は共感的に理解するわけです。ただ、彼女は仕組みは分かってないんですが、自分のそこまで居場所を奪ったのが、国の強制隔離政策、官民一体となった無らい県運動ということは理解しないで、自分をひどい目に遭わせた当事者に感謝してるという構図になっているというふうに、私は理解いたします。もう一名紹介させていただきます。星塚敬愛園でお会いした、結城輝夫さんという方です。病気が発症しました。家族の人たちがずっとかくまいます。どんどんどん病気がひどくなって、明日をも知れないというところまでいって、母親だったと思いますが、医療機関に死ぬ前に一度は診せたいという形で連絡いたします。星塚敬愛園から収容のバスが来ます。収容された翌日には、喉に結節ができてたわけですが、喉を切開する手術をして、彼は命が助かります。療養所の先生のおかげで命を助けられた、感謝しているというふうに、結城輝夫さんは語りました。私も感謝してる、するだろうなというふうに理解しました。ただ、しかし、世の中に母親が、自分の息子が死にそうになるまで医者に診せないなんてことはないわけですから、それは強制隔離政策によって、社会の中ではハンセン病の治療ができなくなっていたということがもたらしたものだというふうに、私は理解します。やっぱり彼の場合も、命が危うくなるところまで追い込んだのは、強制隔離政策だったという仕組みまでは、当事者は分かりませんので、その国に感謝してしまっているというふうに、私は理解いたします。

――今挙げていただいた二例も、書証として提出されてるものですね。

はい。してあるはずです。

――今お話しいただいた「怒りの語り」を語る人、それから「感謝の語り」を語る人、そういう方たちにとってハンセン病療養所というのは、それぞれどのような場所として捉えられていたのでしょうか。

ちょっと概念的に整理する形になりますけれども、「怒りの語り」を語る人たちにとって、ハンセン病療養所というのは、外の社会で自由に生きられるはず、そういう権利を奪われるという、閉じ込められる場所というふうに、療養所を体験していきます。英語でいいますとAsylumという言葉がありますが、そういう自由を奪って閉じ込める場所、外の社会と隔離したとこに閉じ込める場所という意味です。そういう場所として体験していきます。それに対して、「感謝の語り」を語る人たちは、外の社会の差別・偏見から逃れる、逃げ込む場所として、体験していきます。ドイツ語にアジールAsylという言葉がございますが、それがそういうものです。逃げ込む場所。ここだったら自分が生きていける場所、そういう体験の仕方をしているというふうに理解しています。

――療養所に入所された方は、「怒りの語り」をする人、あるいは「感謝の語り」をする人、この二つのどちらかに二分されるということなんでしょうか。

いえ、そんなに単純なものではありません。私の説明が簡単過ぎたかもしれませんけれども。私が言っている「怒りの語り」、「感謝の語り」というのは、社会学でいうところの理念型というものです。ドイツ語を使いますが、ドイツ語でIdealtypusといいます。社会現象というのは物すごい複雑なものですから、典型的な事例を取り出して、非常にすっきりとした純粋な形で、要はモデルをつくって、そういうものを持って現実を見ると、現実がより理解しやすいというふうに構成していくものです。ですから、実際には様々な方がいます。例えば、逃げ込む場所というふうに思って療養所に入ったのに、入ってみたら、実は閉じ込められる場所だというふうに気がついた人にもお会いしてます。それは様々になります。

——そうしますと、療養所を否定的に捉える語りも、肯定的に捉える語りも、いずれもその語りを通して、その語りの背景にあるものを見なければならない。そういう意味で、証人は類型化されたということでよろしいでしょうか。

はい、そのとおりです。

——そうしますと、証人としては、「感謝の語り」、あるいは療養所を肯定的に評価する語りの背景には、より苛酷な社会における差別と排除があったと理解すべきだということなんでしょうか。

はい、そうです。強制隔離政策、無らい県運動の中で、社会の中で徹底して偏見差別で痛めつけられるといいますか、居場所を本当に奪われて、生きていけないという、ひどい目に遭ったからこそ、普通の感覚で言えば、地獄のようなという形容に値するような療養所に収容されたことを、感謝という言葉で表現なさってるなと、私は理解いたします。

——そうしますと、「怒りの語り」を語る人たちも、「感謝の語り」を語る人たちも、どちらも強制隔離政策、あるいは無らい県運動によって生み出されたということなんでしょうか。

はい、そうです。強制隔離政策、無らい県運動というものが展開していく中では、二種類の力が働いていたというふうに、私は捉えています。一つは、嫌がる患者さんを無理やりにでも療養所に連れていく「隔離・収容の力」というものです。もう一つは、社会の中の居場所を奪っていくような「抑圧・排除の力」です。隔離・収容の力というのは、国や地方行政が直接的にその担い手としてやったことだと理解しています。抑圧・排除の力のほうは、国が、地方行政が、無らい県運動の中で、らいは怖いぞ、怖いぞ、うつるぞ、うつるぞということをあおり立てられたことによって、一般住人がそういう抑圧・排除の力の担い手になったという、そういう私は理解をしております。

――入所者にとって、療養所がアジール、あるいは逃げ込む場所と感じられるほど、社会の中の抑圧・排除の力があるならば、療養所を出た退所者の方、あるいは療養所に入らなかった非入所者の方たちも、そのような排除・抑圧の力を感じることになりますね。

はい。退所者の方からも何十人か聞き取りをしましたけれども、自分がハンセン病療養所の退所者、社会復帰者だということをオープンにして生きている方、ごくごくまれです。ほとんどの退所者の方が、そういうことを隠して、この社会で生きています。ですから、退所した後、結婚した配偶者にも隠しているし、生まれてきた子供にも隠している人が大勢います。それが現実です。

――他方、患者さん、あるいは元患者さんを家族に持つ人たちですね、家族と言いますけれども、この家族も、社会の中の抑圧・排除の力にさらされたと言えるのでしょうか。

はい。家族の人たちも、抑圧・排除を一緒に受けていますので、黒坂が書きました「ハンセン病家族たちの物語」の第五話に、姉妹の聞き取りを書いていますけれども、この人たちの例を紹介させていただきます。父親と兄が邑久光明園に収容されます。地域ではかなり豊かに暮らしていたうちなんですけれども、収容された途端に、周りの人たちから爪はじきに遭っている。お母さんも病弱でしたので、まだ幼い姉妹が、よその畑ですけれども、収穫した後に残っているジャガイモとかタマネギを拾って、生き長らえていく。学校に行っても、本当にずっとひどい扱いを受ける。よく生きてきたなというふうに思いながら、お話を聞きました。そんな形で家族の人たちも抑圧・排除の力にさらされていますので、私たち研究者でもなかなか当事者の、家族の当事者に会うのが大変でした。二〇一五年に黒坂が「ハンセン病家族たちの物語」を出版した時点まででは、お話を聞かせてくれて、出版してもいいですよという、患者さんの子供、若しくは兄弟という位置ですけれども、本の中では一二ケース上げたんですが、それだけでした。あとは本件の当事者の方だけです。それだけなかなか、隠しているので、お会いできなかった。昨年、熊本地裁で家族の集団訴訟が起こりまして、五六八名という原告の方が出てこられましたので、いろんな機会、何人か会うことがあって、今集中的にまた聞き取りをやっておりますし。ただ、原告御本人から了解が得られた場合には陳述書も、これまで多分七〇通ぐらいでしょうか、目を通させていただきましたけれども、やっぱりその被害、私はすさまじいなというふうに判断いたしました。

——家族の被害の中で、何か具体的に説明していただけるものがありますでしょうか。

分かりやすいのが、やっぱり結婚の差別だと思います。具体例を挙げて言いますけれども、黒坂の本の第二話に宮里良子という人が語っていますけれども、彼女は若いときに恋人ができて、結婚という話が近くなったときに、自分の両親が星塚敬愛園にいるということを打ち明けます。返ってきたのは、君の体を介して、自分もらいになるんじゃないかというような返事として返ってきて、その話は終わりになるわけです。そういう彼女は体験をしています。今回、熊本地裁に集団訴訟が始まりましたけれども、そのうちの一人、三〇代の男性ですけれども、結婚してる妻に、自分の親がハンセン病回復者ということを話していなかったんですが、裁判をきっかけにして、自分の親がハンセン病にかかっていたということが妻に知られて、離婚になっています。だから、この結婚差別の問題、ほかのほうもそうですが、まさに現在進行形として、そういう差別があるというのが私の理解です。中には結婚するときに、自分の親がそうだよということを相手に伝えて、了解してもらったはずで結婚しているんですが、結婚した後何か事あるごと、言わば夫婦げんかと思えばいいんですが、そのたびに、おまえの親はということを言われて、結局離婚を選ばざるを得ないケースというのがございます。黒坂の本の中で、第四話の原田信子さんがそういう形で離婚してますし、第一二話の

Iさんという方ですが、農家の方でしたけれども、やっぱり嫁に去られていくという形で、やっぱり結婚差別の事例というのはすごいものがあると、私は思っております。

――家族の中には、その結婚差別を受けることを恐れて、そもそも結婚自体を諦めると、そういうケースもあるんでしょうか。

はい、それも非常に多いです。先ほど申しましたように、自分の家族にそういう人がいるということを打ち明けようか、黙っていようか、迷います。勇気を出して打ち明けて、だめになるケースもいっぱいあります。ですから、ある人たちは、別に病気になっただけだから、このことは隠していようと、黙ったまま結婚しますけれども、黙ったままの人たちも、実はいつそのことがばれるかどうか分からないという、ひやひやびくびくしたような生涯を送っていきます。第五話の姉妹もありましたけども、妹さんのほうがずっと隠しに隠して、びくびくしながら一生を過ごしてこられた方です。それと、配偶者にやっぱり隠しているということが、すごく後ろめたい思いを抱えている場合もあります。そうすると、実はという形で打ち明けることは、非常に危険だ。黙って結婚するというのも、その先はすごくしんどい。そういうことをやっぱり分かってしまった人が、じゃあ自分は結婚しないで一生生きていこうというふうに選択する人たちが、当然いっぱいいます。だから、それは結婚差別は受けていないけれども、やっぱり差別を回避するために、そういう自分の行き方を選ばざるを得ないという意味では、私はこれは被害だというふうに理解しております。

――今のは結婚という例でお話しいただきましたが、就職あるいは進学といった場面でも、同じような差別被害というものが生じているんでしょうか。

はい。黒坂の本から紹介させていただきます。ちょっと一番すごいなと思った典型的な例から紹介させていただきますが、男性で、第九話のタイトル自体、「患者家族ゆえに高校退学を迫られて」というふうに見出しをつけておりますけれども。彼が高校三年生のときに、当然就職希望を出します。就職希望先の会社が、当時は身元調査をしますから分かってしまう。就職がだめになっただけではなくて、企業側から高校に対して、おたくの高校にはハンセン病患者の身内の者がいるな、おたくからは募集しないというふうに言われて、進路指導の教師が彼に対して、おまえ高校を退学しろという、そこまで迫られるということで、すさまじい例だと思いますけれども。そのほかにも、第二話の宮里良子さんのお姉さんは、自分の親が星塚敬愛園に入ってるということが分かってしまって、職を失っています。それから、第四話の原田信子さんの場合は、親が松岡保養園に入ってまして、そのことをひた隠しにしなければいけないというふうに思って、彼女の場合は履歴書を書いて出している。ちゃんと採用面接があって、昔は家族のことを根掘り葉掘り聞かれますから、面接があるようなきちんとした、しっかりした会社には、そもそも応募できなかったという、履歴書なしのところの職を転々とせざるを得ない歩みをしています。第一二話の男性のＩさんですが、もう亡くなってますが、彼の場合は農家でしたけれども、お兄さんが収容された。彼は小学生だったんですが、小さな子供たちも、もっと小さな子の子守を雇わないと、親が農作業ができない。子守を雇ってましたけれども、子守に分かってしまって、恵楓園に行ったということが。子守が逃げてしまうわけです。彼がかわりに子守をせざるを得なくて、小学校もろくに行けなかった。様々な形で、そういう学業とか仕事の面に影響が、差別が及んでいるというのが、私の理解です。

——それは、ハンセン病の患者の家族という、社会的マイノリティとしてのカテゴリーに帰属させられた結果の被害だというふうに考えたらよろしいわけですね。

はい、私はそう思います。

——今までは、家族も本人同様の被害をこうむってきたという立場でお話を頂いたんですけれども、人によっては、あるいは国などは、家族が逆にハンセン病の患者さん、あるいは元患者さんに対する加害者であったんだというような言い方をすることがあるんですが、この点については証人はどのように考えられましたか。

強制隔離政策とか無らい県運動という、世の中の大きな仕組みというのは、なかなか普通の人には分かりませんので、家族の人たちはしばしば、肉親がハンセン病になったせいで、自分たちはひどい目に遭ったというふうに思います。そういうこともあって、病気になった肉親を恨んだり、疎ましく思ったり、実際に家にいないでくれ、療養所へ行ってくれというふうに追い出したり。療養所に入った人に対して、親が亡くなったときのお葬式には来てもらっちゃ困るから、知らせないとか、すごく排除的なことがありましたので、やっぱり家族の人は、患者さんに対して、加害者になったんじゃないかという意見を、私も聞いておりました。ただ、ずっと家族の人自身の聞き取りを重ねてきまして、ちょっと違うんじゃないかと。私の言葉で言いますと、ハンセン病にかかった人の家族の人たちは、やっぱり言わば究極の二者択一の状況に追い込まれています。自分が生まれ育った家族、そこには病気になった肉親も含まれるわけですが、それを守ろうとするか、それともこれからの自分の人生、それは新しく自分が築く家庭に生まれてくる子供も含まれるわけですが、そちらを守ろうかというふうに、二者択一を迫られていくわけです。両方守れれば、それは一番いいに決まってるんですが、実際にはそれは無理です。やっぱり新しい家族を守ろうとする行為をとる人たちがいますが、それが患者さんとか、患者さんと寄り添った家族には、言わば加害的な行為というふうに映ったんだろうと思いますが、私はそういう二者択一の状況に追い込まれたこと自体が、徹底した被害者性ゆえだというふうに理解しております。一例を挙げたいと思いますが。星塚敬愛園に、長年入所者自治会長をされた川邊哲哉という方がいました。この人は、鹿児島県の言わば旧家といいますか、名家の家なんですけれども、長男です。敬愛園に収容された。跡は弟さんがとることになります。その弟さんが何をしたかというと、家屋敷を売り払ってしまって、ほかへ移るわけです。川邊という、「邊」という字は、僕なんか手書きで書けないような、すごく画数の多い、難しい字なんです。それを戸籍上の登録を、「辺」という、簡単な字にかえてしまいます。更に「かわなべ」という読み方もやめて、「かわべ」にかえてしまうわけです。川邊哲哉さんはやっぱり怒ってました。でも、弟さん自身、やっぱり患者になった人の家族ということで、被害を受けてるわけですね。その人は学校の先生でした。昔は宿直という仕事がありました。宿泊室には先生方が代わりばんこに使う布団があるんですが、同僚の先生たちから、おまえはこの布団を使ってはならない、うつるということでしょうね。自分で持ってこいと、そこまでやられるわけですね。やっぱりそのときに自分の身といいますか、自分の新しい家族を守るために、そこまで、由緒ある川邊というのを、簡単な川辺にかえてしまうような形をとったんだというふうに、私は理解しております。だから、そういう加害者的な行為というのも、追い詰められた結果であるし、追い詰められてとったそういう行為自身が、またすごく家族関係をばらばらにというか、めちゃくちゃにしていく。家族関係が解体していく。それも家族として、総体として受けている被害だというふうに、私は理解しております。

——今証人が上げられた事例は、甲第138号証の二六九ページから二七一ページ、ここでは匿名ということで書かれてますが、その方の事例ですね。

はい。検証会議のときに、私自身が聞き取りをしましたので。川邊を川辺にかえたというのは、ちょっとお名前を出させていただかないと御理解いただけないと思いまして。

——それでは、今までの証人のお話では、家族本人が自分の立場を自覚している。つまり、患者の家族であるということを認識している場合を前提としたお話でしたが、自分がハンセン病患者の家族であるということを知らない場合、この場合はどのように考えたらよろしいでしょうか。

そもそもになりますが、社会的差別というのは、差別するマジョリティがいるから、差別されるマイノリティがつくられるという関係ですので、マイノリティ当事者が自分の立場を自覚していようといまいと、偏見差別の対象になります。私たち社会学者は、ある社会事象を検討するときに、あらゆるケースをきちっと検討するという意味で、パターンを、あらゆることを網羅できるようなパターンを考えます。この場合ですと、マイノリティ当事者が自分の立場を自覚している、自覚していない。それから、周りのマジョリティの側が、その人がマイノリティ当事者ということを認識している、していないということで、パターンが四通りできると思います。

──今証人がおっしゃった四つのパターンを、今目の前に、「当事者の自覚と周囲の認識に関する四つのパターン」ということでお示ししてますが。パターン一が、当事者の自覚がなく、周囲の認識もない場合。それから、パターン二が、当事者の自覚がないが、周囲の認識がある場合。パターン三が、当事者の自覚があるが、周囲の認識がない場合。パターン四が、当事者の自覚があり、周囲の認識もある場合ということで示してますが、このとおりでよろしいでしょうか。

はい。このとおりですが、この図式の場合には、周囲の者というのが、マジョリティの側を指していますので、ハンセン病の家族の場合で言いますと、ハンセン病になった、病気になった御本人とか、問題になってる家族の人以外の家族のメンバーですね、これはちょっと図式からは外れます。

──パターン一、それからパターン四にかけて、これもいずれもマイノリティのカテゴリーに属してる以上、これは差別の被害を受けてるというふうに、証人はお考えになってるんでしょうか。

はい。そういうことを説明させていただきます。

――じゃあ、そこの点を具体的にお聞きしていきますが。パターン一の、当事者の自覚がなく、周囲の認識もない場合ですね。これは周囲が認識してないのですから、何ら問題がないのではないかと思うんですが、ここはいかがでしょうか。

一般的には周囲の者も、彼若しくは彼女がマイノリティ当事者ということに気付いていない。本人も自覚がない。何の問題もないんじゃないかというふうに考えがちだと思いますが、私の理解では違います。客観的には本人がマイノリティ当事者でありながら、自覚がないということは、自分はマジョリティの一員だというふうに主観的には考えているわけです。残念ながら、この社会には偏見差別がありますので、マジョリティの多くの人たちが持ってる偏見差別を、やっぱり社会生活を送っていく中で、知らず知らずのうちに随分偏見と差別意識を内面化していきます。そうすると、あるとき自分がその当事者と気がついたとき、あるいは他者から暴かれたとき、そうすると自分がそれまで疎ましく思っていた、忌むべき存在と思っていたその当事者になってしまうという、そういう問題がございます。

――このハンセン病問題で、パターン一自体が被害なんだという、そういうことを示す具体的な事例を、証人は御存じでしょうか。

はい。具体的な例を挙げさせていただきますが。昨年の一一月だったと思いますが、熊本地裁のほうの原告になられた方から聞き取りをさせていただきました。今四〇代の女性です。彼女は、父親が療養所の退所者です。退所した後、病気でない人と結婚しました。結婚した妻にも一切語りませんでした。生まれてきた子供、彼女にも一切語りませんでした。彼女が二一のときに、語らないまま亡くなりました。一年後の一周忌のときに、親戚の人が彼女に対して、あなたの父親はハンセン病療養所に入ってたんだということを、どういう考えがあったか知りませんが、知らせます。聞いた彼女は、すごくびっくりします。それと同時に、小さい頃から自分では変だなと思っていたことが、このことと関係していたのかというふうに気がつき始めます。彼女の話ですと、自分は父親からほとんどだっこされたことがない。でも父親は、よその子にはすごく優しく振る舞っている。父親との関係が、何かちょっと隙間があるような感覚で育っています。そういうことが、父親がハンセン病療養所に入っていたことと関係があるんじゃないかと、彼女は思い始めるんですが。私の理解では、親子の関係にそういう隙間といいますか、通常考えるような関係が成り立っていない原因としては、二つ考えられます。父親自身が、自分が赤ん坊の子供を抱く、接触するということが、うつしてしまうんじゃないかという、これは間違った考え方なんですが、それを払拭できずに、やっぱり距離をとってしまうというのが一つです。もう一つは、父親自身が療養所に収容されていましたので、子供のときから、普通の家庭での親子関係、家族関係というものを体験していないんです。だから、自分が父親になったとき、父親としてどう振る舞っていいかが分からない。そういうことの結果が、そういう形になっただろうと思います。だから、子供のほうからいえば、よく自分の父親はこんな人だよということが、人に語れる。そういうものが自分自身の一部となって成長していくわけですが、人間として成長していくときに、何か大事なものが欠けてしまうという、そういう家族関係の形成の点で不具合が結果的に生じているというケースでした。言い添えますと、彼女は二二歳のときに、自分の父親がハンセン病元患者ということを知らされて、いろいろ自分で調べるんですが、彼女が出した結論は、自分は一生結婚できないというふうに、現に今四〇半ばですが、結婚しない人生を送っています。これも私は被害だと。だから、知らないということが、自覚がないということが、知らなければいいんだということにならないという例です。

――次にパターン二ですね。当事者の自覚がないけれども、周囲の認識がある場合。これは、どのようなケースを考えられるでしょうか。

本人に自覚がなくても、周り、マジョリティの側が知ってるわけですから、いろいろ排除、嫌がらせというものをされます。自覚がないということは、いろいろ不条理な扱いを受けていても、そのわけが分からない状態になります。具体例を挙げますと、黒坂の本の第三話のKさんという事例ですけれども。彼女の父親が菊池恵楓園に収容されます。母親が、その時点でやっぱりいなくなってしまいます。彼女は、父方、母方、親戚をたらい回しにされるんですが、そこですごくひどい扱いを受けます。例えば、彼女が使ったお箸にしてもお茶わんにしても、はっきり汚いものとして扱われていくのです。でも、彼女はそのことを全然、なぜ自分がそうされるか分からないんです。分からないままに、ずっとひどい扱いを受ける。そういうふうに、すごく自分がひどい扱いを受けてる理由が分からないですから、自分を守るすべがないという、そういう状態に置かれている。本人の自覚がなければ、痛みを感じることはないでしょうというのは、差別の問題では成立しません。

——次にパターン三の、周りには気付かれてないけれども、本人にはその自覚がある場合。これは、どのように考えたらいいでしょうか。

本人の自覚があるということは、ハンセン病にかかった人を身内に持つということは、自分も差別、排除の対象になるということを理解しているということですので、徹底して隠さざるを得なくなります。黒坂の本で一番典型的なのは、第二話の、この本の中では宮里良子になってますけれども、彼女の両親が星塚敬愛園に入所していました。でも、しゅうとめには絶対知られたくない、隠すわけです。隠すために、両親はもう死んだことにしました。でも、親の具合が悪くなれば、敬愛園に飛んで行かなければならない。その理由を、いろんなうそを使って。自分の人生は、うそにうそを重ねた人生だというふうに言っていますが、やっぱりいつばれはしないかと思いながら、ばれないように、ばれないようにという、非常に精神的に圧迫された状態ということで、この場合も非常につらい人生だと思います。

——最後のパターン四ですが、本人の自覚があって、周囲の認識もある場合というのは、まさに本当に物すごい被害というふうに理解したらいいんですかね。

裁判官の皆さん、このケースは説明しなくてもお分かりだと思いますので、細かな説明は省かせていただきます。パターン一からパターン四を、こういう形で出しましたときに、ちょっと扱いとして注意していただきたいのは、Aさんはパターン一、Bさんはパターン二、Cさんはパターン三、Dさんはパターン四ですねというふうに、パターンと人を一対一に対応させて理解されるというのは、ちょっと現実に適合しないという。人は、パターン一からパターン四に、やっぱり人生の局面ごとにだんだん移行していくわけですので、特に申し上げたかったのは、パターン一とかパターン二の、本人の自覚がない状態が長ければ、被害は少なかったでしょうねと思いがちな人が多いんですけれども、やっぱり偏見の内面化だとか、知らない間に家族関係が壊れているのに気がつかないとか、自分がそういう立場だと気がついたときに、やっぱり自己防御の力が随分奪われているケースになってしまいますので、知らないということは決していいことではないというのが、私の理解です。

——それでは、時間も迫ってきましたので、最後に二つの質問をさせていただきますが。まず証人は、どのような動機から、この法廷で証言をされようと思ったんでしょうか。

ちょっと僭越な物言いになるかもしれませんけれども、本件の一審の過程、遠くから見ていまして、原告代理人も含めまして、この件に関わった法曹関係者の皆さんが、社会的差別あるいはハンセン病問題ということを十分に理解なさっていなかったのではないかというふうに、社会学者として思いました。僭越なんですが、その点を三点述べさせていただきます。一点目ですけれども、……。

――今まで証人が証書された「怒りの語り」、「感謝の語り」と関係するところでしょうか。

はい。やっぱり法曹関係者の皆さんが、ハンセン病問題というのは、私の言葉で言う「怒りの語り」に連なる問題が、この問題だというふうに、やっぱり余りにそちらに偏って理解されていたのではないかと。一方にある「感謝の語り」と私が名づけたものに関連するような問題、局面ですね。やっぱりそこに十分目が行き届かなかったのではないか。熊本地裁の判決自体が、患者さんを療養所に隔離収容したことが被害なのだという点で、ずっと押さえていって、社会の中での抑圧排除のほう、社会的な抑圧排除というほうには十分、そこへの考慮が足りなかったのではないかなというふうに思いました。だから、本件ということで名前を上げさせていただきますが、高橋正典さんは、自分の母親は老後は療養所に入れてもらったほうが幸せなんだということを、ずっと訴えてましたけれども、その訴えの意味を正面から原告代理人の方たちもやっぱり十分には受け止めるのに、初め頃、理解がちょっと一方に偏ったせいで、行き届かなかったんじゃないかなというふうに思います。二点目は、今のことと関連するんですけれども、原告代理人の先生たちは、この件での被害者というのは、原告と、控訴人と亡くなられたお母さんの二人だけだというふうな、ちょっと狭い捉え方をしていたのではないか。私の理解では、ほかの兄弟たちも、先ほど二者択一を迫られたと言いますけれども、やっぱり被害に遭っている。被害の中で、二者択一の中で追い詰められることで、母親を言わば見捨てるような行動をとったりもしたわけですけれども、その辺の理解が十分ではなかったんじゃないかなというふうに思います。三点目ですけれども、誘導してください。

――やはり、この家族の方が置かれてた孤独というか、そういう状況……。

私の理解では、本件の控訴人ですが、高橋正典さんが、生涯の中で二度、極限的なところまで孤立した状態に追い詰められたときが二回あるというのが、私の理解です。一度目が、彼が中学生のとき、母親と二人取り残されて、母親から残り少なくなった金額を示されて、通帳を示されて、淀川に身を投げて一緒に死のうと言われたときが一回目、というふうに理解しております。二回目が、今から一五年前の二〇〇三年七月でしょうか。彼が、鳥取県の職員を鉈で殴ってしまうという刑事事件を起こします。やっぱりそれまでの経緯を見ますと、彼がいろいろ訴えていくんですけれども、はっきりクレーマーとしてずっと扱われ続けて、やっぱり自分の訴えを誰にも聞いてもらえない。孤立の極限にいたところで、彼は刑事事件の被告人になり、有罪判決を受けるということが、私の理解では、やっぱりこれもハンセン病の家族として追い詰められた被害だというふうに思っていますが、一審の記録を読む限り、どなたもそういう理解を示していないという。本当に僭越な物言いをしましたけれども、そういうところでございます。

——大変身につまされる、真摯に受け止めなければならないお話だったと思いますが、時間もオーバーしてますので、最後に我々を含め、この差別をなくすためには、ハンセン病問題の差別をなくすためには何が必要なのか、最後に証人のほうから簡単に、申し訳ないですけど、お話しいただけますでしょうか。

ずっと家族の方たちから聞き取りをしてきまして、私が一番印象に残っている言葉が一つございます。それは、この黒坂の本の中のKさんの事例ですけれども、もう親は死んだというふうに言われているんですが、大人になって結婚して子供が生まれたときに、あなたの父親は生きてるよ、恵楓園にいるよということで会いに行きます。本人が、言葉は悪いけれどもとおっしゃるんですが、化け物と思った。それからずっと嫌い続けるわけです。ところが、彼女の子供たちは、結婚した配偶者が理解のある人で、恵楓園にも連れていきますし、自分のうちにも招いて、ちっちゃいときから、おじいさんと接するわけですね。だから、自分のおじいちゃんというのは、世の中の普通のおじいちゃんとは顔だちなんか違うけれども、じいちゃんはじいちゃんだというふうに、何の違和感もなく接している。それを見てKさんは、自分も小さいときから父親と一緒に過ごせていたら、自分も自分の子供たちと同じように、自分の父親と接することができたんじゃないかなというふうにおっしゃいました。これはすごく大事なことを言っているというふうに、私は思います。要するに差別・偏見をなくすということで申し上げてるんですが、厚労省とか文科省は啓発のときに、正しい知識を広めようというふうにおっしゃいます。確かに知識も大事ですけれども、もっと大事なものがあります。それは、そういうKさんの子供が体験したような触れ合いということです。最初にアメリカのゴードン・W・オルポートを出しましたけれども、彼は分厚い「偏見の心理」の最後のほうで、世の中の学校の先生たちは、偏見をなくすのに正しい知識が大事だというふうに言うけれども、それは大して役には立たない。本当に大事なのは「対等地位の接触」、翻訳物ですからかたいです。対等地位の接触だという、私もそう思うわけです。要するに生身の人間としての触れ合いを通して、最初に申しました、社会的マイノリティとしてのカテゴリーそのものを壊していかない限り、ハンセン病に限らないです、偏見差別というものはなくなりません。そういう意味では、この本件裁判は、ハンセン病問題の厳しい偏見差別の現実があるということを、裁判官の皆さんは踏まえられまして、立派な判決を書いていただきたいというふうに思っておりますし。それから、昨年の四月に最高裁も、裁判所自身が特別法廷問題で、ハンセン病問題で偏見を助長するようなことをしたという謝罪をされましたけれども、そういう現実も踏まえて、やっぱりこの社会にハンセン病に対する偏見差別があるということを、きちっと踏まえて、立派な判決を書いでいただきたいなというふうに。是非、差別があるのに、ないことにしている限り、偏見差別をなくす第一歩というのは始まらないですね。是非、立派な判決を書いていただきたいというふうに思っております。

以上

4 鳥取訴訟　意見書

藤野豊

はじめに

ハンセン病患者を生涯にわたり強制的に隔離した日本の国策が患者への人権侵害だったことは、すでに二〇〇一年五月一一日、らい予防法違憲国賠訴訟の熊本地裁判決で明らかにされ、賠償、補償がなされ、二〇〇五年三月に厚生労働大臣に提出されたハンセン病問題に関する検証会議の『最終報告書』でも患者が受けた被害は詳細に検証された。しかし、患者と共に生活していた家族への人権侵害については、未だに国家の賠償の対象となっていない。本意見書は、患者家族への人権侵害の事実について、明らかにするものである。

一九五三（昭和二八）年七月四日、らい予防法案を審議していた第一六回国会の衆議院厚生委員会で、長谷川保（日本社会党左派）は、ハンセン病患者の家族の苦悩について、次のように述べた。

私は先ごろこのらい予防法のできますことについて、長年癩患者の収容に当つておりまするある有能な公吏と懇談する時を持つたのでありますが、そのときに彼がこういうように申しておりました。癩家族は周囲の非常な白眼視、迫害の中で、彼らはその家族であります患者を中心にいたしまして、家族全体がかたく固まつてそうして生きておる、その生きるありさまというものは、迫害され、白眼視され、村八分されて参りまするのに対して、いわば患者を中心といたしましての反逆心、反抗心と申しますか、患者への深き愛情、憐憫の情というもので固く結ばれてしまつておる。いわばこの反抗心、そこに大きな重点を持ちながら、患者への愛情を唯一の力にして生きておる。つまり一つの反抗心が大きな力になつて生きているということであります。でありますから、その家族の団結の中心から中心人物でありますところの患者を抜いて行くということは、彼らにとりましてはまつたく力尽き果てるという結果になつて来る。これは常人では想像し得ないところであるけれども、そこに患者を強制収容するということになれば、一家が長年の間社会の迫害と白眼視との中に闘い抜いて来た力が尽き果てて、そうして一家心中をするのであります。こういう点はわれわれの常識では思いも寄らない点である、こういうように申されておつたのであります。私もこの話を聞いて、しみじみと癩家族の不幸と、またわれわれが想像し得ない、彼らが強制検診、強制収容に対して反抗を持ちまするとの一つの秘密を知つたように思つたのであります。こういうことからいたしまして、予防上の措置、公衆衛生という立場では抜きがたい、また患者としても納得しがたいところのものがそこにあるのであります。

ここで、長谷川は、かなり具体的に患者家族への差別についても言及しているが、強制隔離、強制検診そのものに反対はせず、実施上の配慮を求めることに止まっていた。したがって、答弁に立った厚生省公衆衛生局長山口正義も、強制隔離の実施には一段と注意をすると述べるのみで、患者家族の苦悩への発言はなかった（『第十六回国会衆議院厚生委員会議録』13号）。

また、これより先、一九五一（昭和二六）年一一月八日、第一二回国会参議院厚生委員会で、参考人として出席した絶対隔離政策の立案者でもある長島愛生園長光田健輔は、「私どもは先ずその幼児の感染を防ぐために癩家族のステルザチヨンというようなこともよく勧めてやらすほうがよろしいと思います。癩の予防のための優生手術ということは、非常に保健所あたりにもう少ししつかりやつてもらいたいというようなことを考えております」と、患者家族への「ステルザチヨン」、すなわち優生手術＝断種を強く求めていた（『第十二回国会参議院厚生委員会会議録』10号）。

後述するように、当時、優生保護法の下でハンセン病患者と配偶者は断種・堕胎の対象とされていたが、光田は、断種の対象を配偶者のみならず、「癩家族」すべてに拡大することを求めていたのである。

このように、患者家族は、隔離政策の下での社会の差別偏見にさらされていただけではなく、優生政策の対象として、生命の選別も受けていたのである。患者家族の受けた人権侵害は、患者本人の受けた人権侵害と同様にきわめて大きかったと言わざるを得ない。

1 無癩県運動の展開

家族への人権侵害を考えるとき、重視するべきは、患者と家族を地域社会から孤立させ、患者を隔離受容に追い込んだ無癩県運動である。まず、無癩県運動の実態から考察していきたい。

一九〇七（明治四〇）年に公布された法律「癩予防ニ関スル件」により開始された国策としてのハンセン病患者への隔離政策は、一九三一（昭和六）年に公布された癩予防法により強化され、絶対隔離が目指されていった。同年には貞明皇太后の下賜金も基金に組み込んで財団法人癩予防協会が設立され、同協会は、国が進める無癩県運動を支える世論形成を課題とし、患者の隔離を進めるための講演会を開くなどの活動を展開した。

一九三六（昭和一一）年、内務省衛生局は同年から二〇か年で絶対隔離を達成するという「二十年根絶計画」を発表した。癩予防法のもとに立案されたこの計画は、その名の通り二〇年間で日本からハンセン病患者を根絶するというものであったが、その第一段階として、まず一〇年間で一万人の隔離が目標とされた。この計画を実践するため、前述した長島愛生園長光田健輔らが主導して、無癩県運動が本格化する。この運動は、各道府県を競争させる形で、警察情報や隣人からの密告などで未隔離の自宅療養患者を探し出し、療養所への隔離に追い込んでいくものであった。その結果、多くの療養所は定員超過という事態に直面する。

光田健輔は、無癩県運動について、「軍人は国のために屍を満州の野に曝すを潔とし、進んで国難に赴いた。銃後の人は之れを支持するに勉めた。それと同じく我等も村の浄化のために自分も疾病を治すためにも進んで療養所に行くべきである。況や皇太后陛下が日夜我等患者のために御軫念遊ばさるゝと聞くに及んでは一日も早く不安の旧里を捨てて療養所に行くべきである」と、患者に説いている（光田「癩多き村の浄化運動」、『愛生』一九三四年一二月号）。ハンセン病患者が隔離に応じることを兵士の「出征」に例え、貞明皇太后の下賜金や患者を憐れむ和歌を事例に「皇恩」を掲げ、国家のために隔離に応じることが求められていた。

三重県の無癩県運動に関わった長島愛生園医官早田皓も「有難いお社のある県内のこと是非貴方の御自覚に訴へたいと存じます。他人の迷惑にならない様にすることが第一です。チフスでも赤痢でも隔離と云ふ意味に違ひはないのですから幾千幾万とは行かなかつたが、長々と説明した甲斐あつて到底再起の見込みなしと観念してゐるこの人も百三十万県民のため祖国浄化の捨石としての島の生活に同意してくれる」と運動を振り返っている（早田「無癩県のゴールに」、柴雀人『黎明』、癩予防協会三重県支部、一九四二年）。

そして、「紀元二六〇〇年」に当たる一九四〇（昭和一五）年、その「奉祝」の一環として当面の目標であった一万人隔離が予定より六年も早く達成された。当然、過酷な患者の摘発があったわけで、熊本市郊外の本妙寺周辺にあった患者集落も、この年に警察により解体させられ、患者は隔離収容された。そして翌一九四一（昭和一六）年には群馬県草津温泉の湯之沢集落も解体され、患者は栗生楽泉園に隔離収容された。

湯之沢の集落が解体させられた一九四一（昭和一六）年には、七月一日をもって、それまでの連合道府県立の療養所がすべて国立に移管されている。連合道府県立では、原則として、その道府県内の本籍がある患者しか隔離収容できないが、国立に改組すれば、全国どこからでも隔離収容できる。国立療養所に改組した方が絶対隔離を徹底できるのである。こうした改組は無癩県運動に拍車をかけることになる。

また、無癩県運動においては復生病院（カトリック）、慰廃園（好善社）、回春病院（聖公会）、待労院（カトリック）、身延深敬病院（日蓮宗）などの宗教的立場に立った私立療養所も無縁ではなかった。慰廃園は「奈何ニ警察力ト呼応シ、帝都浄化ニ貢献」したかを自負し（慰廃園編『私立病院慰廃園』、一九三五年）、復生病院長岩下壮一は「癩問題は如何に解決すべきか」について「内務省が三十《ママ》年根絶計画のため七千万円のプランを立てました。これを実行する様にして頂けばよい」と断言している（岩下『祖国の血を浄化せよ』、関西ＭＴＬ、一九三七年）。一九四〇（昭和一五）年一一月一二日に開かれた官公私立癩療養所長打合会では、議題として「患者収容徹底ニ関スル件」「無癩県運動ニ関スル件」が議題とされていた（「官公私立癩療養所長打合会協議事項」）。私立療養所は癩予防法第五条で、設置、管理は厚生大臣の所管と規定され、宗教者の「救癩」意識のもと、無癩県運動の一環を構成していたのである。

一九四一（昭和一六）年、光田健輔は無癩県運動について「今日に於ては無癩県運動は全国的に行き渡つたけれども昭和十二年の頃は二三県が唱首となつた」と回顧し、具体的に宮城・群馬・埼玉・富山・愛知・

大阪・三重・岡山・山口・愛媛・福岡・熊本・鹿児島・熊本・沖縄など各府県の成果を紹介、そのうえで「此の三年間に残り未収容患者の為め五千床を増加して真の無癩日本を実現する事が国家として取る可き方策であらねばならぬ。此れは火を睹るよりも明らかなる法則である」と、三年後の絶対隔離達成を力説した（光田健輔「癩根絶に関する所見」、『診療と経験』九巻一一号、一九四一年一一月）。

無癩県運動は戦後も継続される。絶対隔離は一気に完成したわけではない。前述したように、一九三六（昭和一一）年から二〇年をかけて達成するというものであり、当然、戦後になっても未隔離の患者は大勢存在していた。前述したように、光田健輔は一九四一年に三年後の絶対隔離の完成を力説していたが、戦争の激化でそれは実現できなかった。したがって、絶対隔離の完成は戦後の課題となる。

もし、未隔離の患者が残されたことをもって絶対隔離は不徹底だったとみなすとすれば、それは皮相きわまりない認識と言うほかはない。未隔離の在宅患者は警察により監視され、いつ隔離されるかと恐れながら暮らしていたのである。戦後の無癩県運動はこうしたひとびとをその対象としていく。

一九四七（昭和二二）年五月二七日、菊池恵楓園長宮崎松記は「癩の調査収容に関する意見」を記し、そのなかで、「癩患者の存在を知ったものは無記名を以て其所在を保健所又は県市町村の衛生当局に申告投書せしめる」こと、「申告を受けたる当局は直ちに保健所又は療養所と連絡し、技官を派遣して患家を訪問検診の上、癩と確認した場合はこれを台帳に登載して収容の手続をとる」こと、日本ＭＴＬなどの「民間の救癩団体」と協力して宣伝・啓発・患者収容を進めることなどを求めていた。宮崎は戦後も無癩県運動を継続することを主張しているのである。

しかも、こうした主張は宮崎のみのものではなかった。同年六月六日〜七日に開催された国立療養所（癩）所長・庶務課長会議でも栗生楽泉園より「速かに癩患者の一斉調査」をおこない「癩根絶計画」を確立することが求められ（「国立療養所（癩）所長・庶務課長会議」）、一一月七日には、厚生省予防局長より各都道府県知事宛てに「無癩方策実施に関する件」が通牒され、「無癩国建設」が求められた。この通牒に付された「無癩方策実施要項」には療養所からの脱走防止とともに帰郷者の療養所への復帰、未収容患者のうち「感染の危険の大きいものから」の順次隔離収容、さらには各療養所の定員以上の収容とそのための増床が明記されていた。感染の危険性はないと判断され帰郷が認められた者までが再入所させられることになった。すべてのハンセン病患者の隔離という無癩県運動の目的はより鮮明となった。そして、この隔離の徹底には私立療養所も動員され、まさに、国立、私立の療養所を網羅した患者の隔離収容が目指されたのである（「らい例規」―長野県庁所蔵）。

このように無癩県運動の継続、徹底が求められた一九四七（昭和二二）年と言えば、日本でもプロミン治療が開始された年である。ハンセン病は不治だと決め付けて絶対隔離を正当化してきた論理そのものが崩壊し始めたときである。まさにそのとき、療養所長たちは、無癩県運動を徹底して、隔離の強化を図ろうとしていたのである。

さらに、大阪市衛生部予防課が一九四八（昭和二三）年に作成した『癩予防の栞』において、執筆した多磨全生園医官田尻敢が「戦後の新日本の第一の文化運動として、無癩日本の樹立を目標とする事を提唱」し、ハンセン病は「多くは治療によつて病気は軽快はするが全治は困難である。これがため癩の対策としては、癩患者を全く療養所に収容する事が最も重要な処置であ」って、これが「対策の唯一のものであつてこれ以外にはない」と断言している事実も見逃せない。田尻は「患者を健康者から隔離して、社会を保護する一方、社会も亦患者に永い治療生活をつゞけさせる様につとめる義務がある」と述べる。田尻の論もまた、無癩県運動を推進するものであった。

このパンフレットに「序言」を寄せた光田健輔は、大阪府が「全国から寄せ来る癩潜伏者、南鮮、沖縄から寄せ来るであろう癩波」への「防波堤」となることを求めている。光田の朝鮮半島から大勢のハンセン病患者が密入国してくるという根拠のない妄想は、彼の隔離強化論の基底をなすものであり、この後、癩予防法改正にも大きな影響を与えていく。

しかし、その後、プロミン治療の進展により、ハンセン病の治癒は否定できない事実となる。厚生省医務局長東龍太郎が、癩予防法を改正して、軽快者の退所を認めるべきだと発言したのは、一九四八（昭和二三）年一一月二七日、第三回国会衆議院厚生委員会の場であった。強制隔離の強化、無癩県運動の強化が叫ばれる一方で、現実の問題として、「軽快退所」の必要性が浮上していた。

翌一九四九（昭和二四）年六月二五日、厚生省は東京の国立公衆衛生院に高松宮宣仁を招き、法律「癩予防ニ関スル件」施行四〇周年の記念式典を開催した。その際、東は高松宮に対する「言上書」のなかで、「今後国立療養所病棟で既存の建物を整備拡充致しまして未収容患者の収容と治療に一層努力する所存」を表明した（「東厚生省医務局長言上書」、皇太后宮職「癩関係　昭和二十三―二十六年」―宮内庁宮内公文書館所蔵―）。東は、無癩県運動による患者の隔離収容の強化を唱え、その一方、プロミン治療で「軽快」した患者は退所させよと発言している。しかし、このふたつの主張は矛盾するものではない。東の考えは、「軽快退所」により定員を空け、そこに新たな患者を収容しようというものであった。東の主張する「軽快退所」とは、無癩県運動の推進のためでもあった。

この記念式典と並行して六月二四日～二五日、厚生省では癩療養所所長会議が開かれている。そのときのメモによれば、この場でも、東は「本年は過去四〇年を顧みて反省し将来の根本策を計画すべき年である。四〇年前と現在とは情勢全く異なるから必要あらば予防法を変へてもよい」と明言している。もちろん、その一方で療養所課長尾村偉久が「根絶を常に頭におけ。運営の重点は収容を徹底するにあり」と述べているように、「軽快退所」と隔離強化とはけっして矛盾しないことをここでも確認しておかなければならない。しかし、こうした厚生省の方針でさえ、所長の間から猛反発された。光田健輔は、「軽快退所」について「生兵法大けがのもと」と反論し、遺言として「軽快者だとて出してはいけない」と力説した。

結局、この場では、厚生省の「軽快退所」を認めることに所長たちの同意が得られず、「無癩運動の結論」として、療養所の「収容力を出来るだけ多くする」ことや、旅費を都道府県が負担して住民の「一斉検診」をおこないたいということが確認された。まさに、「軽快退所」は棚上げされ、無癩県運動の強化のみが合意されたのであった。

こうして、戦後の無癩県運動は展開されていく。福島県衛生部編『国から癩を無くしませう』（一九五〇年）や愛知県衛生部編『癩の話』（一九五〇年）などは、そうしたなかで編まれたものである。前者は、全患者を隔離することがハンセン病根絶に必要であり、「本人の為にも、世の中の為にも」患者は療養所へ入るように勧め、療養所を「癩患者の楽園」と表現している。また、後者は、愛知県の無癩県運動についても紹介しているが、それによれば、同県では、一九五〇（昭和二五）年までに、未隔離患者三〇五人のうち半数弱の一四〇人を療養所に収容している。

このような無癩県運動の展開は、療養所の定員拡張を必然とした。一九四九（昭和二四）年一一月、菊池恵楓園は用地買収により敷地を拡張し、一〇〇〇床増床に着手する（宮崎松記「菊池恵楓園の一千床拡張に就て」、『檜影』二五巻七号、一九五〇年一〇月）。

プロミン治療が普及していくなかで、無癩県運動が展開され、隔離が強化されていくということは、一見すると矛盾しているように考えられる。しかし、事実上、ハンセン病患者は、療養所に隔離されるしかプロミン治療を受けられないという現実があった。プロミン治療を餌にして、患者を隔離に導くという手法が用いられたのである。前掲した福島県衛生部のパンフレットには、そうした文言が記されている。

また、一九五一（昭和二六）年に死去した貞明皇太后を記念して、翌一九五二年六月、高松宮を総裁として藤楓協会が設立され、癩予防協会の事業は藤楓協会に受け継がれた。新たな「救癩」団体が誕生したのである。

そして、こうした国家の基本方針の下で、一九五三（昭和二八）年に癩予防法はらい予防法と改正され、絶対隔離の国家意思は一貫された。療養所の拡張、藤楓協会の設立、らい予防法の成立、この三者により戦後の無癩県運動は維持されていく。(1)

2 「癩患家」の管理

無癩県運動を推進した財団法人癩予防協会は、一九三六年度より貞明皇太后の生誕日である六月二五日を癩予防デーとし、この日を中心に、未隔離の自宅療養患者を警察医らに訪問させ、生活を「指導」させ、その記録を『癩患家の指導』としてまとめている。その一九三六（昭和一一）年度版では、冒頭、「自宅で療養して居られる患者並家人に対し癩の正鵠なる知識を与へ、癩の感染を一人でも少くするやうに努むることが最も緊要であることは論を俟たぬところで、本会が各府県及各療養所と協力して、癩患家の指導を行つた所以である」と明言している。同年五月一三日には、同協会理事長湯沢三千男より各庁府県長官に対し「癩患家」に「自宅療養方法」「消毒方法」「未感染児童に対する処置」などを指導し、その結果を報告するように求めていた。この事実は、患者はもちろん、その家族も各府県の行政当局の監視下にあったことを意味している。

鳥取県からは、県が把握している「癩患家」五九戸、患者七〇名に対し、六月二五日より県衛生技師、警察官、防疫監らが訪れ、「自宅患者療養の模様並に消毒等極めて懇切に聴取せしめた」と報告されている。特に、「未感染児童」に対しては、「患者に接触することを避け、不得止場合は被服、家具類の消毒を厳重励行方注意する外速に未感染児童保育所へ収容懇請方注意を与へ」たという。「癩患家」の子どもたちは、家族がハンセン病患者であるというだけで「未感染児童」と呼ばれ、家族と引き離されていくのであった。

さらに、翌一九三七（昭和一二）年度版『癩患家の指導』では、冒頭、「癩患家の指導」は「未収容癩患者並に其の家族の状況を癩予防事業当事者が熟知し得ると共に、之等患者並に家族に対し癩予防事業及び施設の状態をよく理解せしめ、療養所に入所の熱望を抱かしむる等、予防事業と患者との間に密接なる聯関を保たしむる上に大なる効果があつた」と自賛している。すなわち、「癩患家の指導」の目的は患者とその家族に隔離に応じることを「熱望」させることにあった。

この年、鳥取県では、七月一日から県内で自宅療養する一〇四名の患者の家を県職員が訪れ、長島愛生園に建設中の鳥取寮の竣工を俟ち、「県内在住患者は全部之に収容し徹底的に救療の方途を講じつゝある意図を患者及其の家族に対し懇諭したる上患者は意を安んじて救療の恩恵に浴することの一大決意を促し置けり」と報告されている。鳥取県は自宅療養患者の全員の隔離の方針を患者とその家族に伝えたのである。全部の患者の隔離に向け、「癩患家」の所在は地図上にマークされた(2)。

こうした県当局の隔離奨励策により、鳥取県では、一九三八（昭和一三）年四月までに、新たに一〇三名の患者が長島愛生園に隔離収容された（鳥取県癩予防協会『鳥取県ノ無癩運動概況』、一九三八年六月）。このように、無癩県運動の下、患者とその家族は「癩患家」として一括されて行政当局の監督下に置かれていた(3)。

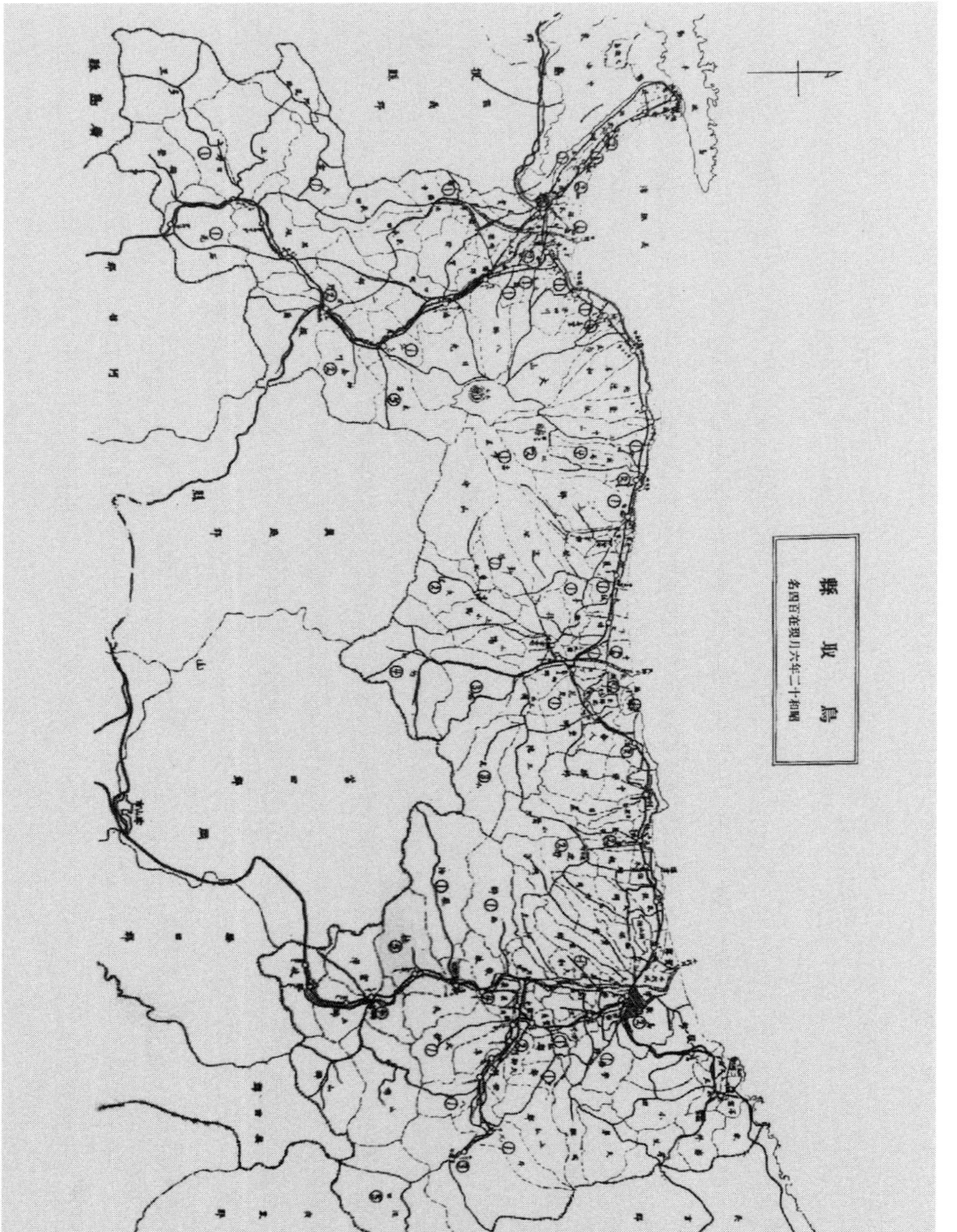
鳥取縣
昭和十二年六月現在

一方、京都帝国大学医学部附属医院皮膚科特別教室では、主任医師の小笠原登のハンセン病は隔離を強制するような感染症ではなく、発症には体質が影響する、また治療により治癒するという医学的知見に基づき、ハンセン病患者の通院治療や、入院患者の退院や一時帰省を認めていた。しかし、小笠原のこうした配慮は、無癩県運動の影響を受けた帰省先の住民には理解されなかった。小笠原登の「日記」によれば、一九四三（昭和一八）年七月二九日、小笠原はひとりの患者から村内で自分の「一家ヲ迫害スルコトアリ」と聞いているし、同年一一月二〇日、皮膚科特別研究室を訪れた奈良県の職員から「患者ノ近隣ノモノガ騒グニツキ無理ニ帰郷セシメザルコト」と通告されている。(4) 故郷における患者やその家族への排除は、患者の帰省を困難にしていた。まさに、無癩県運動により形成された世論が、こうした結果を招いていたのである。

3　地域における患者と家族への恐怖感

無癩県運動の下、家族への迫害は戦後も続く。無癩県運動では、地域の住民に患者に関する情報の行政当局への密告が奨励された。

戦後の無癩県運動の渦中にあった一九五一（昭和二六）年一月二七日深夜、山梨県下でハンセン病患者の一家心中事件が発生し、二九日の朝、遺体が発見された。事件を報道した一月三〇日付『山梨日日新聞』によれば、この一家は、二七日、二三歳の長男が県立病院でハンセン病と診断され、その日の夕方には村役場から家中を消毒すると通告されていた。結果、それを苦に、両親と兄弟姉妹合わせて一家九人が青酸カリにより服毒自殺をしたのである。父親が社会に宛てた遺書には「国家は社会はそうした悲しみに泣く家庭を守る道は無いでせうか」と記されていた。無癩県運動のなかの患者家族の被害を衝撃的に象徴する事件である。

また、大阪府健康福祉部地域保健福祉室に保存されている「情報綴」には、一九四九（昭和二四）年〜一九五五（昭和三〇）年の住民、保健所職員、警察官からのハンセン病患者の存在に関する通報三六件の文書が綴じられている。そのなかのいくつかの事例を紹介する。(5)

事例1

一九五五（昭和三〇）年九月二三日、大阪市内の保健所長が大阪府知事に宛てた「癩疑似患者の届出について」には、「十年程前より手がひきづり頭髪がぬけ足がくづれて来ているらしい」疑似患者に関して「家族についいては昨年十二月一日聞込み」をおこなったと報告されている。

事例2

一九五四（昭和二九）年一二月二日、大阪市内の保健所長が府知事に宛てた「らい疑似患者聞込について の御通知」には、小学校の児童二名について「入学前と比較し両名の顔の相が変っているらしい」という担任教師からの情報にもとづき聞き込みをおこない、家族の健康状態や勤務先まで調べ上げた結果が記されている。そして、そこには「小学校の同学級父兄の間に於ては『同級生にらい患者が居る』との噂に不安と憂慮にみち、問題化せんとしている」ことが書き添えられている。

事例3

一九五四（昭和二九）年八月一六日、大阪市内の保健所長が府衛生部長に宛てた「癩病の疑いある患者について調査方依頼について」には、公衆浴場経営者からの「調査方依頼」が記されている。それは、「本年六月頃より同浴場に前記患者が入浴しに来る由で、一見顔がむくみ癩患の疑あり、多数の一般入浴客が全人の入浴を拒むよう経営者に申出ありたるも、経営者から直接入浴拒否も出来難い（云い得ない）とのことであります、なお同人家族で癩のため?二人死亡した（死亡している）との噂さがあると申越して来ています」というものである。

事例4

一九五四年六月頃に、府予防課長宛に、近所に住む韓国人一家についての情報を記した住民からの葉書が届き、そこには「主人は三年程前より顔面に紫色のあり、むくれも未だとれず癩病の疑い濃厚又□に住む兄弟が日本では癩病はどうすれば癒るかと人に聞いたといふ事ですから一度お調べの上何等かの処置を願ひ度く存じます。又□小学校□年生□学級の娘□も顔面にそれらしき徴項《ママ》あり念の為御調べ下さい　近所の私達は落付《ママ》いて生活が出来ません」と記されていた。同課では、六月二一日、この投書した住民と面談している。

事例5

一九五四（昭和二九）年六月六日、国家地方警察大阪府本部管下の警察署長が府知事に宛てた「らい患容疑者の聞込について」には、「昭和二十一年頃かららい患者の容疑者として近隣の風評が高く附近の家庭や、又飲食物販売業者は本人が出入するので迷惑しておる旨の申報があったものである」と記されている。警察文書であるからか、「らい患容疑者」という表記が使用されている。

事例6

一九五四（昭和二九）年二月二八日付で市内保健所長宛てに投函された葉書には「潜在『癩病患者』が居る事をご存知ですか」「近隣の話によると相当重度の患者です。此の彼が時々果物行商をしているのは危険ではないでしょうか」と記されているが、三月五日、この件について、投書を受けた保健所長は府らい予防係に宛て「本件については、先に療養所より軽快退院し最早公衆衛生上伝染のおそれない旨の御通知がありましたのでその旨警察その他へ連絡、らい予防法の趣旨について説明しておきました」と報告している。通報された男性は、ハンセン病が治癒して療養所を退所していたにもかかわらず。その後遺症ゆえに、近隣からは「相当重度の患者」とみなされ、通報されたのである。

事例7

一九五四（昭和二九）年二月二一日、大阪市警察の派出署巡査が管轄の警察署長に宛てた「レプラ患者報告」にはハンセン病患者という風評がある夫婦を「内査」した結果、夫は前年一二月一一日まで約二年間ハンセン病療養所にいたが、「最近の状態は健康人と何等異った点なく」と報告されている。しかし、妻は妊娠七か月であり、複数の助産師に来訪を求めたが、いずれの助産師も、妻が「レプラ患者である事の風説を周知しているのでこれに応じなかった」という。理由については「レプラ患者の疑い濃厚な妊婦を取扱う事は自分もさる事ら《ママ》万一その様な妊婦を取り扱ったとなると他の妊婦から深く敬遠され失業すると云う見地より所謂触らぬ神に祟りなしで今の処助産婦に掛っていない実情である」と報告されている。翌日、この巡査が署長に宛てた「癩患者妊娠について」という文書では、妻がハンセン病であるかどうか「「産婆が検診して容ギありと思った場合医師に連絡して健康診断を受けさせる」方法が妥当」と判断され、他の助産師がこの妻を診察することになったと報告されている。夫がハンセン病療養所に入所していたことにより、妻もハンセン病ではないかという風説が広まり、助産師から出産の介助を拒否されていた。

事例8

一九五一（昭和二六）年四月一三日に府衛生課が受理した住民からの投書には、近隣に住んでいる四七、八歳の女性がハンセン病患者ではないかと記され、「この人の親るいは附近にたくさんありますのでよくお気をつけてしらべて下さいませ」と書き添えられている。患者と疑われた女性だけではなく、その親類まで調べてほしいという要望である。

事例9

一九五一（昭和二六）年二月、府衛生課長に対し、ある町の「町内一同」から町内に住む「癩病患者」とされたものの隔離を求める投書がなされた。そこでは「「癩病患者」を町内に置く事は社会問題」とまで言い切っている。

事例10

一九五〇（昭和二五）年頃、府内の保健所長宛てに住民の「決議文」が提出された。それは、地元からハンセン病療養所に隔離された人物が一時帰省することに反対する内容で、その理由として、「飲用水は共同水道の事」「家屋が非常に接近しすぎる事」「幼児の非常に多き事」「遺伝性及び伝染病なる事」をあげ、一時帰省に絶対反対を唱え、帰省を強行するならば「隣保をあげて」保健所と府庁衛生課に座り込むとまで主張した。「決議文」には住民一四名が連署し捺印した。一時帰省が実現したかどうかは確認できないが、このような行動がおこるなかで、帰省しようとした患者の家族は地域のなかでどのような境遇に置かれていたのか、想像に難くない。

以上の事例からも、戦後においても、患者と家族の存在は地域住民の間で恐怖の対象であったことがわかる。一九五四（昭和二九）年に熊本市で起きた龍田寮児童通学拒否事件も、こうした住民の恐怖感が原因であった。しかし、住民にこのような恐怖感を植え付けたのは、ハンセン病は恐ろしい不治の感染症という医学的に誤ったイメージを広めた癩予防法―らい予防法、および、その下で強制的な絶対隔離を推進させた無癩県運動であり、その責は国家にある。この事実を真摯に受け止めれば、癩予防法―らい予防法により国策としてなされたハンセン病患者への絶対隔離政策は、患者本人に対してはもちろん、患者の家族に対しても重大な人権侵害をもたらしたということは容易に理解できよう。

4 体質遺伝説による患者家族の管理

患者の家族は、感染しているかもしれないということで、近隣の住民から恐怖されただけではない。国策として生殖を管理され、生命を選別された。その背景には、ハンセン病は遺伝病ではなく、感染症であるが、らい菌に免疫の弱い体質があり、それは遺伝するという医学的知見が存在していた。それは一部の学説ではなく、ハンセン病医学の定説に近いものであった。

光田健輔も、早くかららい菌は「癩病に犯され易き体質に発生」することを認めていた（光田健輔「癩病患者に対する処置に就て」、『養育院月報』五九号、一九〇六年）。そして、このハンセン病と体質の関係をめぐっては、日本癩学会総会でもしばしば激論が展開されていたのである。

一九三一（昭和六）年三月一日、第四回日本癩学会総会の席上、外島保養院長村田正太は「癩の遺伝説に対する批判」と題し、「癩は遺伝するとか或は結核と同じやうに癩は罹り易い素質が癩でも認められてゐるかの如く言つたり……（中略）……この素質、体質は遺伝するものだなどと言ふ言質は今後一切よして貰ひたい」と激しく体質遺伝を説く論者を非難した。これに対し、大島青松園長小林和三郎は、臨床例をもとにハンセン病の感染には体質が影響すると反論した（「第四回癩学会記事抄録」（『レプラ』二巻二号、一九三一年六月）。

この論争は、以後も継続されていくが、絶対隔離政策を進める政府の官僚の間にもハンセン病と体質の関係について、これを認める認識があった。一九三一年二月二八日、内務省衛生局長赤木朝治は、第五九回帝国議会衆議院寄生虫病予防法案外一件委員会の場で「癩菌ヲ受入レ易イヤウナ体質」を認める発言をおこない（『第五十九回帝国議会衆議院寄生虫病予防法案外一件委員会議録』四回）、厚生省予防局長高野六郎もまた、一九三九（昭和一四）年三月二五日、第七四回帝国議会貴族院職員健康保険法案特別委員会で「癩ノ血統ノ者ハ罹リ易キ体質ヲ持ッテ居リハシナイカドウカト、少クトモ懸念ハアル」と発言している（『第七十四回帝国議会貴族院職員健康保険法案特別委員会議事速記録』八回）。高野は、自らの著書においても、ハンセン病は「生まれながらの体質や生活環境の如何によつて其の発病が左右される」と明言している（高野六郎『国民病の予防と撲滅』保健衛生協会、一九三九年）。ハンセン病の発症には体質が関係するという学説には、絶対隔離を進める国公立療養所の所長や官僚のなかにも多くの賛同者がいたのであった。そして、ハンセン病における体質遺伝説こそが、一九一五（大正四）年以来、男性患者に断種がおこなわれ、妊娠した女性患者に堕胎が強制された真の根拠であったと考えられる。患者を生涯隔離して断種、堕胎し、子孫を絶つことで、ハンセン病に対する免疫の弱い体質の家系を撲滅すること、これが日本の絶対隔離政策の究極の目的であった。ハンセン病は優生政策の対象とされていたのである。(6)

しかし、ハンセン病の発症に体質が影響することを認めれば、特定の体質者のみが発症することになり、すべての患者を隔離することは不要となる。こうした認識に立って、患者の通院治療を実践したのが前述した小笠原登である。一九四一（昭和一六）年、『中外日報』と『朝日新聞（大阪）』が、この小笠原の認識について、ハンセン病が感染症ではなく遺伝病であると主張するものだと誤報すると、日本癩学会の療養所の医師たちは、小笠原への攻撃を開始した。その舞台となったのが、同年一一月一四日～一五日に大阪帝国大学で開催された第一五回日本癩学会総会であった。

総会二日目の一一月一五日、小笠原は総会の開会時刻に遅刻した。この日、小笠原不在のなかで小笠原への批判が展開された。まず、邑久光明園の神宮良一ら四名の医官が共同発表「所謂佝僂病性体質論を否定す」をおこない、「癩の伝染説を否定し、さらに飛躍して癩の予防並に治療方針を誤らしむるが如きは、厳に慎まねばならない」と小笠原への批判の口火を切り、続いて野島泰治が「癩の誤解を解く」という題で発言し、「医師の認識不足は残念」と小笠原を批判、さらに小笠原の学説を紹介した『朝日新聞（大阪）』にも批判を加え、「戦時下かゝる国策に反逆した無責任な記事が許るされてもよいもの乎、若しあの記事が意識的にでもなされたものであれば其の罪万死に価すと極言してはゞからない」と感情を露わにし、「是非此の学会に於てハツキリ小笠原博士に新聞記事題目の御訂正を望んでやまぬ」と強調した（「第一五回日本癩学会総会学術演説抄録」、『レプラ』一三巻二号、一九四二年三月）。野島は学術的な研究発表ではなく、極めて感情的かつ政治的な発言に終始した。

小笠原は、この野島の発言中に会場に到着した。日本癩学会の機関誌『レプラ』に掲載された報告によれば、座長を務めた外島保養院の前院長村田正太は、小笠原に向かい、「『癩は伝染病に非ず』と主張されますか。『癩は伝染病だ』と云ふ通説を否認せられますか」と詰め寄り、これに対し、小笠原は「癩は細菌性疾患であることを認める」という前提の下に、感染症を「単に細菌性の疾患」である「広義の伝染病」と、「病原体が輸入せられた時頗る高率に発育する疾患」である「狭義の伝染病」とに区別し、「癩はその感染力頗る微弱なことは争はれぬ事実である」から「癩は細菌性疾患ではあるが狭義伝染病に属せしむべきものではない。故に癩は広義の伝染病ではあるが大衆をして狭義の伝染病であるかの如き誤解を起さぬ様に努めなければならぬ」と説明し、さらに伝染病であると認めるかと重ねて問う村田に対し、小笠原が「それは伝染病なりとは認める—が……」と切り出すや、村田は「それでよろしい」と論議を打ち切ったため、「満場ワッと計り座長に後援の拍手を送」り議論を終わらせてしまったという（櫻井方策「第一五回日本癩学会総会景況記」、

『レプラ』一三巻二号)。小笠原の口からハンセン病は「伝染病」であると言わせることが目的のような討論であった。小笠原が提起した「広義の伝染病」と「狭義の伝染病」の区別などは無視されていた。

小笠原はこの日の「日記」に「我ガ体質論ニ対シテ駁論アリ。余遅刻セリ。シカシテ我ガ駁論ノ終リノ頃入場質問ニ応戦シ縷々弁ゼントシタリシガ発言ヲ阻止シテ十分発言セシメズ。シカシ不利ノ陳弁ナカリシト雖モ新聞紙ニハ痛ク不利益ニ報ゼリ」と悔しさを滲ませていた。小笠原の発言は巧妙に封じられた。そして、この日の『朝日新聞(大阪)』夕刊は、掌を返したように、小笠原が一方的に論破されたと報じた。

波乱に満ちた総会が終了した翌一六日、大阪帝国大学医学部で文部省科学研究費による「癩ニ関スル協同研究」の第二回協同研究協議委員会が開かれた。この会合には小笠原をはじめ、光田健輔、野島泰治、神宮良一、宮崎松記、櫻井方策、多磨全生園長林芳信、星塚敬愛園長林文雄らも参加し、「従来癩ト体質トノ関係ノ研究ハ、特ニ忌避サレタキライヒガアルガ、事実ハ事実トシテ考究スル必要アリ。但シ研究ノ成果ノ発表ニハ、慎重ナル考慮ヲ要ストイフコトニ大体意見ノ一致ヲ見タ」という(「文部省科学研究費ニヨル癩ニ関スル第二回協同研究会委員会記録」)。この「意見ノ一致」について、会議に参加した櫻井方策は「癩に特定の体質ありかとの発表を況んや、それが遺伝的のものでありとか、との発表を妄りに致さないやう呉々も慎むべきだ」との申し合わせと理解していた(櫻井方策・西村眞二「癩の体質論をめぐりて」、『大阪医事新誌』一三巻一一号、一九四二年一一月)。ハンセン病を発症しやすい体質があるのではないか、そしてその体質は遺伝するのでないかという点について「事実ハ事実トシテ考究スル」必要があるが、その研究結果の公表については慎重になるべきだということを確認したわけであり、これは小笠原への牽制でもあるが、同時にまた、そうしたことも「忌避」せずに研究しようという点においては、小笠原の主張にも近づいたことになる。非公開の研究会の場では冷静な議論がおこなわれていた(7)。

戦後になり、一九四八（昭和二三）年に公布された優生保護法でハンセン病患者とその配偶者が断種、堕胎の対象とされたのも、体質遺伝という根拠に基づいていた。ハンセン病を同法の対象としたことについて、法案の作成に関わった参議院議員谷口彌三郎と福田昌子は、「癩は遺伝性の疾患と云われていたが、現在では伝染病の部類に属している。唯これは慢性伝染であつてその潜伏期が長く、幼時中に伝染したものが少年期特に破瓜期に至つて、或は身体的に大きな障害のあつた場合に発病するのが普通であつて、先天的に同病に対する抵抗力の弱いと云う事も考えられるのである。また、現在では癩を完全に治癒し得る方法もないので、癩患者に対しては、本人又は配偶者の同意を得て本手術を行うのが適当である」と説明している（谷口彌三郎・福田昌子『優生保護法解説』、研進社、一九四八年）。ハンセン病患者は先天的に同病に対する抵抗力が弱いことも考えられる、このことがハンセン病患者に断種をおこなう理由とされている。まさに、体質遺伝説に立脚した論理である。[8]

後年、多磨全生園長林芳信が「優生保護法制定の際には専門委員を命ぜられて種々意見を開陳したことを今思い起す」と回想しているが（「第四〇回日本癩学会総会」、『レプラ』三六巻二号、一九六七年六月）、林もまた、体質遺伝説に立脚していた。ハンセン病が優生保護法の対象にされたのは、体質遺伝説の反映とみなすことができる。冒頭で述べたように、一九五一（昭和二六）年一一月八日、第一二回国会参議院厚生委員会で、光田健輔が、ハンセン病患者の隔離に強制力を強める発言をなした際、患者と家族への断種の必要を力説したのも、体質遺伝説を背景にしたものと理解できる。

体質遺伝説に立脚すれば、患者の兄弟姉妹や子どもは、ハンセン病に免疫の弱い体質を持っていると想定され、現時点ではハンセン病を発症していなくても、将来において発症する虞があると考えられた。発症のしやすさには、体質だけではなく、栄養、衛生状態も関係すると言われていたにもかかわらず、体質が遺伝する可能性を理由に、患者を管理するだけではなく、排除したことにある。そこには、国家のために一人の患者も国内にいることを許さない点で絶対隔離政策と同じ発想が存在した。患者だけではなく「癩患家」が行政の監督下に置かれたことには、こうした背景もあった。また、そうであれば、患者の生殖活動は認められず、本人と配偶者が断種、堕胎の対象とされたこともうなづける。治癒した患者の療養所退所に国家が消極的であったのも、社会に復帰して自由に生殖活動をおこなうことへの危惧があったからとも考えられる。あらためて、日本がおこなったハンセン病患者への絶対隔離政策は、患者と家族の国家管理政策であったことを再確認する必要があろう。

おわりに

以上、述べたように、ハンセン病患者の家族は絶対隔離政策の下で、不当な差別にさらされていた。その差別は、近隣の住民からなされたものではあるが、近隣の住民にそうした差別意識と恐怖感を形成させたのは、国策としての絶対隔離政策であった。そして、患者家族は、そうした差別だけではなく、ハンセン病に免疫の弱い体質は遺伝するという学説の下で、患者の予備軍として行政当局の管理下に置かれ、患者の配偶者も断種、堕胎の対象とされた。こうした事実と真摯に向き合えば、国家による患者家族への人権侵害は明らかで、速やかに賠償がなされるべきことは自明の理となろう。

二〇一六年一一月二〇日　　敬和学園大学人文学部教授　文学博士　藤野　豊

●註

（1）無癩県運動の概要について詳しくは、藤野豊「無らい県運動の概要と研究の課題」（無らい県運動研究会編『ハンセン病絶対隔離政策と日本社会』、六花出版、二〇一四年）を参照
（2）『癩患家の指導』は、一九三六年版、一九三七年版ともに、藤野豊編『近現代日本ハンセン病問題資料集成　戦前編』六巻（不二出版、二〇〇二年）に収録
（3）『鳥取県ノ無癩運動概況』は、同上書に収録
（4）藤野豊『孤高のハンセン病医師――小笠原登「日記」を読む』（六花出版、二〇一六年）、一〇五頁
（5）「情報綴」の一部は、藤野豊編『近現代日本ハンセン病問題資料集成』補巻一四（不二出版、二〇〇七年）に収録
（6）ハンセン病と優生政策の関係について詳しくは、Fujino Yutaka "Eugenics and Hansen's Disease Patients" Edited by Karen J. Schaffner "*Eugenics in Japan*" Kyusyu University Press 2014を参照
（7）第一五回日本癩学会の論争について詳しくは、藤野豊前掲『孤高のハンセン病医師――小笠原登「日記」を読む』、四〇～五七頁を参照
（8）優生保護法とハンセン病との関係については、藤野豊『ハンセン病と戦後民主主義』（岩波書店、二〇〇六年）、八二～八八頁を参照

5 鳥取訴訟　証人調書

藤野豊

〈控訴人代理人（吉田）〉

甲第123号証（意見書）を示す

——これは先生が作成なさったものですね。

はい。

——内容に訂正すべき箇所があるということですか。

はい。

調書末尾添付の「藤野豊作成意見書（甲第123号証）の正誤表」を示す

——訂正すべき箇所はこれに記載のとおりということでよろしいですか。

はい。

甲第142号証（履歴書）を示す

——これは先生の経歴が記されたものですね。

はい。

――先生がおつくりになったものということでいいですか。

はい。

――これによりますと、主要著作として部落問題に関するものが初めに記載されておりますけれども、先生はもともとは被差別部落の問題を中心に研究をなさっていたということでいいですか。

はい。

――先生がハンセン病問題に関心を持つようになったのは何年のことでしょうか。

一九八八年の夏頃になります。

――きっかけは何でしたでしょうか。

一九二二年に大分県の別府温泉の的ヶ浜というところで、民家を警察官が焼くという事件がありました。これは当初、被差別部落の見苦しい家屋を焼いたというふうに伝えられておりましたけども、調べた結果そうではなくて、そこの集落に四人のハンセン病患者がいたから焼いたということが分かりました。そのことから、なぜハンセン病患者はこのようなひどい目に遭うのか調べようということで、ハンセン病の隔離政策の歴史の研究に手をつけました。

――履歴書によりますと、先生がハンセン病問題について初めて発表された著書は『日本ファシズムと医療』ということで、一九九三年に発表なさっていますね。

はい。

――同じく履歴書に記載されております『「いのち」の近代史』という書籍ですけれども、もともと多磨全生園の雑誌に連載されていたものを書籍化したものということでいいですか。

はい、そうです。

――『「いのち」の近代史』が発表されたのは二〇〇一年ということですけれども、連載はいつ頃からされていたんでしょうか。

一九九二年一月号から一〇〇回連載しました。

――そうしますと、熊本判決よりも大分前から連載をされていたということですね。

はい、そうです。

――一貫して先生はハンセン病問題と医療、ファシズム、優生思想との関係などを中心に歴史学者として研究をしてこられたということでいいですか。

はい、そうです。

――公職についてですけれども、履歴書を拝見しますと、二〇〇二年からハンセン病問題に関する検証会議委員を務められたということですね。

はい、そうです。

――検証会議とは熊本判決後、再発防止に向けて、ハンセン病問題を検証するということで設置された有識者会議ですかね。

はい、そうです。

――検証会議の報告書が証拠として提出されているわけですが、これはこの検証会議によって作成されたということでいいですか。

はい、そうです。

――隔離政策が始まった頃のことについてお尋ねをします。一九〇七年「癩予防に関する件」が制定されましたけれども、このとき隔離対象になったのは主にどういった人々だったでしょうか。

当時の隔離の主な対象は自費で療養できない患者、すなわち家を出て放浪して、神社やお寺の門前で物乞いをするような行為、そうしたことを行っていた人々が中心でした。

――そういった放浪する患者さんたちが隔離の対象となったのは、そういった方々がどのような目で見られていたからなんでしょうか。

当時、日本は日露戦争にも勝って、世界の列強に飛躍する文明国の一国である、世界の列強であるというときに、そうした国のメンツを汚すもの、国の恥として映っていました。それが隔離の始まりです。

――放浪していない患者さんたちはどのように受け止められていたんでしょうか。

放浪してない患者というものも本当日本には三万人以上想定されました。当時、欧米のいわゆる先進国には患者が極めて少ない。大勢の患者を抱えている地域はアジアとかアフリカの植民地である。日本は世界の列強になったにもかかわらず、三万人以上の患者がいるということは国家の恥である。そういうことですから、放浪する患者はもちろんのこと、家にいる患者も含めて、ハンセン病患者の存在そのものが国の恥と理解されました。

――ハンセン病患者さんたちが国の恥であるというふうな考え方があったということについては、どのような事実から見てとれますでしょうか。

それは帝国議会においてハンセン病患者を取り締まれという声が当時高まってきて、そうしたことが「癩予防に関する件」という法律の背景にあるわけです。そうした議会の上の審議の結果とか、あるいは患者を隔離する際に非常に人間扱いしないようなひどい扱いをして隔離した。そうした現実がやはり国の恥だ、おまえたちは国の恥だ、そういう意識で隔離をしたことになって、そういう実態がそういう患者たちを国の恥と認めていたということも一つの大きな象徴ではないかと考えております。

——「癩予防に関する件」は放浪する患者さんたちの隔離を定めているわけですが、そのほかに消毒の規定もございましたよね。

はい。

——「癩予防に関する件」の第二条を拝見しますと、「癩患者ある家に於ては消毒其の他予防を行ふべし」という規定がありますけれども、ハンセン病患者のいる家については消毒をしなければならないという定めになっているわけですね。

はい。家を消毒し、患者の扱った道具も布団も消毒する、若しくは焼却する、そういったことが行われました。したがって、先ほど申し上げた、的ヶ浜における民家の焼却というものも徹底した消毒の延長線上にあったと考えております。

甲第32号証（内務省訓令第四五号）を示す

——その中に「十一」というところがあります。これは明治四二年ですから一九〇九年のものですけれども、「癩予防に関する件」制定直後のものです。ここには患者の使用したる衣類、寝具、器具はもちろんとした上で、家人の常用衣類等、病毒に汚染し、又は汚染の疑いのある物件は消毒を行いたる後にあらざれば他に使用せざること、すなわちハンセン病患者の家族が自分の衣類を使用するためには消毒しなければならないということを規定しているようなんです。ハンセン病患者の家のほか、患者の衣類、寝具、加えて家族の衣類までも消毒の対象とされたということなんですけれども、このことが社会に与えた影響ということについてはどのようにお考えになりますでしょうか。

こうした患者本人のみならず家族にまで消毒の範囲が及ぶということになりますと、患者はもちろんのこと、一緒に暮らしておった家族に対しても恐ろしい感染症の菌を持っているんではないか、そういうふうな目で周囲は見ることによって、患者及び患者の家族、そして暮らしていた家に対する恐怖感を強くしていきました。

——大々的に消毒しなければならない病気であるというような認識が広まっていったということでいいですかね。

はい、そういうことになります。

甲第144号証（群馬県ハンセン病行政資料調査報告書（資料編））の資料一を示す

——これによりますと、明治三三年ですから、すなわち一九〇〇年になりますけれども、ハンセン病患者の第一回全国調査が行われて、ハンセン病の血統家系を有するものの戸数と人口の統計数値が記載されています。患者数以外に血統家系を有するものの戸数と人口が調査の対象とされたのはどうしてなんでしょうか。

最初、こうした資料を見たときに私も驚きました。感染症がなぜ血統まで調べるんだろうと思いましたけども、やはり当時ハンセン病については通常の発症する人は少ないにもかかわらず、特定の人が発症するんではないか、特定の人というのはハンセン病に対してもともと免疫の弱い体質を持っているんではないか、そうした議論が当時明治のこうした医学界でも議論されていました。そうしたことを反映して、患者本人だけではなく、患者と血縁関係がある者も調べとく。つまり、これは将来発症するかもしれない患者の予測という、そういう意味で血統の数まで調べるというふうに考えております。

甲第144号証の資料二及び三を示す

——これは明治三八年、三九年ですから、一九〇五年、一九〇六年の全国のハンセン病患者の概数表ということになっていますけれども、ここに出てくる患家の数、患家の人口が調査対象となったのも、今先生がおっしゃった同様の趣旨から理解してよいということになりますでしょうか。

患家というのは患者と一緒に暮らしている家族ですから、子供であったり兄弟、姉妹であったりも含めます。当然そういう意味では血統というものと全く同じではないと思いますけど、ほぼ同じような意味で患家の数も調べたものと考えております。

甲第144号証の資料一を示す

——先ほど示しましたけれども、資料一をもう一度示します。これは警察が作成した内務省宛の文書ということになってますが、こういったものを警察が作成しているということはどのような事実を示しているというふうに考えられますでしょうか。

戦前の組織で言うと、医療行政は警察行政の一環でした。ですから、こうした医療に関わる調査というものも警察が関わってやっておったわけです。同時に、なぜ警察が医療行政まで管轄したかということは感染症に対しては、これは単なる医療の問題だけではなくて治安対策、そういった意味もあったからです。ですから、こうした警察が医療のことも調べていた。警察官が一々ハンセン病患者の数を調べて回ったということになります。

——警察による取締りの対象になったと考えてよろしいんでしょうか。

はい。ハンセン病患者は特にそうした意味では取締対象として考えられてました。

——患者の家や持ち物、あるいは家族の衣類などが消毒されて、警察が患者を取締り、また放浪する患者さんたちが隔離の対象とされたということによって、国民一般のハンセン病に対する理解にどのような影響が与えられたというふうに考えられるんでしょうか。

お寺の門前で物乞いする患者を警察官が捕まえて、あたかも犯罪者のように連行していく。そして、頭から消毒薬をかけていった。そんな姿を見た国民は、これはとんでもない怖い病気だ。大変な伝染病なんだという、大変な恐怖感を持ったことは明らかです。まして、家を消毒する。その家族に対しても同じような恐怖の目で見ていったことは明らかです。

――今の先生の御証言によると、「癩予防に関する件」制定の頃から国民一般にそういう受け止めがされ始めていったと考えてよいんですかね。

はい、そうです。

――旧らい予防法制定の頃についてお尋ねをします。一九三一年には旧らい予防法が制定され、隔離対象が全患者に拡大されましたね。

はい。

――ハンセン病の全患者隔離は当時の全体主義の風潮との関係ではどのように考えることができますでしょうか。

最初は放浪する患者の隔離から始まって、段階的にだんだん隔離の枠を増やしていって最後は全患者隔離をする。それが一九三一年のらい予防法になります。当時、日本は戦争の道に歩んで行きました。陸軍が国民の体力を強化する、強い国民をつくるということから、陸軍が医療行政に深く介入してきます。そういう中でハンセン病患者を全部隔離する、そうした絶対隔離の法律が出来上がっていったというふうに考えております。

甲第127号証（昭和一二年度癩患家の指導）及び甲第130号証（昭和一一年度癩患家の指導）を示す

――ここにいう、癩患家とは何のことですかね。

これはハンセン病患者が暮らしてる家の家族、あるいは家そのものを指してると思います。

――この冊子の題名からしますと、ハンセン病患者がいる世帯に対する指導が行われていたということなんですけれども、どのような指導が行われていましたでしょうか。

定期的に、戦前ですから、警察官、警察吏が家を訪問して、患者本人には早く隔離に応じるように説得をする。家族に対しても早く患者を送り出すように説得する。そうした説得ですね。それから、もう一つは日頃の生活のチェックです。人前に出るな、食器はちゃんと洗ってるかどうかとか、細かい生活指導もしておりました。

――このような指導によって、究極的にどういう目的を達成しようというふうに考えられていたんでしょうか。

頻繁に警察官や警察吏が訪問するということは近隣の住民からも変に思われますよね。そうすると、だんだんと、あそこの家にはらい患者がいるんじゃないかと分かってしまう、結局そうして患者本人も隔離に応じざるを得ない状況、家族もそれに同意せざるを得ない状況に追い込んでいく、そういうふうな効果っていうものがあったと思います。

甲第123号証の六頁を示す

――二項、第一段落の下から二行目あたりを示します。「患者はもちろん、その家族も各府県の行政当局の監視下にあった」という記載がありますけれども、家族までもが監視されていたというのはどういうことから言えるのでしょうか。

各県ごとに「らい患者台帳」というすごいタイトルの台帳がつくられまして、患者の住所、名前、家族構成全部記載されています。そうしたものをつくって、各府県当局が患者を管理していて、それに基づいて市町村の職員、あるいは警察関係者が患者を訪問するというふうなことになってました。

甲第127号証の序文の第二段落を示す

——昭和一二年度の癩患家の指導、序文二段落を示します。ここには「患者並びに家族に対し療養所に入所の熱望を抱かしむる」と書いてあるわけですけれども、これはまさに家族らにこのような熱望を抱かせることによって、全患者隔離という政策を達成するためであったと、こういうふうに考えてよろしいんでしょうか。

はい。家族も患者本人も追い詰められて隔離に同意するしかない、そういう状況で、まさに熱望というか本人が申し出たという形にして隔離したわけです。

甲第130号証の三枚目（七五頁）を示す

——昭和一一年度の癩患家の指導、三ページを示します。下のページ数で言うと、七五ページという記載があるところですね。「二」のところがあると思いますが、ここに「未感染児童」という言葉が出てきますけれども、未感染児童というのはどういった人々のことなんでしょうか。

これはすごい言葉なんですよね。子供たちの立場に立ったらこんなつらい言葉はないと思うんですけれども、未感染児童というのは親がハンセン病であったその子供たち、まだ発症してない、でも、将来発症するかもしれないという目で見られた子供たちです。ですから、未感染というよりは未発症児童と言ったほうが正しいかもしれませんけれども、当時はこういった子供たちを未感染児童とひどい差別的な言葉で呼んでいました。

——ここに未感染児童という表現があるということは、まさに未感染児童が癩患家の一部であったと、こういうことでよろしいんですかね。

はい、そういうことになります。

——どうしてこのような未感染児童というような表現がされたんでしょうか。

今は発症してないけども、ハンセン病患者の子供であるから親と同じようにハンセン病に弱い免疫体質を持っているんではないか、将来発症するかもしれない、まさに患者予備群、そんな意味でこんな未感染児童は特別扱いされたわけなんです。

——こうした子供たちが一般養護施設ではなくて、特別の保育の対象とされたのはどういった理由からでしょうか。

これは明らかにそういった子供たちが発症するだろうという前提で、検診を定期的にやる。そして、発症しないかどうか絶えずチェックする。つまり、未感染児童をまとめて置くことによって監視していくということがやりやすかったからだと思います。

——断種、堕胎についてお尋ねをします。ハンセン病患者に対する断種、堕胎はいつ始まったんでしょうか。

一九一五年東京の全生病院で始まったと考えております。

——今御紹介になったものについては光田健輔によって行われたものでよろしいでしょうか。

はい、そうです。

——当時、ハンセン病患者に対する断種、堕胎を許す根拠法令というのはございましたでしょうか。

当時はハンセン病患者だけではなくて、全て断種や堕胎を認めるような法律的な根拠はありません。

——この当時、ハンセン病が感染症であることは医学的知見としては既に明らかになっていましたね。

はい。

──ハンセン病が感染症であるにもかかわらず、断種、堕胎の対象とされたのは、背景にハンセン病に対するどのような理解があったからだというふうに考えられますでしょうか。

私はこの件も非常疑問だったんです。当時の明治の頃から大正期の医学会のこうしたハンセン病の発症に関わる論文を大部読みました。当時においても、ハンセン病は弱い感染症であるということは医師の間ではほぼ理解されてました。なぜ発症するのかというときに、それはハンセン病の菌に対して免疫が弱い体質があって、たまたまそういう体質を持った人が感染、発症するんではないかという議論がされておりました。こうした体質というものがあるならば、それは遺伝するのではないか。そうした議論も当時あったわけです。そうしますと、ハンセン病は遺伝する病気ではないけども、ハンセン病の免疫の弱い体質があって遺伝するかもしれない。そういうことになればハンセン病患者が子供を持つことは絶対あってはならない。そういう判断から断種が行われたというふうに考えております。

──ハンセン病にかかりやすい体質、そしてそれが遺伝するということがあるとしても、法的根拠が断種や堕胎についてはないことには変わりないわけなんですけれども、それでもあえて断種、堕胎を断行した背景にはどういった考え方の影響があったって考えられますでしょうか。

やはりハンセン病は国の恥である。そういう強い意識から患者を撲滅する。それは患者本人だけではなくて、将来発症する可能性があるような子孫も撲滅をする。そういう強い考え方から、特にハンセン病に対しては法的な根拠がないままに断種が始まってしまったということだと思います。

──いわゆる優生思想のような考え方だと理解してもよろしいんでしょうか。

はい。それがだんだんとより将来の強い国民をつくるという一環にも組み込まれ、優生思想の影響を受けて断種が続き、更に強化されていったということになります。

——一九四〇年には一定の場合に断種、堕胎を認める国民優生法が制定されましたよね。

はい。

——この制定の背景にはどのような議論がありましたでしょうか。

一九三三年にナチスがドイツで政権をとって、すぐにヒトラーのもとで障害者、特に遺伝性と当時認められた障害者に対する断種が始まります。この法を受けて、日本も翌年からこうした日本の断種法を施行しようという議論が盛んになり、それが続く中で一九四〇年に、これは政府が出した案として国民優生法という法律が成立をしました。

——ハンセン病患者に対する断種、堕胎についてはこの国民優生法には規定されなかったわけですが、それでもなおハンセン病患者に対する断種、堕胎は継続したわけですけれども、それはどうしてなんでしょうか。

国民優生法というのは遺伝性の障害疾患を対象にするということで、ハンセン病は遺伝病ではない。感染症ということを誇大に宣伝して隔離してきたわけですから、ここにハンセン病を対象にすることは矛盾が生じる。しかし、既に一九一五年から既成事実としてハンセン病患者に対する断種は始まって続いているわけですね。どうするかというときに、これは議会での厚生省側の発言なんかを見ても曖昧なんですが、らいは特殊な病気だからこういうことを言って国民優生法の対象にはならないが、言ってみれば法律の拡大解釈でいいんじゃないかと、非常に曖昧なまま、既成事実となっているんだからいいだろう。以後もハンセン病患者に対しては断種が続けられました。

——当時の軍国主義との関係では何かこの断種、堕胎と関わる関わりを説明することはできますでしょうか。

戦争が続く時代ですから、一〇年後、二〇年後も強い兵士が必要である。だから、強い子供を産めということがより軍部の要求もあって強まってきました。そういう意味では、ハンセン病を将来発症するような可能性がある子供を産んではいけない。そうした議論がますます勢いを持ってくる。そういうことで、国民優生法のもとで曖昧な理由のもとに断種が続いたということになります。

〈裁判長〉

——前の質問のお答えの中で厚生省というのが出てきたんですけれど、それでよろしいんでしょうか。一九三八年に内務省衛生局の業務が厚生省に移管されました。新しく省ができたわけなんで、一九三八年以降は厚生省が管轄の官庁になっています。

〈控訴人代理人（吉田）〉

——戦後、一九四八年に優生保護法が制定されて、ハンセン病患者、そしてその配偶者に対する断種、堕胎が明文で規定されましたね。

はい。

——この法律の目的は何だったでしょうか。

やっぱり優生思想の禍が、つまり劣等な子孫をつくってはいけない、そういうことが一番の目的だったと思います。

——法律上は今先生がおっしゃた優生思想、すなわち不良な子孫の出生の防止、それともう一つ母体の保護ということも記載されているようなんですけれども、先生が今一番目に要求されたとおっしゃった優生思想のほうが母体の保護よりも優先されたという理解でよろしいんでしょうか。

はい。優生保護法は最初一九四七年の第一国会に法案が提出されました。そのときの法案は法の目的として、まず母体の保護、次に不良な子孫の出生の防止だったんです。このときは国会ではこれが時間切れで流れてしまいまして、翌年四八年の第二国会で新しく修正された優生保護法案が提出されました。その修正された保護法案の目的は、順序が入れ替わって、まず不良な子孫の出生の防止、次に母体の保護になりました。明らかに順序が入れ替わったわけなので、やはりその第二国会で出た法案が成立をするわけですから、出来上がった優生保護法のまず第一の目的は不良な子孫の出生防止という、優生思想の影響がまず第一にあったと考えられます。

——この法律をもって、ハンセン病の患者の子供たちは不良な子孫というふうに位置づけられたということでいいですかね。

はい、そうなります。

——患者だけではなくて、配偶者に対する断種、堕胎を定めたということなんですけど、それはどうしてなんでしょうか。

この優生保護法の法案の作成過程には、多磨全生園の園長であった林芳信も加わっておりまして、林芳信は戦前から一貫してハンセン病の免疫の弱い体質があって遺伝するということを主張してました。そうした彼が参加したことも考えますと、明らかに配偶者、つまりハンセン病患者は隔離しても、その妻が妊娠した場合、その子供は将来ハンセン病に弱い体質を受け継ぐかもしれない。そういう考え方になると、患者本人を隔離するだけではなくて、断種する、あるいは堕胎することが必要になったと、それで優生保護法にはそうした条文が加わったと考えております。

——絶対に子孫は残させない、そういう決意のあらわれなんでしょうかね。

はい、患者と患者の子孫を断つ、これは前後も一貫しておりました。

――ハンセン病を理由とする堕胎につきましては一九九〇年代まで絶え間なく行われてきていましたね。

はい。

――ごく近年までハンセン病を理由とする堕胎が行われ続けたことは、どのようなことを示しているというふうにお考えになりますでしょうか。

私も当初厚生省に行って、優生保護法の統計を見て驚きました。一九九〇年代までそういった行為が行われておったと、逆に言えば、それだけハンセン病患者やその配偶者は子供を産むなという、そういう考え方が浸透していたということの反映ではないかと考えております。

――先ほど来、御証言の中に出てきております、ハンセン病にかかりやすい体質、そしてそれが遺伝するという考え方なんですけれども、この考え方は戦前戦後のハンセン病医学界の中ではどのような位置づけにあったというふうに考えられますでしょうか。

日本らい学会のずっと学会の大会記録とかそこに載った論文等をずっと見ていましても、戦前からこの議論はずっとありました。特に一九三〇年、三一年頃ですけど、かなり重大な議論になっていました。つまり、ハンセン病は普通の人は感染発症した弱い病気なんだと、でもなぜ発症するかというと、それは体質が問題である、そういった認識は共通していました。じゃあ、そういう体質があるんだったら体質が遺伝するんではないかという議論もらい学会では盛んに行われましたし、そして文部省も共同研究費を出して、らいと体質ということの研究をやらせています。ただ、学会では体質が遺伝するということが大いに議論されていても、それを国民に公表すると、あたかもハンセン病は遺伝病であるかのようなまた誤解につながるんではないか、あるいはそういうことが伝わると全患者を隔離することの意味がなくなります。そういうことを恐れて、学会では議論するけども外部には公表は慎重にしよう、そういうことがらい学会でも何度も確認されていました。実は、国民にはほとんどこうした議論は伝わっていなかったわけです。

——ハンセン病にかかりやすい体質、そして遺伝するという、そういう考え方なんですが、光田健輔氏も同様な考え方だったというふうに考えてよろしいでしょうか。

はい。光田健輔もらい学会等においてもそうした議論には関わっておりますし、彼もまた文部省の設置したらいと体質の共同研究グループのメンバーでもありました。ただ、光田も体質が遺伝するという遺伝という言葉を使うことには慎重であれと盛んに言っておりました。

——小笠原登氏もハンセン病に対する医学的な理解としては同様のようなんですけれども、意見書を拝見してておりますと、光田氏らは小笠原氏を激しく攻撃しているということです。ハンセン病にかかりやすい体質があるということについて共通していながら、このように激しく攻撃が行われた理由についてはどのようにお考えでしょうか。

小笠原さんも光田さんと同じように、文部省のらいと体質共同研究のメンバーで一緒に研究しています。やっぱりハンセン病には体質が関係する、これは二人に共通した認識でした。しかし、小笠原さんは体質があったとしても生活の指導とか食生活の改善等で体質を改善する、あるいはそういった日頃からの注意をすれば発症は予防できるということで、そんな全部の患者を隔離することは必要ないという主張でした。そこが光田さんと大きな違いだったと思います。

——その小笠原氏の考え方は一般的な医学界の考え方だったようですが、それを突き詰めていくと、ハンセン病の我が国の政策と矛盾していくということなんでしょうか。

はい。国策に反するという、ですから彼は猛烈な批判を浴びていったわけです。

——ハンセン病にかかりやすい体質に対する対処法なんですけれども、小笠原氏は先生の先ほど御証言など体質を改善すれば、こういうお話でしたが、光田氏らにはこの対処法についてはどのように考えていたんでしょうか。

体質があり、それが遺伝する可能性があるならば絶対子供はつくるな、患者を外に置いとけば勝手に結婚して子供をつくったりしたら、どんどん将来の患者予備群が増えてくる。光田は体質論であるがゆえに、逆に患者を隔離して、一切子供をつくる場を奪ってしまう。彼はそう考えたわけです。

――体質そのものが将来に承継されていくこと自体を断つ、こういうことなんでしょうか。

そうです。

――光田氏は後に一九五一年、いわゆる三園長証言の中で、ハンセン病患者の家族の断種をすべきだというような考え方を述べています。かなり唐突な発言のようにも見えるわけですけれども、こうした発言が出た背景についてはどのようにお考えでしょうか。

やはりこの背景には、先ほど申し上げてるように、ハンセン病に免疫の弱い体質があって遺伝するのではないか、そういう考え方がありました。国会で発言したことが唐突に見えますけども、光田健輔やあるいはハンセン病の隔離を推進した医師たちのそれ以前のらい学会等の論文、学会発表等を読んでいけば、決して唐突な発言ではなくて、そうした発言が出るのは必然ではなかったかと思っております。

――戦後、ハンセン病が治る病気になったにもかかわらず、一九五三年の新らい予防法でも隔離政策が維持されましたね。

はい。

――このとき、ハンセン病患者の退所規定を盛り込むという議論があって、結果としては盛り込まれなかったわけです。盛り込まれなかった背景にはどういった理由があったというふうに考えられますでしょうか。

幾つかあると思いますが、その一つにはやはりハンセン病が治っても、病気は戦後の化学療法等で治ったとしても体質は変わらない。そうした患者が治ったからといって、社会に復帰して自由に結婚して、自由に子供をつくることによって、またそういう体質を受け継ぐ、次の世代が出てくるんではないか、そうしたおそれもあったので、治っても出さなと《ママ》いう生涯隔離という姿勢を特に光田健輔ら、現場の園長たちは強く主張しておりました。

――ハンセン病患者に子孫を残させない理由については、戦前は先ほど強い兵士をつくるということで御説明があったわけですが、戦後についてはどのように理解することができますでしょうか。

それは優生保護法を巡る議論でも非常に顕著なんですけれども、日本は戦争に負けた。強い軍隊で世界のトップに立つことは断念した。戦後は文化国家として日本をつくりかえ、文化国家としてまた世界のトップに立とう、文化国家建設ということが盛んに叫ばれました。文化をつくり上げる、文化を継承する優秀な子供をつくる。今度はそういう考え方から文化を受け継げないような不良な子孫はつくるなと、こんな差別的な考え方がありまして優生保護法が生まれました。ですから、軍国主義と戦後の文化国家建設というのは全く違うような方向性かもしれませんが、優秀な子孫をつくれ、優秀な子供をつくる、劣った子供はつくるなという考え方は戦前、戦後、それは一貫していたと考えられます。

――我が国のハンセン病政策が、ハンセン病は恐ろしい伝染病であるといった徹底した宣伝を行い、それを通じて患者を療養所に囲い込んで、患者を撲滅するだけではなくて、ハンセン病にかかりやすい体質が遺伝するという医学的な理解を背景に断種、堕胎などを通じて、子孫を含む家族を撲滅することを目的として行われてきた、そういうことでよろしいんですかね。

はい。まだ遺伝するということが確定はしてませんが、やっぱり学会では多くの議論ではそういった流れがありましたので、少なくとも遺伝する可能性があるということで子孫を断つというふうに一貫して行われました。

〈控訴人代理人（徳田）〉

——先生は数々のハンセン病に関する著作の中で、無らい県運動について論究しておられますが、いつ頃から無らい県運動についての研究をされたんでしょうか。

一九八八年の、さっき申し上げたように、ハンセン病の歴史を研究し出したときに当時の無らい県運動というものが出てきましたので、私はハンセン病の歴史を研究を始めたときから、無らい県運動についても注目して調べてまいりました。

——そういう形で、無らい県運動に注目をされた理由はどういう点にありましたか。

やはり一九三〇年代以降の絶対隔離、どんな軽症患者も見付け出して隔離する、そうした隔離政策が徹底する上で、無らい県運動が推進役といいますか、そういうことを果たしたと考えたからです。

甲第118号証（「ハンセン病絶対隔離政策と日本社会——無らい県運動の研究」）の表紙部分を示す

——この本はハンセン病市民学会が立ち上げた無らい県運動研究会が編集したものですが、先生はこの研究会ではどういうお立場でしたか。

事務局を担当してました。

——具体的にはどのようなことをなさいましたか。

論文の全体の構成と、あるいは研究会のやる場所の確保とか、あるいは出版社との交渉とか、そうしたことを担当してました。

甲第118号証の二三頁を示す

――この論考は先生がお書きになったものに間違いありませんね。

はい、そうです。

――それでは、無らい県運動に関する基礎的な事実について質問をしていきたいと思います。この無らい県運動というのはいつ頃からいつ頃まで展開されたんでしょうか。

明確に何年に始まって何年に終わったという、そういう節目はないのですけども、無らい県運動ということが叫ばれだしたのが一九三〇年代後半、そして一九五〇年代まではこうした無らい県運動という言葉が使われておりました。

――一九六〇年以降にそうした言葉が使われたり、あるいはそうした運動が展開されなかった理由はどこにあるんでしょうか。

やっぱり患者の発生がだんだん減ってきたということが大きいと思います。

――そうすると、無らい県運動自体が誤りであって中止したということではなく、必要性が乏しくなったと、こういう理由であったとお聞きしていいですか。

はい、そういうことです。

――歴史学研究者として、先生は無らい県運動とはどのような運動であったと総括しておられますか。

絶対隔離、これを進めるための世論をつくること、そして患者や患者の家族が隔離に応じるような状況をつくっていくこと、それを国民運動として展開する、そういったことが無らい県運動の目的だったと考えております。

――日本のハンセン病隔離政策というのは一九〇七年に始まったと言われているわけですけれども、一九三〇年代後半になって、こうした無らい県運動が展開されるようになった理由についてはどのように考えておられますか。

やはり絶対隔離、全ての患者を隔離するという段階、いよいよそれの実現に向かうわけですから、それを進めるためには何よりも国民の協力が必要です。そういう世論をつくっていくことは大きな意味がありました。また、それを進めるためには無らい県というふうにハンセン病の未隔離患者がいなくなる、全員隔離して誰も未確認患者がいなくなるような県をつくろうと、それを各自治体が競い合って進めるという、そういう状況をつくることも大事でした。そういったことが無らい県運動を進めていった大きな背景になると考えております。

――全ての患者を隔離する上で国民の協力が必要だというのは、患者を見付け出していくという面においてなんでしょうか。

はい。隔離の対象は軽症患者も含めてになりますから、そうなると近隣の住民からの情報も重要なデータになってきます。

甲第118号証の一二七頁の註(3)を示す

――ここに劇作家として有名な岸田国士の発言として、ハンセン病の隔離が進まない最大の理由について、「わが家族制度の根深さ、恩愛の束縛の強さ」という指摘が上がってるんですが、これは何を意味してるとお考えになりますか。

ハンセン病の療養所というのは離島であったり人が住まないような山間部であったり、およそふだん人々が行かない寂しいところにつくりました。そういうところに自分の身内を、しかも一生涯隔離される。これに対する肉親の情を断ちがたし、そういう思いで家族も患者を隠したり隔離を望まない、そういうことが絶対隔離を妨げてると岸田国士は言ってると思います。

——つまり、無らい県運動というものが起こされた理由として、そういう家族のきずなというんでしょうかね、そういったものを破壊していかないといけないという、そういう考え方だと理解していいですか。

はい。

——そういう家族を説得する方法としてはどのようなことが行われたんでしょうか。

やっぱり患者にとっても家族にとっても隔離されることが幸福なんだということを説得していく。つまり、療養所というところはすばらしいところで、隔離されることによって患者も救われる。そうやって家族や患者本人を説得していく。そうやって家族のきずなを揺るがし、更には、患者がいることによって家族も近隣から非常に変な目で見られる、家族にとっても迷惑だろう、患者にとってもそれは耐えがたいだろう、隔離されたことによって家族も患者も救われるんだ。そうやって家族のきずなをどんどん弱めていって、最後は同意させるということになっていきます。

——先ほど来、ハンセン病は恐ろしい伝染病だということを広く植えつけられたという主張を御証言なさいましたが、そういう恐ろしい伝染病だという認識が広がっていくということが、家族との関係でどのような影響をもたらしたというふうにお考えになりますか。

恐ろしい感染症、全ての患者を隔離する、国民から見れば患者は恐ろしい。しかし、それだけじゃなくて、患者の家族だってみんな感染して菌を持っているんではないか、あるいは患者の暮らしておった家にも菌が蔓延してるだろう。そうしたふうになって、家族もその自分たちの住んでるところに居づらくなる。そうやって、だんだんと隔離に応じざるを得ないという状況に追い込んでいく、そういうふうな働きがあったと思います。

――実際に、無らい県運動ではその目的を達成するためにどのようなことが行われたんでしょうか。

まず、国民には隔離が正しい、隔離こそが患者の救いだというキャンペーン、これを展開すること。そして、患者に対しては、戦前ですと警察行政が医療も管理しておりますから、警察官や警察吏が頻繁に患者の家を訪れて患者を検診し説得する。そういうことによって、秘密保持といっても実際には近隣にだんだんとうわさが広まっていくわけですね。そういう状況をつくって、患者たち自身が居づらくなって隔離に応じざるを得ない状況になっていく。無らい県運動というのはそういうことを重ねることによって、絶対隔離というものを推進していったというふうに考えております。

甲第145号証の6(昭和二五年度らい予防事業について)を示す

――その無らい県運動の中で地域住民がどういう役割を果たしていったのかということを御説明いただきたいんですが、まず一枚目です。これは厚生省の公衆衛生局長が各都道府県知事に宛てた「昭和二五年度らい予防事業について」という文書なんですが、これの三行目を見ると、「各都道府県はこれに即応し、別紙要領によりらい予防事業を強力且つ徹底的に実施し、その使命達成に格段の御努力を願いたい。」、こういう形で厚生省から各都道府県知事に文書が出されてますね。

はい。

――その次のページ、ここにはらい患者、及び容疑者名簿の作成ということが規定されてまして、その(4)を見でみますと、「一般住民よりの投書」というのが挙がっています。これは何を意味するのでしょうか。

要するに、密告の奨励なんです。うちの近所にらい患者らしき者がいるよ、怪しいおじさんがいるよ、そういうことを近隣住民から警察に投書させる、密告を奨励するということになります。

――こうした密告がどういう被害をもたらしたのかについてはまた後でお聞きしますが、この無らい県運動という名前、私たちがこれを見たときに違和感を持ったのはどうして運動なんだろうかっていうことなんですけれども、この運動という表現に各都道府県が競争させられるという側面があったんでしょうか。

はい。都道府県が競争して、お互いにどこの県が一番早く無らい県を達成するか、そういうことで競い合ったと、そういうことがあります。

――各都道府県は自分たちの県にハンセン病の患者であってまだ収容されてない人が何人いるというのを、絶えず届け出ることが義務づけられていたということですね。

そうです。

――そうすることでどこがいち早く無らい県になったかというようなことが競わされていると、こういう仕組みですね。

そうです。

――この無らい県運動によって、日本のハンセン病隔離政策における患者収容率がどのようになりましたか。

一九三六年度から二〇年計画で、まず一万人隔離を達成するという計画が始まります。一万人という数は全患者ではありませんが、一万人隔離して、その何パーセントが何年後に死亡する。そうした机上計算をしていって、二〇年間でほぼ日本中の患者がいなくなるだろうという、そういう想定でしたけど、二〇年間で一万人という目標だったのが一九三六年度から始まって一九四〇年度には達成してるんです。いかにすごいスピードで無らい県運動が推進され、患者の隔離が進められたかということが明らかだというふうに思います。

――無らい県運動の中では、地方公共団体も大きな役割を果たしたと思いますが、鳥取県における無らい県運動は全国的に見てどのような評価がされるんでしょうか。

鳥取県は非常に熱心だったと言えると思います。鳥取県は無《ママ》らい県運動の記録ですね。無らい運動の概況という報告書といいますか、県のまとめをつくっています。戦前においては、こういった県独自に無らい県運動の成果をまとめた出版物はこんな大きなものはないんですね。そういう意味では鳥取県がそういったものをつくったということからも、鳥取県は無らい県運動には非常に熱心だった県であると言って間違いないというふうに思います。

甲第123号証の八頁を示す

――これは鳥取県と表示された地図ですが、何をあらわしたものでしょうか。

これは鳥取県内のどこに患者がいるかということを全部地図上にポイントで示したものなんです。つまり、らい患者台帳というのを県がつくっていて、それに基づいて患者が今いる場所、すなわち患者が住んでいる家のある場所、それを地図上に全部マークしています。ここまで患者と患者の家族たちは無らい県運動のもとで県から監視されておったということになります。

――まさに、シラミ潰しに患者がいる家、あるいは患者がいた家というのが把握されていたということになりますね。

はい。

――一九三一年に財団法人らい予防協会が設立されてますけれど、この団体は無らい県運動の中ではどのような役割を果たしたんでしょうか。

無らい県運動の推進役というか特に国民世論をつくっていく、そういうのにおいては推進役になったと考えております。

――一九五二年、戦後に藤楓協会が設立をされました。らい予防協会が行ってた事業を承継したわけですけれども、国は本件訴訟等において、この藤楓協会はハンセン病問題についての啓発活動を行ってきたんだという主張をしております。実際にこの藤楓協会が果たした役割はどういうものだったんでしょうか。

藤楓協会というのはハンセン病患者のためにつくった団体ではありません。これは「藤、楓」という名前からも分かるように貞明皇后を記念した財団です。貞明皇后が亡くなったときに、貞明皇后を記念するための財団をつくろう。そして、特に貞明皇后はらい予防協会に基金を提供したり、ハンセン病患者に対する同情的な歌を詠んだりした。そういうハンセン病に理解のあった方だからということで、藤楓協会がらい予防協会の事業を受け継ぐことになりました。そういったいきさつがありますので、藤楓協会はハンセン病患者のためにつくったんじゃなくて、貞明皇后のことを記念するためにつくった団体で、この中でらい予防協会の事業を受け継いだわけです。できた当時は絶対隔離、まだ戦後厳しい時代でしたから、藤楓協会はまさに戦前のらい予防協会同様、無らい県運動を推進する、絶対隔離を推進する役割を果たしました。

乙第98号証（「らいを正しく理解するために（厚生省公衆衛生局編）」）を示す

――これは無らい県運動が終息した後、ハンセン病について正しく理解しましょうという啓発のパンフレットのようですが、先生御自身はこれをどのように評価されますか。

らいを正しく理解するならば、まず前提は隔離政策は誤りであった、国策が間違っていた、そこから出発するべきなんです。そこを曖昧にしたまま、らいは怖い病気ではないとか正しく理解しましょうと言っても、それは本筋ではありません。ましてや、藤楓協会は設立当初かららい予防協会を受け継いで絶対隔離の世論公表をつくってやってきたわけです。まず、自らが誤った理念を広めた、そこに対する謝罪、反省から始まらなければ正しい《ママ》理解することはあり得ないんです。まずは自らの過ちを認めるところから藤楓協会は出発するべきであったと思います。

――それでは次に、無らい県運動の渦中で生じた被害についてお尋ねをしたいと思います。戦後における無らい県運動の展開の中で痛ましい被害が続出してると思うんですが、先生は主としてどのような被害があるとお考えになりますか。

たくさんあると思いますが、特に調べていて本当にショックを受けた事件は山梨県の一家心中事件、あるいは熊本で起こった龍田寮の子供たちの通学を黒髪小学校のＰＴＡが拒否した事件、こうしたものです。

――この山梨の一家心中事件というのは、家族の中にハンセン病と診断をされた人がいて消毒されることになったということで、一家全員が心中をしたと、こういう事件でしたね。

はい。

――国はこの一家心中事件についてハンセン病問題以外にも原因があるかのような主張をしてるんですけど、この主張についてはどう評価するんですか。

もちろん一家心中ということに行き着くにはいろんな理由があると思いますが、この事件はハンセン病患者に対する強制隔離そして家に対する徹底的な消毒、こうしたこと抜きにはあり得なかった事件だと思っております。主たる原因はやはりハンセン病の隔離政策があったと思います。

――この件に関して、今回被告から乙第122号証や乙第123号証が提出されたんですが、これらの書証を見ても主たる原因はハンセン病問題であることが記載されてますよね。

はい。

──その事件の持っている意味なんですけど、家族の中でハンセン病だと診断された人が出てきてしまうと、家族全員がもう生きていられないという思いにのみ込まれてしまうということを象徴してる事件、こう捉えてよろしいですか。

はい。

甲第123号証の九頁を示す

──ここには一九四九年から一九五五年の間に大阪府に対して出された通報の事例というのが整理してあるんですけども、まず先生はこれをどこで入手されましたか。

ハンセン病問題に関する検証会議の一委員としまして、特に歴史的な資料調査を担当しまして、各都道府県に残されているハンセン病隔離政策に関わる公文書、そうしたものの調査をやりました。全ての都道府県に資料の有無を照会したわけです。特に重要な資料があるというところは私が実際に行って調査もしました。大阪府の府庁の中に密告したような投書のつづりが残っていまして、そのときにこれを見て調べたわけです。

──こういう通報事例というのは何件ありましたか。

大阪府、あと和歌山県も保存していました。多くの県は古い資料は保存期間が過ぎてるから廃棄したと言ってたわけですが、大阪と和歌山だけはこうした住民からの投書のつづりが残っていました。

──ここでは事例が一〇紹介してありますけれども、先生が大阪府庁でごらんになった通報例というのは全部で何件ありましたか。

三六件ですか、もっとありました。

──それを見られたときにどう思われましたか。

正直言って、驚いたんです。もちろん検証会議等でコピーとかとる場合はマスキングとか全部しましたが、最初は全部名前も地名も出てる生々しい投書類を見まして、ここまで住民たちが密告したのかという、その差別とかハンセン病に対する住民の恐怖感がこういうものなのかという非常にショックを受けました。ここまでひどかったのかということを思ったわけです。

——この事例二ですけれども、これは小学校の担任の先生からの通報ですよね。

そうです。

——それから、事例の四、事例の六、事例の九、これらはいずれも近所の人からの投書ですね。

そうです。

——こういう投書が可能になる、これを読んでみますと、顔が腫れてるとか、あるいは手足に障害があるとか、そんなことが投書のきっかけになっているんですけど、これはハンセン病の場合にはそういう症状が出るんだということが広く知られていて、そういう人がいると教師だったり近所の人が投書をしてた、こういうことを意味するわけですよね。

そうです。

——この事例九ですけど、これを見ると、当時の言葉でらい患者と書いてあるんですが、らい患者を町内に置くことは社会問題であるとまで言い切ってます。社会問題というのはどういう意味だと理解すればいいんですか。

まさにハンセン病患者は全て隔離する、全員隔離するというのが国策であるわけです。にもかかわらず、近所にハンセン病患者が住んでる、放置されてる、まさにこれは国策に反する、そういう意味でこの社会問題という言葉を住民が使ったと思います。

——私が意見書を拝見して一番にショックを受けたのが事例一〇なんですけども、この事例一〇について説明していただけますか。

これは短期間、一時帰省を認められた患者の方が自分のふるさとにちょっと短い期間戻ると、この情報がその地元の住民に漏れたんですね。どういう事情で漏れたかこれからは分かりませんけども、そしたら住民たちが連名で一時帰省反対の嘆願書を出してる。言わば、連判状みたいなもんなんです。これを見たときは、一番この資料にびっくりしました。住民がこぞって連名で帰ってくるな、行政に訴えてる《ママ》、こういうことはそこに帰ろうとしている家もあるわけですよね、家族の方もどんな思いでその家族の方はこの連判状を見たんだろう、本当にもう胸が痛むような生々しい資料でした。

　甲第22号証（大阪府ハンセン病実態調査報告書）の一〇五頁を示す

——これが事例一〇に挙がっている決議書ですよね。

はい、そうです。

——こうした形で一時帰省をさせるなという、住民全員が署名をして提出するということが起こったんですね。

はい。

——こうした近所の人や学校の先生が投書によってハンセン病と疑われた人を密告していく、これは先ほど言われた大阪府だとか、あるいは記録が残っているという和歌山県に限られた特殊な現象なんでしょうか。

いや、その他にも断片的なものはあちこちの県で見ました。神奈川県でも密告したそういった情報がありましたし、奈良県などでは県の職員が定期的に患者の家を訪問して、患者が帰ってないかどうかとか動向をチュックしています。とにかく資料がまとまって残っとったのが大阪、あるいは和歌山ですけども、廃棄したほかの県においてもこのような投書類はたくさんあったんではないかと推測されます。

――先ほどお示しした昭和二五年、厚生省からのらい予防事業実施要領によれば、一般住民からの投書ということが挙がっていて、これを強力かつ徹底的にやれと厚生省が指示してるわけですから、大阪府や和歌山県以外にも全国でこのようなことが行われていたはず、こう伺っていいですかね。

たまたま残ってたのが大阪と和歌山だというふうにお考えになっていただきたいと思います。

――こんなふうに学校の先生や周囲の住民たちから見られてしまうと、ハンセン病の患者さんやその家族たちはどんな状況に置かれることになりますか。

まさに四面楚歌というか、隣近所の人も信じられない、あるいは学校の先生に対しても信頼できない、本当にその地域にいられない、本当に暮らせなくなるという状況に追い込まれていくわけです。

――こういうような事例が生まれてくる原因というのをどのように考えればいいですか。

やはりこれは戦前から戦後も一貫した無らい県運動の言ってみれば、言わば成果とも言えると思います。ここまで住民たちが隔離に協力をする。そして、隔離に応じないものは一刻もいられなくなる、そういう状況をつくっていったわけですね。日本のハンセン病隔離政策の一つ一つの成果というものが、まさに皮肉にもこうした現実にあらわれていると考えられます。

――こういう投書等が殺到する、あるいは山梨の一家心中事件が起こる、あるいは先ほど言われた黒髪小学校事件が起こったりする、こういうようなことが続出したことがハンセン病と診断された患者さんやその家族にはどのような影響を与えたということが言えるんでしょうか。

もう自分たちの存在そのものが社会から排除されてる、あるいは家族の中でもほかの家族、兄弟たちと患者本人との間にまた疎外感も出てくるでしょうし、近隣あるいは家族間、全ての人間関係を断ち切ってしまうような結果になって、患者さんやその家族たちが孤立化していく、そういった状況をつくってしまいました。

――その学校の先生や周辺の住民が、今挙げていただいたような通報したりして、あるいはこの地域社会から排除する、どういうような意識というか考え方のもとで行なわれたんでしょうか。

それはらい予防法が全患者隔離をうたっていて、また国からも密告を奨励する通達があるわけですから、そして患者が隔離されることが幸福だという認識が定着してるわけですから、密苦する人たちはむしろ善意でやる、患者のためだ、本人のためだという思いで密告したというふうに思います。

――恐ろしい伝染病だという宣伝が一方に行き届いてますよね。となると、恐ろしい伝染病が社会に蔓延したら大変だという恐怖感、それだけではなくて、そうした形で通報したりすることが患者のためだという、そういう意識があったということですか。

はい。

――そういう隔離されることが、あるいはその隔離のために通報することが患者やその家族のためだという意識が周辺住民に浸透していく上で大きな役割を果たしたのはどういう動きでしょう。

やはりそれは当時の行政のまさに啓発活動ですね。そういったものが大きく影響してると思います。

――らい予防協会、あるいはその後継をしたという藤楓協会等がそうした役割を果たしたとお考えですか。

はい、もちろん行政と藤楓協会は一体化して、そうした啓発活動を展開しています。

――こうした無らい県運動が展開されている状況において、ハンセン病と診断された患者さんがこれに抗して入所しないということを可能にするような方法というのはありましたでしょうか。

とにかく自分はハンセン病ではないと言い続け、主張するが、その限界があります。結局、あとは居場所を転々とする、転居を繰り返す、それによって教育や仕事の上で大きなハンデを背負う、それでもしょうがない、家族も患者さんも居を転々とする、そういう道しかないと思います。それによって、治療の機会を失い、病状が悪化する、あるいは生活の糧を失い貧困化する、大きなそうした問題が多々発生しました。

——本件の控訴人である高橋さんのお母さんは転々と転居を余儀なくされたと、あるいは訪ねてきた倉吉市の保健所の職員に対して、裸になって自分はハンセン病ではないということを言って見せたということが出てきてるんですが、これらの行動を先生から見るとどのように見えますか。

とにかく隔離から逃れたいという必死の思いでそのような行動をなさったんだろうというふうに考えます。

——こうした周辺の住民が通報したり排除する役割を果たすということは、その患者さんの家族に対してはどのような影響を与えますか。

少なくとも残された家族にとっても、近隣の方々との人間関係は断ち切れてしまう、本当に家族そのものも地域から孤立化して、そこにいられなくなる状況をつくってしまったと思います。

——そうした患者さんや家族の方から見ると、自分たちを通報したり、あるいは先ほどのような決議文のように見られるような排除をしていく、こういう周辺住民というのはどのように見えただろうと思われますか。

本来は国策が原因なんですけども、現実には密告したり、自分たちを排除していく近隣住民たちに対しては本当に反発、反感、憎しみ、そういった感情を持ったと考えられます。

——私が国賠訴訟を起こした当初に長島愛生園等に入っていきますと、何人かの入所者の方から、自分たちはこの療養所で救われたんだと、療養所に入らなければ社会で野たれ死にをしたんだというような声を聞いたんですが、先生もそういう声を聞かれたことはありますか。

はい、それは随分言われました。

——そうした声はどういうところから生まれたんでしょう。

結局、近隣住民から密告された、学校の先生から密告された、そういう社会から排除されたという思いで逃げ回ってきた方が、結局隔離されてもう逃げなくてもいいという安堵感、そうしたものが救われたというふうな表現になったと思います。

——そういう隔離政策というのは実は国がつくってる、本当の意味での加害者は国であるはずなのに、その国によって救われたという思いで生活をし続けている、これをどのように理解すればよろしいですか。

本当にそこのところを私も一番考えたんですけども、やはり社会の差別をつくってる国策でありながら、国策のことよりも身近に自分たちを排除した人々のことのほうが優先されて、そうした人々からやっと逃げられて国に救われたというふうな錯覚した思いになってしまったと思います。

——一方で、今度は患者の家族という地点に立ったときに、患者とはまた違った意味で家族というのも社会で追い詰められているんですよね。

はい。

——そうした追い詰められた状況が本当に苦しくなってきたときに、家族から見たときに自分たちを苦しめてる原因、自分たちを苦しめてる加害者というのはどのように理解したらいいということになりますか。

やはり患者さん同様に、本来では国の政策でありながら自分たちを排除した近隣の住民たちに対する反発、怒りが出てくると思います。

——例えば患者さんの家族の場合ですけど、どうして自分がこんなに苦しまなきゃいけないのかというふうに考えたときに、その原因が家族の中にハンセン病の患者と疑われた人がいると、こういうことになりませんかね。

そのときは結局家族の中でお互い憎しみ合うと、おまえさえいなければこんなに我々は困らなかったんだというような形で、患者とそのほかの家族の間の関係も切れてしまう、そんな結果も出てきます。

――本来の加害者は隔離政策を推進する国であるはずなのに、近所の人だったり教師だったり、あるいは患者になってる家族そのものだったりという形で加害者が見えなくなってしまうということですね。

はい。

――このような無らい県運動がもたらした影響というのは、今の日本社会にどのような影響を与えていると思われますか。

多数の安全・安心のためならば一部の人の人権は制限されても仕方がない、そういうあしき前例を無らい県運動、ハンセン病隔離政策はつくってしまいました。それが今の社会全体にももたらした大きな罪であるというふうに思います。

甲第118号証の三九頁を示す

――この三九ページの「おわりに」のところに、先生はこの無らい県運動の中で、ハンセン病は恐ろしい感染症である。社会にとっても患者にとっても隔離されることが幸福であるという認識は、患者とその家族への偏見の温床となり、今に至るハンセン病回復者への差別意識の基盤となっていると書いておられますけど、これは先生が無らい県運動が現在日本社会に起こしている影響と考えられているところをまとめていただいたものですね。

はい、そうです。

――最後に、先生が歴史研究者として裁判所にこれだけは特に理解してほしいということがありましたら、お話しください。

簡潔に申し上げます。ハンセン病隔離政策のターゲットは患者はもちろんですが、患者だけではなく家族もターゲットでした。患者と家族を監視、そして患者は隔離する、これが日本のハンセン病政策なんです。家族の被害は患者さんと同じようなものでした。そのことをどうぞ御理解いただきたいと思います。

〈被控訴人ら指定代理人（豊岡）〉

甲第123号証を示す

――この意見書の内容について確認させていただきたいと思います。六ページの二の一段落目の最後の文章ですけれども、患者と家族が行政当局の監視下にあったという意味について、証言の中ではらい患者台帳が作成されていて、それに基づいて患者を訪問していたということを証言されたかと思うんですが、監視下にあったというのはそういう意味でよろしいんでしょうか。

はい。

――証言の中では、頻繁に家を訪問することで患者や家族を追い込んでいく効果があったというふうに証言があったかと思うんですけれども、追い込んでいくというのは具体的にどういう意味か確認させていただいていいですか。

心理的な問題だと思います。心の問題で、隔離に応じない限り、いつもいつも訪問されると、そういうことに対するやっぱりプレッシャーだと。

――証言の中で、未感染児童の定期的な検診について、その理由はまとめて置いて監視するというような趣旨の証言がありましたでしょうか。

はい。

――未感染児童の定期検診がそういう目的からされたことかというのは、どういった事実からそのようにお考えになったんでしょうか。

実際にそういう受けたという体験者からも聞きましたし、実際に未感染児童専用の保育園をつくったということはあくまでもそれはらい予防上の必要からつくった建物ですから、そういうことから判断しました。

――らい予防上の必要からつくったというのは、具体的にはどういう文献にどのような記載があったということを指しておられるんでしょうか。

今ここですぐ文献をぱっと言えませんけども、ハンセン病の療養所には未感染児童の施設がありましたし、そこにいた方々からも聞き取りもしましたから、そういうふうに申し上げました。

――入院について予防以上にまとめて置いて監視をするような、そのような言い方だったんでしょうか。

つまり、いろんな養護施設にばらばらになるよりは一か所にそういった施設をつくって置くというほうが検診の上でもやりやすいだろうし、日頃の生活も監督できるということだと思います。

――そのようなことは文献に記載がされていたということなんでしょうか。

文献もありますし、そういう体験した方からの聞き取りもありましたし、実際そこで暮らした方たちからも聞きました。

――同じページの二段落目なんですけれども、この二段落目の最後の部分に、「癩患家の子供たちは家族がハンセン病患者であるというだけで未感染児童と呼ばれ、家族と引き離されていくのであった」という部分がありますけれども、この分の内容はこの段落の冒頭部分からその四行下にある注意を与えたという、そこまでの部分を証人が評価した文章ということでよろしいですかね。

はい。

甲第123号証の七頁を示す

――証言とかぶってしまう確認になってしまう部分もあるかと思うんですが、七ページ目の下から二行目に、無らい県運動により形成された世論という言葉があるかと思うんですが、ここで言う世論というのは具体的にどのようなものを意味していますでしょうか。

それはやはり患者にとって隔離されることが救いであると、それが一番いいことなんだということと、ハンセン病が怖い感染症だから隔離しなきゃいけないという、そういう世論です。

――無らい県運動からそのような世論が形成された過程について確認させていただいてよろしいですか。この無らい県運動からどのようにして先ほど証人がおっしゃった世論が形成されていったのかということを確認させていただきます。

事実を言うわけですか。それはもういっぱいあります。らい予防協会がやる講演会などはまさにそういったことを広く有名人が来て話をする。あと、頻繁にいろんなところで行われるらい予防の講習会、講演会等でもそういった議論が展開される。それから、らい予防協会が出版する出版物等においてもそうしたことが書かれている。そういった事例を挙げていけば大変多くなりますけども、無らい県運動ではこうしたことが講演、講習、出版物を通して展開されました。

――確認なんですけれども、国や地方公共団体が無らい県運動の中でハンセン病の患者だけではなくて家族も例えば隔離しなければならないとか、そういったことを言ったことはあったでしょうか。

家族を隔離するんじゃないんですよね、家族は監視すると。つまり、将来発病するかもしれないということで把握しておくということです。隔離は患者本人です。

甲第123号証の九頁を示す

——九ページ以下で事例などが挙げられていて、証人が証言の中で、こういった事例からすると患者や家族は四面楚歌で暮らせない状態であったというような御証言をされましたかね。

はい。

——その家族が四面楚歌で暮らせない状態であったということは、具体的にはどの事例のどういった部分からそのようにお考えになったか確認させていただいていいですか。

どの事例も何も全部そうでしょう。自分の身内がこう思われてる、自分の身内が里帰りしようと思っただけでも住民が猛反対で連判状を出して抗議する。まさに四面楚歌という状況はこれをもって言えると思います。

甲第123号証の一頁を示す

——一ページの最後の段落から、証人は第一二回国会参議院厚生委員会における光田園長の発言を引用されて、光田園長が優生手術の対象をハンセン病患者の配偶者のみならず家族全てに拡大することを求めていたと、こういう記載をされていますね。

はい。

——光田園長が後日、この委員会における発言の真意を説明したということを認識されてますでしょうか。

はい、あります。

乙第130号証（近現代日本ハンセン病問題資料集成（戦後編）第二巻「癩予防法」改正問題Ⅰ／解説）を示す

——三六ページの上の段の右から六行目、「癩家族に奨めてと云うのは罹った患者その人の事で、病気でない家族の人々の事ではない」という説明がされていますね。このような光田園長の真意の説明があるにもかかわらず、意見書のように記載した理由はどこにあるんでしょうか。

今は国会議事録はすぐインターネットで読めますけど、当時はなかなか手に入らないんですよね。ましてや、ハンセン病の長島愛生園の隔離された方々は国会の議事録なんてすぐ手に入りません。光田園長が何をしゃべったかについてはみんな知らなかったわけです。多分、隔離を緩めようという方向で証言したんだろうとみんな思っとったんです。それが一年以上たって議事録が手に入って、みんな激怒したわけです。光田さんも入園者からつるし上げられるわけです。そういう中で彼は弁明するわけです。これは弁明の書ですからね、うそですよ。国会の議事録が正しいわけです。これは彼が一生懸命患者をなだめようとして、そんなことを言った覚えはないんだというふうに弁明してるだけの記録ですからね。これは全く信用できないんです。本当に言った趣旨は国会の議事録、あれに書いてあるとおりです。

――光田園長がつるし上げられた際に話された言葉なんだというのは何か記録が残っているということなんでしょうか。

そもそもこの記録がそうなんです。それで、私は長島で調査しましたから、長島愛生園で患者のみんなが怒って園長をやめろとか、光田をもう追放しようと言ってるときに彼がなだめて、いや、そうじゃないと言って、言ってみればごまかしたわけですよ。その発言がこれなんで、これは国会で言った彼の発言とは全く違うことを言ってるわけです。これは患者をなだめるために、なだめてごまかしたような証言なので、とても信用できない、本心はやっぱり国会議事録にあります。

――確認なんですけれど、詰められている状況が記録されているような文献のようなものが何かあるのでしょうか、記録として。

あります。

甲第123号証の一一頁を示す

――下から四行目になりますけれども、らい菌に免疫の弱い体質があり、それは遺伝するという医学的知見があったと、その知見についてハンセン病医学の定説に近いものであったというふうに意見書で書かれているかと思うんですけれども、先ほど証言の中では、いろいろと学会でも議論があったような話もされてたかと思うんですが、この定説に近いものという評価は、これは正しいのでしょうか。

はい。体質は存在すると、それはほぼ多くの学会でも言われてました。それが遺伝するかどうかまで、踏み込むかどうかについては慎重であるべきだということでしたから、遺伝まで踏み込んで議論する方もいたし、そこは言わないほうがいいという方もいましたが、やっぱりハンセン病の発症には体質が影響してるということは大体もうらい学会の多くの医師たちの共通見解だったと思います。

――そこで言う体質というのがハンセン病にかかりやすい体質ということですか。

そうです。やはり弱い菌なのになぜ発症するかというところで、体質が関係してるという議論はかなり共有しておりました。だから、定説と言って間違いないと思います。

乙第129号証（性と生殖の人権問題資料集成第二一巻優生問題・人口政策編七〔一九四一年〕）を示す

――これは厚生省優生結婚相談所が昭和一六年に作成した「結婚と癩病」という資料になりますけれども、この下の段のとこに「癩に罹り易い素質があるか」という見出しが付された文章の中で二行目ですけれども、この感染素質ということは今日学問的に証明されていないというふうな記載があるのは確認できますでしょうか。

はい。

――これを見ると、かかりやすい体質というのは学問的には証明されていないんだというふうにされていたようなんですけれども、それは証人の認識とは違うんでしょうか。

これはそのまま見たらそう思われますよね。これは一般国民向けなんですよ。つまり、前にも申し上げたように、学会では体質が遺伝するかどうか大いに議論しておるし、でもそれを国民には言うときは慎重であるべきだということです。これは国民に向かって書かれたもんです。ですから、そこではそういう体質が遺伝するなんていうことはないというふうにカムフラージュしています。これはそういう意味では学問的な背景を持った発言ではなくて、国民向けのプロパガンダなんです。ですから、こう言ってるわけなんです。

乙第125号証（レプラ第二巻第二号）を示す

――これはレプラの二巻二号になりますけれども、そこで六一ページから村田氏の「癩の遺伝説に対する批判」という文章がありまして、六二ページのほうを見ていただくと、例えば三段落目のところで、「癩は遺伝するとかあるいは結核と同じように癩にかかりやすい素質が癩でも学問上認められているかのごとく言ったり、またこの素質は癩の血統のものばかりあって血統以外のものにはないとかあるいはこの素質、体質は遺伝するものだなどという書説は今後一切よしてもらいたい」というような発言がありますかね。

はい。

――同じページの最後の下から三行を見ていただくと、青木氏という方が、この遺伝問題は甚だ重大で、短時間で本会の意向を示すのはいささか軽率になる恐れがあるので、これを保留して後日に譲ることとされたいと、そういった発言がありますかね。

はい。

――これを見ると、やはりらいにかかりやすい体質があるということが学問上、その定説であったとまでは読めないようにも思われるんですが、この点はいかがでしょうか。

これが村田は特にそうなんですけど、こういうことを議論すること自身によってやっぱり外部にそういう情報が漏れるんじゃないかと、とにかく余り明確な結論を出すなということなんです。だから、村田なんかは決してその体質の問題を否定するんじゃなくて、そういうことを余り学会においても議論しないほうがいいんじゃないかという、そういうことでこういうことを言ってるんですね。臨床的な研究例を見てみると、やっぱり皆さん多くの方たちは体質の問題を議論しているわけなんで、村田のこういう発言だけを拾ってそうじゃないというふうにはならないと思います。むしろこれは政治的な判断がこういう発言をしてることなんです。

――それは政治的判断なんだということを根拠づけるものとしてはどういったものがあるんでしょうか。

つまり、今の発言がそうです。こういう議論をなるべく避けようという方向で話してるわけですよね。村田正太なんかは明らかに医学的な知見云々よりも、国策な隔離なんだからそれに反することはするな、そういうことで彼なんかも小笠原のこれに対する批判の急先鋒でした。医学的な知見から議論しているんではなくて、こういう発言は、政策に国策に反対するようなイメージを与えちゃいけないという判断からなされてる、そういうことなんです。

――それが発言自体から分かるというのが答えですか。

あとその他、村田のほかの場における言動からもそう判断できます。僕は学会の全部読みましたけど、全体から見ればやっぱり体質についての議論のほうが多いと思います。

――その村田さんの言動というのはいろいろな文献における事実ということですか。

はい。

――今、それがどのような文献のどこの記載というのは御記憶はありますか。

村田正太の学会のほかの場の発言とかですね。そういうことからも裏付けられると思いますし、よく読んでもこれは体質がどうのこうのはおかしいんじゃないか、ちょっと議論しないほうがいいというセーブしてる発言ですから。

――三段落目ですけれども、内務省衛生局長赤木氏が第五九回帝国議会の衆議院寄生虫病予防法案外一件委員会において、らい菌を受け入れやすいような体質を認める発言を行ったと、こういう記載がされておりますね。

甲第123号証の一二頁を示す

はい。

乙第126号証（第五九回帝国議会衆議院寄生虫病予防法案外一件委員会議録（速記）第四回）の二頁を示す

――一番下の段ですけれども、一番下の段に証人が意見書で引用された発言があるかと思うんですが、その後の部分、左から六行目ぐらいになりますが、ここに「そういうこともあるかもしれませぬが」という発言もありますが、赤木氏は一つの可能性としてその体質があるということを述べただけではないのでしょうか。

いや、彼はやっぱり行政の立場ですから、学者といっても在野の学者じゃなくて、政府のこのときだったらまだ内務省衛生局の官僚ですから、やっぱりこういう発言についてはこういうふうに一言付け加えていると思いまして、これも医学的な知見ではなくて、余り遺伝ということを国会で、議会で議論することに対して、遺伝という言葉がひとり歩きしてはいけないということからこういう言葉を付け加えてるわけです。

――示さないんですけども、意見書の一二ページでは第七四回帝国議会貴族院での優生法案の審議の際の高野氏の発言を引用されてますね。

はい。

乙第127号証（第七四回帝国議会貴族院職員健康保険法案特別委員会議事速記録第八号）の三頁を示す

――四つに分かれている段の三段目の中程ぐらいに引用された発言があるかと思うんですけれども、この中には「一々実験をしてみるわけではございませぬので、自然想像が加わりますけれども」といった発言もありますかね。

あります。

――この発言と、あとは懸念があるというような発言もありますかね。

はい。

――そうすると、高野氏も一つの可能性として体質の点を指摘したにすぎないのではないでしょうか。

高野のほうはもともと慶応大の医学部の教授でもあって、そして政府の官僚にもなって、彼も医学の専門家なんですね。彼の知見としては、体質遺伝というのはほかの本でも書いております。ただ、これは議会における答弁です。発言です。そういった意味では学会における発言じゃありません。そういうのでやはり国策は絶対隔離を推進してる彼も一環を担ってるわけですから、そこでやはりあえて誤解を伴わないように慎重に発言をしてるっていうことは当然じゃないかなと思います。彼の学術書においてははっきりと体質が遺伝するということについて論じています。

――確認なんですが、この第七四回の審議後、昭和一四年に成立した国民優生法では、ハンセン病患者は優生手術の対象とはされなかったということでよろしいですか。

法律の対象の病気に入ってないけども、さっき申し上げたように、らいは特殊な病気だから既成事実があるからという、非常に何度読んでも曖昧なんですが、そういう理由で以後もハンセン病患者の断種は続く、法律の拡大解釈というふうに判断せざるを得ないんですね。

――今、高野氏の著書の引用部分についてお伺いします。この意見書での引用部分が二九六ページの左から三行目のところにあるかと思うんですけれども、この引用部分の直前の記載を見ると、同一家系の者で同様に癩患者と起居していても感染する者とせぬ者とあり、不運にして感染発病しても、速やかに悪化するものと左まで悪くならないものとある」というふうにあって、その後に、「すなわち生まれながらの体質や」ということで証人の引用部分につながっておりますね。

乙第128号証（「国民病の予防と撲滅」）の二九六頁を示す

はい。

――同一家系の者でも生まれながらの体質によってハンセン病へのかかりやすさが異なるという意味に読めるんですけれども、そうするとここでいう生まれながらの体質というのは同一家系の中でも異なるものなので、体質遺伝説による体質ではないというふうには読めないんでしょうか。

どうして。だって、同じ兄弟でも親の体質を受け継ぐ者とそうでない者がいてるでしょう。それも個人差があって当然じゃないですかね。

――やはり証人の理解だと、かかりやすい体質が遺伝するかどうかというのは同一家系の中でも異なるという理解なんですか。

だから、そういう資質を強く持った子供もいれば、そういうのが余り出ない子供もいる、兄弟間でも発症する子供もいれば発症しない子供も出てくるわけで、これはハンセン病に限らずいろんな病気やなんかについても言えると思いますよ。

——体質遺伝説、その体質の遺伝の仕方が先ほど証人がおっしゃったようなもんがあるというのは何かどこかに文献の記載があったりするんでしょうか。

ここに書いてあります。ただ載ってるし、もともと遺伝学の関係からのハンセン病の問題も読みましたけども、やっぱりちゃんとそれは体質が何割とかあるわけですから、別に子供が全て親の体質を受け継ぐわけじゃないですから、個人差があるのは当然だと思います。

甲第123号証の一二頁の三段落目を示す

——最後のところですけれども、「患者を生涯隔離して断種、堕胎し、子孫を絶つことで、ハンセン病に対する免疫の弱い体質の家系を撲滅すること、これが日本の絶対隔離政策の究極の目的であった」というふうに記載されておりますね。確認になるんですが、この部分はどのような根拠からこのように記載したものなんでしょうか。

つまり、戦後、プロミンを初め、ハンセン病は薬によって治るようになった。実際、治っている方が大勢いる。でも隔離にこだわった、なぜなのか、本当にこれが一番大きな疑問なんで、これをやっぱり私はずっと戦後の隔離政策の中で最も重視して考えてきました。この結果、やはり治っても出さないということがなぜ必要だったかというときに、戦前からのなぜハンセン病患者に断種をこだわったのか、そういうところからずっと考えてきたとき、あるいは戦後になっても治っても出さないと強く主張した光田健輔らの戦前からの主張、学会における見解、そういうのを分析した結果、やはりこういう判断があると考えざるを得ないというふうに結論に至った次第です。

——治っても出さないのはなぜかというふうなのを考えていって、このような結果に至ったということですかね。

はい。

――そのときにいろいろな文献を読まれて、そういう見解に至ったというふうに今御証言されましたかね。

はい。

――どういったものを具体的に、今挙げていただけますか。

光田健輔の、つまりずっと戦前からの一貫した彼の見解、それから日本の医学雑誌ではなく海外の雑誌にはかなり本音を書いてるんですよ。私が見たのはレプロシィ・インディアというインドの雑誌に光田健輔がなぜ子供をつくっちゃいけないかということを克明に書いています。そういった国内では言えないことを彼らは海外では書いている。そういうことを含めて、日本語あるいは英文の資料等々を見ていった結果、やはり戦後になってハンセン病が治る人も出さないということにこだわったことの根拠はそれしかないと判断した次第です。

甲第123号証の一四頁を示す

――二段落目になりますけれども、「ハンセン病が優生保護法の対象にされたのは、体質遺伝説の反映とみなすことができる」という記載がありますかね。

はい。

――そうだとすると、本人又は配偶者のみが優生手術の対象とされている理由はどのように理解すればいいでしょうか。

子供をつくるなということに尽きるでしょう、それは。

――その考え方であれば、例えば患者の兄弟、姉妹なども優生手術の対象とはなってしまわないんでしょうか。

これは光田健輔は国会では家族まで断種しろというふうなことを言って、後で大問題になったわけですよね。優生保護法は飽くまでも配偶者にとめてあります。

――その優生保護法は飽くまでも配偶者にとどめた理由というと、どのように理解すればよろしいですか。

直接の患者の子供をつくらさないということですね。

――そこに限定した、そこだけを防ごうとしたというか、そこだけを対象にした理由というのがあるんですか。

もしそうしなったら、これはハンセン病だけじゃなくて様々な障害者が対象ですから、その障害者の兄弟、姉妹まで全部堕胎だ、断種だとなったら大変なことになると思います。やはりこれは母体保護ということがもう一方には問題があったわけですから、やっぱり産児制限も含めてこの法律は制定してるということもあって、やっぱりある程度その対象は配偶者に限定したと思います。また、それ以上に拡大するまでは当時やはりそこまでは議論にならなかったんじゃないでしょうか。だから、光田健輔が生ぬるい、もっと拡大しろといった国会でああいう発言をしたと思います。

甲第32号証を示す

――この「十二」のところを証言いただいたかと思うんですけれども、ここに家人という言葉が出てくるかと思うんですけれども、家人という言葉と家族という言葉は同じなんでしょうか、違うんでしょうか。

多分同じでしょうね。家人、家の人ですから、同じと考えていいんじゃないですかね。

――例えば、この家にいる使用人のような者は含まれるんでしょうか。

どうでしょう。普通家人というと家の人、家族じゃないですかね。

——その家人の常用している衣類などについて消毒を行うということが書かれてますけれども、その目的について確認させていただけますか。あと、消毒の目的はどのようなものというふうに理解されてますか。

やっぱりハンセン病は強い感染症だから隔離するという論議で国民には伝えてあったわけですから、隔離をする前提としてそういった患者に関わった衣類、食器、そして当然患者の家族も菌を持っているかもしれない。だから、家族が使った道具も消毒をするということだと思います。

——伝染病なので、感染予防のために消毒をするという意味ではないでしょうか。

そういう意味です。これは当時、伝染病予防法では一般論、普通の急性伝染病についてはこういう消毒措置があったわけですから、そういった考え方をハンセン病にも応用したというふうに考えられます。

——ハンセン病の子孫を撲滅しようとしていたんだということの中で、戦前は強い軍隊をつくる、戦後は文化国家ということで優秀な国民をつくるという発言があったかと思うんですけれども、先ほどの御証言だと、撲滅をしようと考える根拠として、治ったのに出さないということはそういう目的なんじゃないかということも言われてたと思うんですけれども、確認なんですけれども、子孫の撲滅目的だったんだと考える根拠をもう一度確認させていただいていいですか。

一九一五年から断種を始めたということ、そしてそれは戦前のみならず、戦後も一貫して行われたこと、まさに断種というのは子供を残さないですから、単なる感染症ならばそんなことをする必要はないわけでしょう。やっぱりその断種まで及んだ、あるいは女性の患者が妊娠したときには堕胎をする、強制した、こういった事実が子孫を残さない、子孫撲滅ということを何よりもあらわしているというふうに思います。

以上

おわりに

ハンセン病問題の歴史的検証とこれからの課題

らい予防法違憲国賠訴訟の熊本地裁判決から一七年、ハンセン病問題に関する検証会議の『最終報告書』提出から一三年の年月が経過した。熊本地裁判決以前は、ハンセン病問題の歴史の検証を進めていた研究者はごくわずかであり、ハンセン病問題の歴史を述べた書物もきわめて限られていた。しかし、この十数年の間にハンセン病問題の歴史を研究する者は激増し、おびただしい書物が出版された。そして、そのなかで熊本地裁判決や検証会議の『最終報告書』では十分に検証できなかった新たな課題も明らかになった。その一つが、言うまでもなく本書で論及した家族の被害である。

絶対隔離政策は、患者のみならず、家族をも国家の監視下に置くものであり、患者の住居に対する徹底的な消毒は患者の存在を近隣住民に知らしめるものとなり、その後の家族の生活に大きな打撃を与えた。また、患者と配偶者への堕胎と断種の実施は、患者から子どもを持つ自由を奪うこととなり、患者が家族とともに暮らす道を閉ざしてしまった。今、患者家族の被害の検証は法廷の場でも進められているが、これは熊本地裁判決後の大きな課題となっている。

しかし、それ以外にも、この十数年間に多くの新たな課題が提起されている。まず、第一にあげるべきは、家族被害の背景ともなった無らい県運動の詳細な実態の検証である。無らい県運動の全体像は、無らい県運動研究会編『ハンセン病絶対隔離政策と日本社会――無らい県運動の研究』（六花出版、二〇一四年）で明らかになっているが、現実にこの運動を推進したのは都道府県、市町村である。都道府県レベル、市町村レベルまで踏み込んだ検証は一部の道府県を除いてなされていない。患者と家族への隔離受容の説得はどのようになされたのか、患者の家の周辺の住民に対してはどのような告知がなされたのか、未隔離の在宅患者や退所した患者はどのように監視されていたのか等、個々の地域の事情をも視野に入れた検証が望まれる。絶対隔離政策とは、たんに国がすべての患者を隔離するというだけではない。国は、未隔離の患者とその家族を隔離するまで厳重に監視するとともに、さらに隔離後も、患者の家族に対して、発症してないかどうか、監視を続けた。さらに、患者が退所してからも、患者の動向を監視し続けた。こうした実務は都道府県の担当職員が行っている。各自治体レベルの無らい県運動研究の蓄積が求められる。

第二の課題は「特別法廷」の検証である。裁判所法第六九条には「法廷は、裁判所又は支部でこれを開く」と明記されているが、同条第二項では「最高裁判所は、必要と認めるときは、前項の規定にかかわらず、他の場所で法廷を開き、又はその指定する他の場所で下級裁判所に法廷を開かせることができる」と規定されている。この第二項を根拠に、ハンセン病患者の被告は拘置所・刑務所内や国立ハンセン病療養所内に開設された「特別法廷」で、隔離された裁判を受けさせられた。ハンセン病患者を対象にした「特別法廷」は、一九四八（昭和二三）年〜一九七二年に九五件の事例があったことが確認されている。このような「特別法廷」は、日本国憲法第一四条に明記された法の下の平等に反するものであり、感染を恐れた裁判官はずさんな審理で判決を下したのではないかという疑念も生じる。

二〇一六（平成二八）年四月二五日、最高裁判所事務総局は「ハンセン病を理由とする開廷場所指定に関する調査報告書」を発表、ハンセン病患者に対し、「特別法廷」を設置して裁判を行ったことは社会における偏見と差別を助長し、患者の人格と尊厳を傷つけるものであったことを認め、反省し、詫びた。また、同日、最高裁判所裁判官会議も同様の反省とお詫びの談話を発表、さらに、五月二日、最高裁判所の寺田逸郎長官は憲法記念日を前にした記者会見で、ハンセン病患者に対する「特別法廷」の設置を「痛恨の出来事」と述べた。最高裁はハンセン病患者に対する「特別法廷」開設を真摯に反省、謝罪したかに見える。しかし、事実はまったく逆である。最高裁は詭弁を弄し、ハンセン病患者への人権侵害に対する司法の責任は認めつつも、謝罪だけで終わらせ、「特別法廷」が違憲であることも認めず、責任に対する具体的対処をみごとに回避した。さらに、「特別法廷」が、栗生楽泉園に設置された「特別病室」（重監房）を継承するものであることについても意図的に言及を避けた。この点は、最高裁が「特別法廷」の検証のために設置した「有識者委員会」の「意見書」も言及していない。「有識者委員会」に名を連ねたひとびとがハンセン病問題に対する「識」を欠き、真摯な調査、検証を怠った結果である。あらためて、「特別法廷」に対する真摯な検証が必要である。その際、「特別法廷」の存在を「特別病室」設置から一貫して続いたハンセン病患者への管理、抑圧体制の一環として検証することが求められる（藤野「ハンセン病患者『特別法廷』――最高裁はなぜ違憲判決を避けたのか」『世界』八八四号、二〇一六年七月）。

さらに、「特別法廷」の検証と関連して、「特別法廷」のもとでなされたハンセン病患者の被告への裁判の実態の検証も必要である。なぜならば、十分な審理もなされずに有罪とされた冤罪の存在が予測されるからである。とくに、死刑が執行された菊池事件についての検証は再審を実現するためにも不可欠であろう。二〇一七年八月、菊池事件で検察が再審を請求しないことで精神的に苦痛を与えられたとして六名のハンセン病回復者が国に賠償を求める訴訟を熊本地裁に起こしており、菊池事件の検証は喫緊の課題でもある。

第三の課題は、優生保護法下でなされたハンセン病患者とその配偶者への堕胎、断種の検証である。二〇一七年一一月一七日付『毎日新聞』は、障害者の女性への強制的な不妊手術など優生保護法下の堕胎、断種に関する公文書が神奈川県公文書館で発見されたという記事を報じているが、療養所に隔離されたハンセン病患者もまた、事実上の強制的な堕胎、断種の手術を受けていた。療養所の内外で、ハンセン病を理由とした堕胎は一九九六年まで、断種は一九九五年までなされていた。この事実は、前述したように、ハンセン病患者から家族を持つ自由を奪ったことを意味する。優生思想にもとづく優生保護法が、特定の障害者や病者に対する人権侵害の法であったことを明らかにするうえでも、ハンセン病患者と配偶者に対する堕胎、断種の検証は不可欠である。

そして、第四の課題は、日本がアジア・太平洋地域に絶対隔離政策を拡大させた責任の検証である。すでに、植民地統治下の韓国や台湾における絶対隔離政策の実態は、ソロクト・台湾楽生院訴訟で明らかになっているが、委任統治下の「南洋群島」、傀儡国家「満洲国」、さらに戦時下に日本が占領した中国・東南アジア・太平洋地域における実態は十分には解明されていない。

一九四四年、日本の占領下にあった南京を訪れた光田健輔は、中国の汪兆銘政権に対し、日本のような絶対隔離政策を中国でも実施するように求めていた。戦時下に日本が占領地にも実施した絶対隔離政策は戦後のアジア・太平洋地域のハンセン病政策を規定し、それにより患者への差別意識にも大きな影響を与えたのではないか。二〇一六年五月、韓国のソロクトで開催されたソロクト国立病院一〇〇周年記念国際会議の場で、中国の研究者が、文化大革命のとき、中国はハンセン病患者を隔離したので、今、患者はいなくなったと豪語したが、これは光田健輔の主張が戦後の中国にも影響していたのではないだろうかという疑念を生じさせる。

また、国際会議の場では、フィリピンの研究者が、日本占領時代にクリオン島のハンセン病患者のうち二〇〇〇名が死亡したと衝撃的な報告を行った。これは、日本占領下の患者虐待を意味する。すでに、ナウルにおける日本海軍によるハンセン病患者虐殺の事実（林博史『戦犯裁判の研究——戦犯裁判政策の形成から東京裁判・BC級裁判まで』勉誠出版、二〇一〇年）や、パラオにおける日本陸軍によるハンセン病患者虐殺の事実（藤野『戦争とハンセン病』、吉川弘文館、二〇一〇年）が明らかにされているが、日本軍による患者虐殺はほかの地域でもあり得たと考えられる。この検証課題は、日本の戦争責任を問うこととなり、「慰安婦」に強制はなかったとか、南京大虐殺はなかったと実証抜きに強弁する歴史修正主義が横行するなか、こうした暴論と対決していくものともなる。

最後に、ハンセン病問題の歴史に関する研究者が激増したことは喜ばしいが、数の増加がかならずしも質の向上につながらなかったことも否めないことについて言及しておく。ハンセン病療養所は患者救済のアジールであった、法律「癩予防ニ関スル件」は患者救済法であった、絶対隔離といっても未隔離の在宅患者も大勢いたのだから絶対隔離は不徹底であった、療養所には宗教活動や芸術活動、自治会活動などの文化があったのだから、ハンセン病の歴史を隔離だけで論じることはできない……そのような実証力を欠いた主観的な研究が飛び交い、むしろ、そうした研究が「新しい研究地平」だともてはやされている。しかし、こうした研究には、ハンセン病患者、回復者とともに歩み、ともに研究していこうとする姿勢が欠落している。隔離されたなかで、患者は信仰や芸術や自治会活動に生きる意義を求めていったのであり、文化と隔離は表裏一体のものであることに、なぜ気が付かないのだろうか。これらの議論は、国による隔離政策の被害をことさらに軽視し、隔離の場であった療養所を意図的に美化するもので、ハンセン病問題における歴史修正主義と批判されても反論できないであろう。こうした歴史修正主義を克服し得る高度な実証力をともない、かつ、強固な人権認識を持った研究者の登場を期待して、本書の結びとしたい。

藤野豊

◉執筆者紹介（掲載順）

徳田靖之（とくだ・やすゆき）
一九四四年　大分県別府市生まれ
現在　ハンセン病市民学会共同代表、弁護士、ハンセン病家族訴訟弁護団
主な著作『作られたＡＩＤＳパニック』桐書房、一九九三年

神谷誠人（かみや・まこと）
一九六一年　滋賀県生まれ
現在　弁護士、ハンセン病家族訴訟弁護団
主な著作「ハンセン病問題から『人間の尊厳』を考える」名古屋御坊編集部編『いのちの尊厳』風媒社、二〇〇八年

福岡安則（ふくおか・やすのり）
一九四七年　静岡県袋井市生まれ
現在　埼玉大学名誉教授
主な著作『栗生楽泉園入所者証言集』（上・中・下）谺雄二・黒坂愛衣と共編、創土社、二〇〇九年
『質的研究法』（翻訳）Ｇ・Ｗ・オルポート著、弘文堂、二〇一七年

藤野豊（ふじの・ゆたか）
一九五二年　横浜市生まれ
現在　敬和学園大学教員
主な著作『日本ファシズムと医療——ハンセン病をめぐる実証的研究』岩波書店、一九九三年
『孤高のハンセン病医師——小笠原登「日記」を読む』六花出版、二〇一六年

家族《かぞく》がハンセン病《びょう》だった——家族訴訟《かぞくそしょう》の証言《しょうげん》

編者——ハンセン病家族訴訟弁護団
定価——本体一、八〇〇円＋税
発行日——二〇一八年五月一一日　初版第一刷
発行者——山本有紀乃
発行所——六花出版
〒一〇一－〇〇五一　東京都千代田区神田神保町一－二八　電話〇三－三二九三－八七八七　振替〇〇一二〇－九－三二二五二六
校閲——黒板博子・荻野寿美子
組版——公和図書デザイン室
印刷・製本所——モリモト印刷
装丁——臼井弘志
写真・図版提供——（カバー表）黄光男
（カバー裏）ハンセン病家族訴訟弁護団
（表紙・本扉）鳥取訴訟原告
（第Ⅰ部扉）ハンセン病家族訴訟弁護団
（第Ⅱ部扉）菊池恵楓園入所者自治会

ISBN978-4-86617-041-1　